憲法適合的解釈の比較研究
Constitution-Compatible Interpretation in Comparative Perspective

土井真一
DOI Masakazu
編著

松本哲治・大林啓吾・奥村公輔・白水 隆・山田哲史
MATSUMOTO Tetsuji　OBAYASHI Keigo　OKUMURA Kosuke　SHIROUZU Takashi　YAMADA Satoshi
著

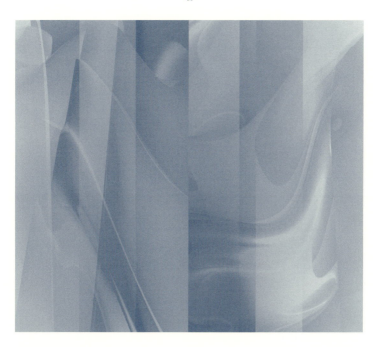

有斐閣
yuhikaku

はしがき

　合憲限定解釈は，Ashwander v. TVA, 297 U.S. 288（1936）において，Louis D. Brandeis 裁判官が示した憲法判断回避の原則の第 7 準則により定式化されたものであると，一般に位置付けられてきている。確かに，この準則は合衆国最高裁判例として古い伝統を有し，法律解釈に関する枢要な原理とされてきたものであり，合衆国と同様，付随的違憲審査制度をとる日本国憲法の下でも参照されるべきである。

　しかし，広く世界において違憲審査制度が導入されている現在，各国の裁判所が法律を解釈する際に憲法をどのように考慮しているのか，この点を詳しく調査し，比較分析した理論的研究は必ずしも多くない。そこで，我々は，科学研究費基盤研究(C)（一般）「憲法適合的解釈の国際比較―『日本型違憲審査制』の構築にむけて―」において，2014 年度から 2016 年度まで，憲法適合的解釈あるいは合憲解釈について，統治構造に関わる制度的観点及び基本的人権保障に関わる実体的観点から，実証的な比較法研究に基づいて，その意義，機能及び限界について検討を行った。本書は，その研究の成果である。

　第 1 章では，国家公務員の政治的行為の禁止に関する堀越事件最高裁判決（最判平成 24・12・7 刑集 66 巻 12 号 1337 頁）などに基づいて，日本の判例及び学説における憲法適合的解釈及び合憲解釈に関する論点が的確に整理され，アメリカの憲法判断回避の原則とドイツの一部違憲の手法を接合して理解する必要性などが説かれている。

　第 2 章では，合衆国最高裁の判例の動向が，ロバーツコートの最近の判決に至るまで丁寧に分析され，従来説かれてきたように，果たして憲法適合的解釈と憲法判断回避の原則が論理必然的に結びつくものであるか否かについて，精緻な批判的考察が行われている。なお，大林啓吾先生には，科学研究費の研究分担者でないにもかかわらず，シンポジウムでのご報告，そして本書へのご寄

稿をいただいたことに厚く御礼を申し上げる。

　第3章では，カナダ最高裁の憲法適合的解釈に関する主たる判例が紹介され，また代表的な憲法学説の検討に基づいて，憲法適合的解釈が法律解釈の手法であるのか，それとも憲法上の救済の手法なのかという，斬新かつ非常に重要な問題提起が行われている。

　第4章では，合憲解釈に関するドイツの憲法学説における分類が検討され，ドイツの憲法裁判所及び専門裁判所の判例が，その裁判制度の特色と関連付けながら丁寧に分析されている。その上で，憲法適合的解釈及び憲法志向的解釈などの意義，根拠，機能及び問題点等について明晰な考察が行われている。

　第5章では，フランス憲法院の解釈留保付き判決の系譜が紹介され，フランスの憲法学説がこれらの系譜をどのように理論的に分析し整理しているかが綿密に検討されている。そして，立法府や行政府が憲法院の解釈留保付き判決にどのように対応しているかが紹介され，日本法への示唆が示されている。

　さらに，第6章では，憲法適合的解釈の位置付けを考える上で重要な一部違憲の手法について，日本の最高裁判例を精密に分析し，その意義と問題点を明らかにした上で，一部違憲の手法を活用する可能性が探究され，憲法救済法理論の構築に向けて，意欲的な試みがなされている。

　最終章は，以上の優れた考察を踏まえて，日本における違憲審査の対象・範囲及び憲法判断の方法について若干の考察を行う補論である。

　本書を通じて，合憲解釈や憲法適合的解釈などの関連する概念をどのように定義し，これらの解釈手法をどのようにして活用していくかについて統一的な結論が導き出されているわけではない。しかし，第1章による論点整理に基づき，第2章から第5章を通じて，各国の歴史や現在の裁判制度及び統治機構の在り方を踏まえた上で，それぞれの憲法適合的解釈や合憲解釈の特色が的確に描き出されており，この問題に関する今後の比較法研究の礎が築かれていると言ってよい。また，第6章等では，憲法適合的解釈や一部違憲が憲法上の救済手法としてもつ可能性が示されており，刺激的な問題提起を随所に見出してもらうことができると思う。実際，研究会や成果報告のシンポジウム等において，若い世代の研究者の清新な知的好奇心や自由な発想に触れることができたこと

は，編者にとってこの上ない貴重な機会であり，喜びであった。本書が，今後，憲法適合的解釈，合憲解釈あるいは違憲判決の方法に関する研究が深められていく上で，常に参考とされることとなれば幸いである。

なお，本書の企画から刊行に至るまで，有斐閣の中野亜樹さんに大変お世話になった。中野さんのご配慮なくしては，本書が平成のうちに世に出ることはなかったであろう。末筆ながら，心より御礼を申し上げたい。

平成 30 年 11 月

土 井 真 一

目　次

はしがき

第1章　日本における「憲法適合的解釈」論の現状分析 ─── 1

1　はじめに……………………………………………………………………1
2　堀越事件・世田谷事件の概要……………………………………………4
　(1)　事　案　4
　　①　堀越事件 (4)　　②　世田谷事件 (4)
　(2)　最高裁判決　5
　　①　法廷意見 (5)　　②　千葉補足意見 (6)
　(3)　小　括　7
3　概念整理：「合憲限定解釈」と「憲法適合的解釈」……………………8
　(1)　千葉補足意見の意義──「合憲限定解釈」と「憲法適合的解釈」の区別可能性　8
　　①　千葉補足意見の概要 (8)　　②　宍戸説の概要 (9)　　③　蟻川による批判 (11)　　④　検討 (12)
　(2)　合憲補充（拡張）解釈の問題　16
　　①　問題の整理 (16)　　②　従来の議論状況 (18)　　③　検討 (20)
　(3)　小　括　21
4　「憲法適合的解釈」の方法………………………………………………23
　(1)　体系的解釈としての憲法適合的解釈への疑問　23
　(2)　憲法適合的解釈の手法　23
　(3)　関連問題：下位法における基本原則の憲法化の可能性　26
　(4)　小　括　27
5　「憲法判断の方法論」の中での位置づけ………………………………28
　(1)　問題の整理　28
　(2)　諸類型の整理　29

① 法令に違憲の瑕疵を認めるもの（広義の法令違憲）(30)　② 個別具体的な処分に違憲性を認めるもの（「処分違憲」）(36)
　(3) 小　括　37
6　おわりに………………………………………………………………………38

第2章　アメリカにおける憲法適合的解釈の実態
―――憲法解釈方法から憲法動態へ――― 41

序―――憲法適合的解釈？………………………………………………………41
1　違憲審査権と憲法適合的解釈権………………………………………………44
　(1) 司法審査の淵源と抵触性審査　45
　(2) 上位法適合性のルール　48
　(3) 横槍としての憲法判断回避のルール　51
2　憲法判断回避と憲法適合的解釈の接合………………………………………53
　(1) 合憲推定型憲法適合的解釈　53
　(2) 合憲限定的憲法適合的解釈　56
　(3) 憲法判断回避との接合　60
3　ブランダイスルール……………………………………………………………62
　(1) ブランダイスルールの登場　62
　(2) ブランダイスルールの分節化　64
4　憲法適合的解釈の発展…………………………………………………………66
　(1) 憲法判断回避から憲法適合的解釈へ　66
　(2) 積極的憲法適合的解釈①―――合理的解釈の手法　68
　(3) 積極的憲法適合的解釈②―――司法による憲法価値の実現　70
5　憲法適合的解釈の現在…………………………………………………………72
　(1) 司法の法創造の問題と立法意図の尊重　72
　(2) 司法積極主義か司法消極主義か　78
　(3) ロバーツコートの漸進的司法積極主義と憲法適合的解釈　80
後　序……………………………………………………………………………84

第3章　カナダにおける憲法適合的解釈 ―――――― 87

1　はじめに………………………………………………………………87
2　合憲限定解釈に関する判例…………………………………………89
　（1）　用　語　89
　（2）　合憲限定解釈を行うことが適しているとされた事例　90
　（3）　合憲限定解釈を行うことが適していないとされた事例　92
3　小　括………………………………………………………………94
4　憲法解釈か憲法上の救済か…………………………………………99
　（1）　合憲拡張解釈　99
　（2）　カナダにおける憲法上の救済概念　101
5　おわりに……………………………………………………………103

第4章　ドイツにおける憲法適合的解釈の位相 ―――― 105

1　はじめに……………………………………………………………105
2　概念整理と実例……………………………………………………106
　（1）　憲法志向的解釈　107
　　①　基本法以前の憲法志向的解釈（107）　②　基本法の下での憲法志向的解釈（109）
　（2）　憲法適合的解釈（狭義）　116
　　①　前史（117）　②　教科書的典型例：集会法14条の解釈（119）　③　最近の例（121）　④　まとめ（125）
3　解釈方法論における位置づけ………………………………………126
4　ドイツにおける問題の現象形態と議論……………………………130
　（1）　立法との境界問題　130
　　①　一般的な議論の状況（130）　②　法理論的検討（132）
　（2）　通常の法令解釈と憲法判断の境界問題　137
　　①　問題の概要（137）　②　若干の検討（140）
5　おわりに：我が国における展望……………………………………144

第5章　フランスにおける憲法適合的解釈
――憲法院による解釈留保付き合憲判決と国家機関によるその尊重――――149

1　はじめに……………………………………………………………………149
2　憲法院判決史における解釈留保付き合憲判決……………………………151
　（1）　議院規則についての事前の憲法適合性審査における解釈留保付き合憲判決　152
　（2）　通常法律についての事前の憲法適合性審査における解釈留保付き合憲判決　153
　（3）　憲法附属法律についての事前の憲法適合性審査における解釈留保付き合憲判決　154
　（4）　QPC判決における解釈留保付き合憲判決　154
3　学説における解釈留保付き合憲判決の分類………………………………155
　（1）　中和的解釈　155
　　①　積極的中和的解釈（155）　②　消極的中和的解釈（157）　③　小括（158）
　（2）　建設的解釈　158
　　①　付加的建設的解釈（158）　②　代替的建設的解釈（159）　③　小括（160）
　（3）　指令的解釈　160
　　①　行政機関への指令的解釈（160）　②　裁判所への指令的解釈（161）
　　③　小括（163）
4　DC判決における解釈留保付き合憲判決とQPC判決における
　　解釈留保付き合憲判決………………………………………………………163
　（1）　QPC判決における3つの解釈留保の踏襲　163
　（2）　QPC判決における解釈留保付き合憲判決の問題点　164
　　①　裁判所による解釈を欠いた法律規定の場合（164）　②　裁判所による解釈を付与された法律規定の場合（164）
5　憲法院による法律の解釈留保の国家機関による尊重……………………167
　（1）　憲法院自身による解釈留保の尊重　168
　　①　憲法院の憲法解釈の権威（168）　②　憲法院の解釈留保の権威（169）
　　③　小括（170）

(2)　行政機関による憲法院の解釈留保の尊重　171
　　①　執行命令制定におけるコンセイユ・デタ行政部による憲法院の解釈留保の尊重（171）　②　法律の直接執行における憲法院の解釈留保の尊重（172）　③　小括（172）
　(3)　通常裁判所による憲法院の解釈留保の尊重　173
　　①　法律と法律への解釈留保の一体化（173）　②　通常裁判所による憲法院の解釈留保の適用の具体例（174）　③　通常裁判所による憲法院の解釈留保の解釈の必要性（175）　④　小括（176）

6　おわりに……………………………………………………………………176
　(1)　まとめ　176
　(2)　日本法への示唆　177
　　①　フランスにおける中和的解釈と日本における合憲限定解釈（177）　②　フランスにおける建設的解釈と日本における合憲補充（拡張）解釈（177）
　(3)　今後の課題　178

第6章　一部違憲判決と救済　――――――――――――――― 179

1　はじめに…………………………………………………………………179
2　先例の概観と検討………………………………………………………182
　(1)　違憲判決の効力論についての確認　182
　(2)　郵便法違憲判決・最大判平成14・9・11民集56巻7号1439頁　184
　(3)　在外日本国民選挙権判決・最大判平成17・9・14民集59巻7号2087頁　185
　　①　意味上の一部違憲・文言上の一部違憲（185）　②　附則によって適用を限定したという事案の特殊性（187）　③　もし，法改正のないままに選挙が行われたらどうなるのか（188）　④　裁判的救済の可能性（189）　⑤　裁判的救済が可能でないのであれば，逆に……（191）
　(4)　国籍法違憲判決・最大判平成20・6・4民集62巻6号1367頁　192
　　①　判決と法改正（192）　②　多数意見の救済の論理（193）　③　藤田意見，甲斐中・堀籠反対意見との対立（194）　④　多数意見の解釈はどれほど説得的か？（195）　⑤　国籍法判決は，文言上の一部違憲か，意味上の一部違憲か（199）　⑥　判決への行政的対応の可能性（200）　⑦　立法者の合理的意思の

　　　　事前提示の可能性（200）
　　（5）　婚外子相続分違憲決定・最大決平成 25・9・4 民集 67 巻 6 号 1320 頁　　201
　　（6）　再婚禁止期間違憲判決・最大判平成 27・12・16 民集 69 巻 8 号 2427 頁　　202
　　（7）　小　括　202
　3　具体例による可能性と射程の検討 …………………………………………… 202
　　（1）　はじめに　202
　　（2）　精神的理由での投票不能・最判平成 18・7・13 訟月 53 巻 5 号 1622 頁　　203
　　　①　本判決の事案は立法行為についての国家賠償請求（203）　②　郵便投票の利用を前提とする確認による救済の可能性（203）　③　郵便投票に救済方法を特定してしまって構わないか？（205）　④　証明書，投票用紙の交付を裁判上請求することも考えられるか。行政が違憲判決に対応するのは比較的簡単？（206）
　　（3）　在外国民審査・東京地判平成 23・4・26 判時 2136 号 13 頁　　206
　　　①　判決（206）　②　地位確認判決は本当に不可能か？（207）
　　（4）　夫婦同氏・最大判平成 27・12・16 民集 69 巻 8 号 2586 頁　　207
　　（5）　男女差別・地方公務員災害補償法・大阪地判平成 25・11・25 判時 2216 号 122 頁　　208
　　（6）　社会保障・併給禁止・児童扶養手当法 4 条 2 項 2 号　　209
　　（7）　寡婦控除　211
　4　おわりに ………………………………………………………………………… 212

第7章　違憲審査の対象・範囲及び憲法判断の方法
　　　　──憲法適合的解釈と一部合憲判決の位置付け──　　213

はじめに ……………………………………………………………………………… 213
1　付随的違憲審査制における憲法判断の必要性の原則 ………………………… 215
2　憲法判断回避の準則 ……………………………………………………………… 219
　（1）　憲法判断回避の準則の意味及び内容　219
　（2）　狭義の憲法判断回避の準則と法律解釈　222
3　違憲審査の対象の特定及び範囲の画定 ………………………………………… 224
　（1）　審査の対象及び範囲に基づく違憲審査の類型　224
　（2）　法令審査　225

① 文面審査（225）　② 適用審査（227）　③ 概念の再整理（229）
　(3) 処分等審査　231
4 憲法判断の方法 …………………………………………………………236
　(1) 憲法判断の方法の類型　236
　(2) 処分違憲　237
　(3) 法令違憲及び適用違憲　237
　(4) 合憲解釈及び憲法適合的解釈　239
5 合憲解釈及び憲法適合的解釈 …………………………………………240
　(1) 合憲限定解釈に関する従来の議論　240
　　① Brandeis 第 7 準則に関する理解（240）　② 我が国における「合憲限定解釈」の定義（242）
　(2) 合憲解釈が求められる論拠　245
　　① 政治部門に対する敬譲の要請（245）　② 法秩序の統一性の要請（246）
　　③ 法的混乱の回避（248）
　(3) 合憲解釈の手法の類型　249
　(4) 合憲解釈の限界　251
　(5) 合憲解釈に対する最近の批判と考察　256
　　① 合憲解釈に対する最近の批判（256）　② 合憲解釈の射程に関する考察（258）
6 違憲審査の範囲及び憲法判断の方法の選択 …………………………264
　(1) 適用審査優先の原則　264
　(2) 審査の範囲及び判断の方法の選択における考慮事項　267
むすびに代えて ……………………………………………………………271

判例索引（273）

著者紹介

土井真一（どい まさかず）
京都大学教授
［第7章］

松本哲治（まつもと てつじ）
同志社大学教授
［第6章］

大林啓吾（おおばやし けいご）
千葉大学准教授
［第2章］

奥村公輔（おくむら こうすけ）
駒澤大学准教授
［第5章］

白水 隆（しろうず たかし）
千葉大学准教授
［第3章］

山田哲史（やまだ さとし）
岡山大学准教授
［第1章・第4章］

凡　例

[文献略語]

民　集　　最高裁判所民事判例集	ジュリ	ジュリスト
刑　集　　最高裁判所刑事判例集	論ジュリ	論究ジュリスト
下刑集　　下級裁判所刑事裁判例集	重判解	重要判例解説
訟　月　　訟務月報	法　教	法学教室
判　時　　判例時報	民　商	民商法雑誌
判　タ　　判例タイムズ	法　時	法律時報
最判解　　最高裁判所判例解説	法　セ	法学セミナー
曹　時　　法曹時報		

[法令名略語]

原則として有斐閣『六法全書』の略語例に依った。

第1章

日本における「憲法適合的解釈」論の現状分析

1 はじめに

　実態についての評価はともかく，近年最高裁判所による憲法判断の積極化が指摘されている[1]。今後，このような憲法判断の積極化により違憲判断が増加することも予測されるわけであるが，国民とより近いところにある政治部門の判断を裁判所が否定することには，我が国においては憲法によって裁判所の違憲審査権が明示的に承認されているとはいえ，憲法理論上，問題がないわけではない。いわゆる，司法審査の民主的正統性の問題である。そこで，法律の合憲性を否定することなく，可能な「解釈」の範囲内において法律の違憲性を除去する「合憲限定解釈」——あるいは，近時の用語法では「憲法適合的解釈」といってもよいかもしれない——が，政治部門の判断をできる限り尊重する手法として注目されることになる。

　もちろん，「合憲限定解釈」は，憲法判断の積極化が指摘される以前から，最高裁判例において数多く見受けられたし，従来はむしろ憲法判断の消極性の表れとして否定的に評価されることも多かった。しかし，「合憲限定解釈」と呼ぶにせよ「憲法適合的解釈」と呼ぶにせよ，これは裁判所による積極的な憲

---

[1]　例えば，参照，土井真一「〈連載〉日本国憲法研究(13)違憲審査制と最高裁の活性化（基調報告）法の支配と違憲審査制」論ジュリ2号（2012年）165頁以下および長谷部恭男ほか「〈連載〉日本国憲法研究(13)・（座談会）違憲審査制と最高裁の活性化」論ジュリ2号（2012年）183頁以下。

法判断を導く手法として捉えうる点にも注目する必要がある[2]。このように，「合憲限定解釈」ないし「憲法適合的解釈」について，現在改めてその性質や機能などについて検討を行うことに，一定の必要性が認められる。

また，概念整理という面では，「憲法適合的解釈」という用語は比較的最近になって登場したものであるが，それと従来用いられてきた「合憲限定解釈」や「合憲解釈」という概念との異同といった点にも興味が向くところである。

実際に，最高裁も，2012年12月7日に，国家公務員法（以下，国公法という）違反事件に関する2つの判決において，国公法により禁止される国家公務員の政治的活動の範囲を，制限的あるいは実質的に判断し，いわゆる堀越事件においては控訴審の無罪判断を維持した[3]。このように，近時の重要判決においても，「合憲限定解釈」ないし「憲法適合的解釈」が大きな論点となっている。とりわけ，この判決で注目されるのは，国公法の規定について憲法も加味した「限定解釈」を施しながらも，裁判長である千葉勝美裁判官による補足意見が「合憲限定解釈」であることを否定していることである。担当調査官の解説[4]によれば，千葉裁判官の手法は「憲法適合的解釈」だということだが，「合憲限定解釈」や「憲法適合的解釈」について概念整理をしておく必要性を強く感じさせるものであるといえよう。

そこで，本章では，検討の契機となる，堀越事件および同日に判決が出された世田谷事件[5]の判決について概観した（2）上で，合憲限定解釈と憲法適合

---

[2] 合憲限定解釈が，司法消極主義とも司法積極主義とも結びつきうることを夙に指摘するものとして，君塚正臣「合憲限定解釈の再検討」帝塚山法学11号（2006年）50～51頁がある。また，阪口正二郎「合憲解釈は司法の自己抑制の現れだと言えるのか？」阪本昌成先生古稀記念論文集『自由の法理』（成文堂，2015年）388頁は，合憲解釈を司法の自己抑制を根拠として正当化することは困難であると結論づける。さらに，直接的にはドイツの文脈におけるものであるが，例えば，宍戸常寿『憲法裁判権の動態』（弘文堂，2005年）291～292頁を参照。また，これに関連して，毛利透「『法治国家』から『法の支配』へ」法学論叢156巻5・6号（2005年）330頁以下は，ドイツにおいて，専門裁判所（語弊は大いにあるが，さしあたり，通常の司法裁判所をイメージしておけばよい）による憲法適合的解釈が活発に行われていること，そしてこの憲法適合的解釈は実質的には付随的違憲審査と同視しうる憲法判断であることを指摘し，ドイツにおける「裁判国家」化を改めて描き出している。この毛利の指摘については，宍戸・同上327頁以下もあわせて参照。
[3] 最判平成24・12・7刑集66巻12号1337頁。
[4] 岩﨑邦生「判解」最判解刑事篇平成24年度516頁。
[5] 最判平成24・12・7刑集66巻12号1722頁。

的解釈の関係性等の概念整理（3）や，憲法適合的解釈の方法を巡る諸問題（4）について，判例や学説の議論状況の現状分析を行う。そして，最後に堀越事件原審判決と最高裁判決の対比から関心を引かれる，合憲限定解釈の憲法判断の方法論における位置づけ（5）についても，簡単な検討を行いたい。

　なお，本章は堀越・世田谷事件判決に関して網羅的に論ずるいわゆる評釈ではなく，本格的な比較法研究の予備的考察として，憲法適合的解釈に関する我が国の議論の整理を目的とするものである。衆目を集めたこの2つの最高裁判決を巡っては，いわゆる猿払事件最高裁判決から実質的な判例変更が行われたのか否か[6]，違憲審査基準の採否に関する最高裁の立場[7]などについて，すでに数多くの優れた評釈・論稿が見られるところであり，判決に関する網羅的な検討についてはそれらの参照を願いたい。

---

[6] 例えば，猿払事件最高裁判決における「公務員の政治的中立性」という文言が「公務員の職務の遂行の政治的中立性」へと変更され，「有機的統一体」として機能する行政組織の一員としての公務員の強調から「国民としての」（公務員の）政治活動の自由の承認への変化などを捉えて，ここに「個人の析出」を見出すものとして，駒村圭吾『憲法訴訟の現代的転回』（日本評論社，2013年）409〜410頁［以下，駒村（転回）］がある（これに加筆したものとして，同「さらば，香城解説!?——平成二四年国公法違反被告事件最高裁判決と憲法訴訟のこれから」高橋和之先生古稀記念『現代立憲主義の諸相（下）』（有斐閣，2013年）433頁［以下，駒村（高橋古稀）］も参照）。また，政治活動の禁止・制限一般に加えて刑罰を科すことの許容性についての個別の検討をしていた部分が消失したことに注目するものとして，蟻川恒正「国公法二事件最高裁判決を読む(2)」法教395号（2013年）93〜94頁がある。学生向け参考書におけるものであるが，本章筆者が猿払事件最高裁判決と対比分析したものとして，拙稿「公務員の政治的行為の制約」横大道聡編著『憲法判例の射程』（弘文堂，2017年）19頁以下も参照。

[7] 具体的には，千葉補足意見が，最高裁による違憲審査基準論の不採用と利益衡量が原則となっていることを強調したことを捉えて，猿払事件最高裁判決が導入を図った違憲審査基準論を排して，利益衡量論への移行（あるいは先祖返り）が図られたのではないかという点に関心が集まっている。この点については，例えば，長谷部恭男「公務員による政党機関紙の配布」長谷部恭男ほか編『憲法判例百選Ⅰ〔第6版〕』（有斐閣，2014年）33頁や，駒村（転回）412頁以下および駒村（高橋古稀）436頁以下を参照。さらに，いわゆる三段階審査論と違憲審査基準論の対立といった観点からアプローチしたものとして，小山剛「比例原則と猿払基準」法学研究87巻2号（2014年）29頁以下がある。

2 堀越事件・世田谷事件の概要

(1) 事　案
① 堀越事件

　旧社会保険庁で「全く裁量の余地のない」担当業務に従事する厚生労働事務官であった被告人が，休日に勤務地（目黒）から離れた東京都中央区で，日本共産党を支持する目的を持って，しんぶん赤旗・東京民報を配布したところ，国家公務員法110条1項19号（平成19年改正前のもの），102条1項，人事院規則14-7（政治的行為）6項7号・13号（5項3号）（以下，これらの規定を合わせて「本件罰則規定」という）にあたるとして，起訴された。第1審[8]は，猿払事件最高裁判決を踏襲して，執行猶予つきながら被告人を有罪としたが，控訴審は，処罰に値する政治的活動か否かの実質的な判断の必要性を指摘した上で，本件について処罰をすることは憲法21条，31条に反するとして，被告人を無罪とした[9]。

② 世田谷事件

　厚生労働省大臣官房統計情報部社会統計課長補佐（部下である庶務係等の職員を直接指揮するとともに，同課の筆頭課長補佐として課内の総合調整等を行う立場にあった）として勤務する国家公務員であった被告人が，日本共産党を支持する目的で，東京都世田谷区所在の警視庁職員住宅の集合郵便受けに，しんぶん赤旗を投函し，配布したとして，国家公務員法110条1項19号（平成19年改正前のもの），102条1項，人事院規則14-7（政治的行為）6項7号（①と同様に，以下「本件罰則規定」という）にあたるとして，起訴された。第1審[10]・控訴審[11]ともに，猿払事件最高裁判決に沿った判断を行い，被告人を有罪とした。

---

[8]　東京地判平成18・6・29刑集66巻12号1627頁。
[9]　東京高判平成22・3・29判タ1340号105頁。
[10]　東京地判平成20・9・19刑集66巻12号1926頁。
[11]　東京高判平成22・5・13判タ1351号123頁。

(2) 最高裁判決
① 法廷意見

　最高裁第二小法廷（千葉勝美裁判長）は，一般論については，堀越事件・世田谷事件の双方について，以下のように判示した。

　すなわち，本件罰則規定が公務員の職務の遂行の政治的中立性を保持することによって行政の中立的運営を確保し，これに対する国民の信頼を維持することという，憲法に根拠のある目的を持つものであることを確認する一方，政治活動の自由という重要な権利を制約するものであるとし，公務員の国民としての政治活動の自由に対する必要やむを得ない限度に公務員の政治活動の禁止は制限されなければならないとした。こうして，禁止される「政治的行為」とは，「公務員の職務の遂行の政治的中立性を損なうおそれが，観念的なものにとどまらず，現実的に起こり得るものとして実質的に認められるものを指」すと解釈し，その解釈にあたっては，「当該公務員の地位，その職務の内容や権限等，当該公務員がした行為の性質，態様，目的，内容等の諸般の事情を総合して判断するのが相当である」という。

　このような国公法・人事院規則の解釈を述べた上で，判決は，本件罰則規定の合憲性を判断し，先に確認した規制目的を合理的かつ正当なものとし，禁止対象も公務員の職務の遂行の政治的中立性を損なうおそれが実質的に認められる政治的行為に限定されることから，必要やむを得ない程度にとどまり，目的達成のために必要かつ合理的な範囲のものというべきだとする。そして，このように解釈された本件罰則規定は，不明確なものとも，過度に広汎な規制ともいえないとし，さらには刑罰を含む規制であることが直ちに必要かつ合理的なものであることを否定するものではないとしたのである。

　そして，2つの判決は，具体的な事案の評価について異なる結論に至る。すなわち，堀越事件判決においては，「管理職的地位になく，その職務の内容や権限に裁量の余地のない公務員によって，職務と全く無関係に，公務員により組織される団体の活動としての性格もなく行われたものであり，公務員による行為と認識し得る態様で行われたものでもないから，公務員の職務の遂行の政治的中立性を損なうおそれが実質的に認められるものとはいえない」として構成要件該当性を否定し，原審の無罪という結論を維持した。これに対して，世

田谷事件判決では，国公法 108 条の 2 第 3 項ただし書所定の「管理職員等」にあたり，「指揮命令や指導監督等を通じて他の多数の職員の職務の遂行に影響を及ぼすことのできる地位」にあったのであり，政党機関紙の配布という特定の政党を積極的に支援する行動を行うことについては，勤務外のものであったとしても，当該公務員およびその属する行政組織の職務の遂行の政治的中立性が損なわれるおそれが実質的に生じており，本件罰則規定の適用は憲法に違反するものではないとして，原審の有罪判断を維持した。

なお，両判決には，次に紹介する千葉裁判官の補足意見の他，須藤正彦裁判官の意見（堀越事件）および反対意見（世田谷事件）が付されている[12]。

② 千葉補足意見

千葉裁判官は，本件両判決に補足意見を付し，a)猿払事件最高裁判決との整合性について述べるとともに，b)本件罰則規定の限定解釈の意義についても付言した。

a)においては，最高裁判決の事例判断性を強調し，猿払事件最高裁判決と本件両判決の具体的事案の相違を説明するとともに，最高裁が「違憲審査基準」による判断の固定化をさけ，「利益較量」の手法を利用した柔軟な対処を採用していることを強調した。

b)については，「規定の文理のままでは規制範囲が広すぎ，合憲性審査におけるいわゆる『厳格な基準』によれば必要最小限度を超えており，利益較量の結果違憲の疑いがあるため，その範囲を限定した上で結論として合憲とする手法」としての「合憲限定解釈」を採用したものではないとした。曰く，合憲限定解釈は，一種の立法作用を伴い，立法府の裁量，権限を侵害する面も生じかねない上，国公法のような基本法の解釈において，特定の限定方法を取り出し，限定解釈を施すことは，司法判断として異質な面がある。このような理由から，司法部が基本法である国公法の規定を言わばオーバールールとして合憲限定解釈するよりも前に，まず対象となっている本件罰則規定について，憲法の趣旨

---

[12] 須藤裁判官は，「勤務外」（勤務時間外であるにとどまらず，国ないし職場の施設を利用せず，公務員の地位から離れて行動しているといえることが必要とされる）における政治的行為については一切，公務員の職務遂行の政治的中立性を損なう実質的おそれが認められないとして，両事件とも「勤務外」の政治的行為であるので，無罪とすべきだという。

を十分に踏まえた上で立法府の真に意図しているところは何かをはじめとする諸事情について，国公法自体の条文の丁寧な解釈を試みるべきであるとした。さらに，これは，司法の自己抑制からの憲法判断の回避ではなく，通常の法令解釈の方法によるものであると強調している。

(3) 小　括

堀越・世田谷の両事件判決において，最高裁は，猿払事件最高裁判決について，形式的には，判例変更という手段をとらなかったものの，国公法による公務員の政治活動の規制・処罰の範囲について，限定する解釈を示した。これが実質的には，猿払事件最高裁判決からの判例変更にあたるのではないかという議論が巻き起こったことは，先に述べたとおりである。

猿払事件最高裁判決からの実質的な乖離が，どのような，また，どれほどのものであるかについての議論はここでは措くとして，本件の 2 つの判決の「限定解釈」を千葉裁判官が，「合憲限定解釈」ではないと強弁する意味は何なのであろうか。学説上は，千葉補足意見が，合憲限定解釈ではなく通常の法令解釈であると強調した理由は，合憲限定解釈の場合，実際上の違憲判断を伴うこととなり，猿払事件最高裁判決との抵触が問題とされることを避けたいがためではないかとするもの[13]が多い。すなわち，面倒な大法廷回付を避け，小法廷限りでの手続で済ませたいという，至極実務的な配慮によるものだというのである[14]。

しかし，千葉裁判官の意図は，本当にそのような技巧的なものにのみ求められるのだろうか。千葉裁判官が本件両判決を指していうところの「基本法」の解釈とは一体どのようなものなのであろう。以上のような点について，理論的な観点からも検討を深める必要はないだろうか。

以上のような問題意識のもと，3 では，千葉補足意見を第一の題材としなが

---

[13] 木下智史「判批」新・判例解説 Watch 13 号（2013 年）16 頁，毛利透ほか『憲法 II 人権〔第 2 版〕』（有斐閣，2017 年）43 頁［松本哲治］，長岡徹「公務の中立性と公務員の中立性の間」法と政治 64 巻 4 号（2014 年）1374 頁など。
[14] 中山和久「国家公務員の政治活動制限合憲論の愚かしさ」労働法律旬報 1791 号（2013 年）63 頁は，「司法官僚法学の精髄」という，センセーショナルな表現を行っている。なお，「なんとも技巧的」と指摘する，毛利ほか・前掲注 13) 43 頁［松本］も参照。

ら，合憲限定解釈や憲法適合的解釈といった諸概念の整理を試みることにしよう。

3 概念整理：「合憲限定解釈」と「憲法適合的解釈」

(1) 千葉補足意見の意義
―― 「合憲限定解釈」と「憲法適合的解釈」の区別可能性

① 千葉補足意見の概要

繰り返しになるが，ここでまず千葉補足意見のいう合憲限定解釈の定義を確認しておこう。曰く，規定の文理のままでは規制範囲が広すぎ，合憲性審査におけるいわゆる「厳格な基準」によれば必要最小限度を超えており，利益衡量の結果違憲の疑いがあるため，その範囲を限定した上で結論として合憲とする手法を合憲限定解釈と呼ぶのである。そして，本件罰則規定に対して多数意見が施した「限定解釈」とは，「法文の文理のみを前提に大上段な合憲，違憲の判断をするのではなく，法体系的な理念を踏まえ，当該条文の趣旨，意味，意図をまずよく検討し」た，「通常の法令解釈の手法」によったものであるというのである。加えて，千葉裁判官は，国公法が「基本法」であることを強調し，オーバールールとして合憲限定解釈する前に，憲法の趣旨を十分に踏まえた上で立法府の真に意図しているところは何かをはじめとする諸事情について，国公法自体の条文の丁寧な解釈を試みるべきだという[15]。こうして，本件判決において採用された手法が，いわゆるブランダイス・ルール[16]の第4準則およ

---

[15] 刑集66巻12号1353頁。
[16] Ashwander v. Tennessee Valley Authority, 297 U.S. 288 (1936)〔テネシー渓谷公社（TVA）との契約相手会社の株主が契約の無効を主張して提起した訴訟。原告によってTVA自体や契約対象となったダム計画の違憲性が主張された〕の同意意見において，L. D. Brandeis判事が示した，憲法判断を行うにあたっての7項目にわたる準則群のことであり，その内容は，後の判例や学説においても，概ね支持されているという。第1準則ないし第7準則，全項目の日本語訳を含む，ブランダイス・ルールの内容およびその検討については，渋谷秀樹「憲法判断の条件」樋口陽一編『講座・憲法学（第6巻）権力の分立(2)』（日本評論社，1995年）132頁以下，とりわけ141頁以下や，阪口・前掲注2) 368頁以下を参照。加えて，芦部信喜「憲法判断の回避と裁判所の憲法保障機能」同『憲法訴訟の理論』（有斐閣，1973年）293頁以下〔初出，1972年〕なども参照。さらに，「ブランダイス・ルール」の意義についての否定的評価として，安念潤司「憲法訴訟論に対する至って控え目な疑問」戸松秀典＝野坂泰司編『憲法訴訟の現状分析』（有斐閣，2012年）345頁以下，と

び第7準則，すなわち憲法判断回避原則[17]とは，「似て非なるもの」であるとまで付言している。

以上のような千葉裁判官の補足意見の解釈手法については，これもすでに触れたところであるが，担当調査官による解説は，宍戸常寿[18]がいうところの「憲法適合的解釈」を採用したものであると説明する[19]。

② 宍戸説の概要[20]

それでは，調査官解説によれば千葉補足意見が採用しているところの宍戸説とはどのようなものなのか，次に見てみることにしよう。宍戸は，「合憲限定

りわけ350頁以下も参照。

17) なお，この「ブランダイス・ルール」の第1準則ないし第7準則全てを憲法判断（あるいは問題）回避原則という場合と，ここで挙げた第4準則・第7準則を憲法判断回避原則と呼ぶ場合，さらには，第4準則のみを（狭義の）憲法判断回避原則と呼ぶ場合もある。というのも，第1ないし第3準則および第5準則については，合衆国憲法3条にいう「事件および争訟」から導かれる要件に関わるものであり，第6準則については，エストッペルあるいは信義誠実の原則の憲法訴訟における表れといえ，厳密な意味で憲法判断の回避に関わるものではないとされるからである（see, L. A. Kloppenberg, *Avoiding Constitutional Questions*, 35 B. C. L. REV. 1006, 1018-1024 (1994)）。また，とりわけ我が国においては，第7準則は憲法判断そのものを避ける話ではなく，違憲判断を回避することを内容とするものであることが指摘され，この第7準則こそがまさに本稿が問題としている合憲（限定）解釈ないし憲法適合的解釈の必要性を説いたものであると解されていることが，第4準則のみを（狭義の）憲法判断回避原則と呼ぶことがある理由となる。

最後に触れたように，我が国では，おそらく深瀬忠一（小林直樹ほか「〈研究会〉恵庭裁判の検討」ジュリ370号（1967年）40～41頁［深瀬発言］）・有倉遼吉（有倉遼吉「違憲立法審査権と裁判所」同『憲法秩序の保障』（日本評論社，1969年）65頁［初出，1967年］）による指摘を嚆矢として，（狭義の）憲法判断回避の原則と合憲解釈の原則を分離して理解するのが一般である（これについては，高橋和之『憲法判断の方法』（有斐閣，1995年）61頁以下や大石眞『憲法講義 I〔第3版〕』（有斐閣，2014年）16頁，248～249頁，赤坂幸一「法令の合憲解釈」大石眞＝石川健治編『憲法の争点』（有斐閣，2008年）340頁等を参照）。ただし，芦部も夙に指摘していた（芦部・前掲注**16**）300頁）ように，アメリカにおいては，第4準則と第7準則を必ずしも分離して論じておらず，芦部自身も当初アメリカ法の紹介にあたって，必ずしも明確に分離していなかった（この点については，芦部信喜「恵庭判決の論理と意義」同『憲法訴訟の理論』（有斐閣，1973年）274頁［初出，1967年］を参照）。少なくともいわゆる教科書やケースブックといったレベルにおいて，管見の限りでは，現在もこの傾向に変わりがないように見受けられる。*See, e.g.,* R.D. ROTUNDA & J.E. NOWAK, 1 TREATISE ON CONSTITUTIONAL LAW 379-380 (4th ed., 2007). アメリカにおける議論の詳細は，阪口・前掲注**2**）368頁以下や本書第2章の大林論文を参照。あわせて，本書第7章の土井論文による再整理も参照。

18) 宍戸常寿『憲法 解釈論の応用と展開〔初版〕』（日本評論社，2011年）305頁を引用する。

19) 岩﨑・前掲注**4**）516～517頁。

20) 宍戸説に対する詳細分析，および比較法の結果を踏まえた評価は，本書第7章の土井論文で展開される。

解釈」と「憲法適合的解釈」を区別し，それぞれ以下のように定義づけ，分類している。すなわち，「憲法適合的解釈」の意義については，「法令の規定それ自体は合憲であると同時に，憲法論を前提とした解釈を行うことで，規定の適用に際して開かれていた解釈の余地を充填し，その適用の違法・合法を決定するというものである」とする。そしてこれと区別される「合憲限定解釈」とは，「通常の解釈によるならば法令の規定が違憲の瑕疵を含むという憲法判断に至った場合に，法令の適用範囲等をより限定する解釈を採用することで，法令の規定を合憲とする裁判の方法」とする[21]。さらに，宍戸は，別の場所で，このように「合憲限定解釈」と「憲法適合的解釈」を分類することの意義について，単なる分類上の問題ではなく，「法令の規定が違憲か合憲かとか，処分が違憲か合憲かという形ではなくて，法令解釈の段階で憲法解釈が働く余地が，実際にこれまでも多かった。そして，そのことの良し悪しも含めて争点化して評価するための居場所として，憲法適合的解釈という概念装置を置くことの意味がある」と説明する[22]。

　千葉補足意見が，宍戸説を本当に採用したものと理解してよいのか，するべきなのかという点については，論じる余地が残されており，それはまた大いに疑わしいところであるが，本章でも後に少し検討する。それはさておいても，堀越・世田谷事件最高裁判決の多数意見を，「合憲限定解釈」を行ったもので

---

[21] 宍戸常寿「合憲・違憲の裁判の方法」戸松秀典＝野坂泰司編『憲法訴訟の現状分析』（有斐閣，2012年）68頁，72頁［以下，宍戸（現状分析）］。また，学生向けの参考書（宍戸常寿『憲法 解釈論の応用と展開〔第2版〕』（日本評論社，2014年）310頁［以下，宍戸（解釈論）］）において宍戸は，複数の解釈が可能な場合に，最高法規である憲法の保護する価値も体系の中に取り込んだ上で，「当該規定の文言，趣旨と体系に最も適合的なものを選ぶ」解釈手法「を殊更に『合憲限定解釈』とは呼ぶ必要はなく，体系的解釈の一種としての合憲解釈（憲法適合的解釈）でしか」ないという。そして，これと区別される「合憲限定解釈」とは，「法令の文言，趣旨から最も素直な解釈を選んだら，当該規定が違憲的に適用される部分が出てきてしまうために，次善三善の解釈だけれども，やむを得ず違憲的部分を含まない解釈を選ぶ」ことであると表現している。なお，宍戸は，「憲法適合的解釈」と「合憲限定解釈」の差異は相対的なものであると断っている点にも注意しておかなければならない。
　なお，「違憲的適用部分の摘示のない，目的解釈や体系的解釈を駆使した限定解釈は，合憲限定解釈の類型には含めない」，高橋和之『体系 憲法訴訟』（岩波書店，2017年）321頁［あわせて，174〜175頁］も参照。

[22] 亀井源太郎ほか「〈座談会〉憲法と刑事法の交錯」宍戸常寿ほか編著『憲法学のゆくえ』（日本評論社，2016年）43〜44頁［宍戸発言；初出，2014年］。

はないとすることについては，蟻川恒正による鋭い批判が存在している[23]。次に，蟻川の批判を見てみることにしよう。

③ 蟻川による批判

蟻川は，合憲限定解釈と呼ばないことのイデオロギー性について批判を加える。すなわち，憲法適合的解釈には実質的な部分違憲判断の要素をできるだけ目立たなくする，イデオロギー的機能を果たす側面を指摘するのである[24]。

蟻川の批判は，「合憲限定解釈」と「憲法適合的解釈」を分類することに向けられていると解される場合もあり[25]，本稿の第一の関心は，先に述べたように，「合憲限定解釈」と「憲法適合的解釈」といった諸概念の整理を行うことにあるので，注目されるところである。ただし，ここで注意しなくてはならないのは，蟻川の批判は，合憲限定解釈と憲法適合的解釈を分類すること，それ自体に向けられているというよりも，本件において，「合憲限定解釈」ではなく，それとは区別されるところの「憲法適合的解釈」に過ぎないのだと処理することへの批判として理解する方が，少なくとも蟻川の表現を文字どおりに読んだ場合には素直であるということである。というのも，蟻川は，「額面通り『憲法の趣旨』に徴するだけの法解釈なら，それを殊更に『合憲限定解釈』と呼ぶのは大袈裟である。そのような場合，『憲法適合的解釈』という法解釈コンセプトに拠るのが賢慮と思われる。だが，本当は憲法規定そのものの価値がぶつかり合っている問題でありながら，にもかかわらず，それを法令の趣旨，せいぜいが『憲法の趣旨』の話に過ぎないといって殊更に『合憲限定解釈』でないなどと当の法解釈者が強弁しているような法解釈にまで『憲法適合的解釈』の名を冠することは，この法解釈コンセプトの本来の趣旨をむしろ没却するのではないか[26]」としており，本件における「限定解釈」を合憲限定解釈と

---

23) 例えば，蟻川恒正「国公法二事件最高裁判決を読む」法セ697号（2013年）31頁。
24) 蟻川・前掲注23）同頁。
25) 駒村（転回）404頁，駒村（高橋古稀）428頁注5。なお，駒村は「憲法適合的解釈」ではなく「憲法適合解釈」と呼ぶ。
26) 蟻川恒正「国公法二事件最高裁判決を読む(1)」法教393号（2013年）88頁。なお，宍戸常寿「判批」平成25年度重判解（2014年）24頁は，このような蟻川の指摘を「重く受け止め」るとしており，対立はむしろ蟻川と駒村との間にあるとする。また，宍戸常寿「〈シンポジウム〉憲法適合的解釈についての比較法的検討 1.日本」比較法研究78号（2017年）15〜16頁［以下，宍戸（比較法）］は，本件両判決の自己理解として，憲法適合的解釈を行ったものと説明するにとどめてお

は区別される「憲法適合的解釈」と評価することには反対しつつも,「合憲限定解釈」と「憲法適合的解釈」の区別可能性および,そのような概念区別自体の妥当性については肯定的ともとれる表現を用いているからである。

④ 検 討

以上の議論状況を前提として,いかに考えるべきかを検討してみることにしよう。ここでの問題は,1においてもすでに触れたところであるが,なんといっても,「合憲限定解釈」と「憲法適合的解釈」を分離して別々の概念として整理する必要があるのかということである。憲法を頂点とする法体系において,憲法の規範内容を加味した法解釈が行われるべきこと,あるいは,潜在的には行われてきたその作業を顕在化し直視しようという宍戸の意識は妥当なものであるように思われる。また,そこで言われる「憲法適合的解釈」が従来論じられてきたような,実際上の違憲判断を伴う,狭い意味での「合憲限定解釈」において行われる作業とは毛色が違っているというのは確かであって,これを分離することについても,妥当性の認められる概念整理であるということができるのではないだろうか。

ただし,他方で疑問が生じてこないわけではない。すなわち,「憲法適合的解釈」が一般的に行われるべきものだというのであれば,加えて,これと区別される「合憲限定解釈」を施す余地があるのかということである。換言すれば,憲法も意識した体系的な解釈を行って,最も適切な解釈を選択しているにもかかわらず,さらに「合憲限定解釈」をするということを想定しているというのならば,果たしてそのような場合はあり得るのかということである。体系的に最も適切な解釈を選択しようとしても,結局,違憲性の疑いを払拭できないものしか無理であり,多少アクロバットな手法もとることになる「合憲限定解釈」という手段に及ぶことを想定するのは不可能ではないかもしれない。しかし,現実にどれだけそのような状態が生じうるのかは疑問である。また,そもそもそこまで問題を抱えた法令を「救出」することに妥当性があるのかは大きな疑義を生じさせる。

り,その妥当性についてはむしろ懐疑的な立場をにじませている。したがって,蟻川・宍戸の間に対立を見出すのは慎重でなければならない。

もう一つの選択肢として，「合憲限定解釈」は「憲法適合的解釈」に包含されるものであって，重畳的に行われるものではないと考えることが挙げられるのではないだろうか。つまり，宍戸が，「憲法適合的解釈」について，法令の合憲性を前提とした上で行うものとしていること，「合憲限定解釈」について通常の解釈手法によっては違憲の瑕疵が生じることを前提としていることからすると，「通常の解釈」――これが何なのかは必ずしも明確ではないが――を加えた場合，さしあたり違憲の問題は生じそうにないが，憲法を用いて法令の意味内容を補充的に明らかにしようとするのが「憲法適合的解釈」である一方，他方で違憲の瑕疵が生じうるのでその解消をややアクロバットな手段を使ってでも行うのが「合憲限定解釈」と整理することができよう。そして，「通常の解釈」において違憲性の問題が浮上するということは，「通常の解釈」において憲法も考慮されていると見るべきではないか。さらに，法令上の概念が憲法を通じた「補充」が必要になる一般条項や不確定概念に該当するかどうか自体も多分に不確定なものであるから，「通常の解釈」と「憲法適合的解釈」の区別は実際困難な面があろう。そうすると，憲法も参照する「通常の解釈」も，一般条項や不確定概念の解釈の場合に限定されることなく，広い意味では「憲法適合的解釈」に含みうるのではないか。こうして考えると，最終的に「合憲限定解釈」とは，「憲法適合的解釈」のうち，事後的にそれを見直したとき，実際上の違憲判断を伴い，その問題を払拭すべく，多少の「無理」を行ったものを指すという説明ができるように思われる。なお，事後的な観点から評価するというのであれば，解釈における憲法の加味が顕著であるがゆえに，「憲法適合的解釈」としてわざわざ取り出して認識されるべきは，一般条項や不確定概念について憲法を手がかりに積極的な判断を裁判所が加えた場合ということになろうから，憲法適合的解釈を一般条項[27]や不確定概念の解釈に限定しようとする宍戸[28]の整理も理解できる。

---

[27] この点，「合憲限定解釈が最もよく妥当するのは一般条項である」と指摘する，君塚・前掲注2) 56頁も参照。
[28] 文献で，一般条項や不確定概念に限定する旨明示はしないが，宍戸のいう3つの下位分類を見ると，①当該規定の意義を明らかにするもの，②違法性阻却ないし免責に関する規定の解釈に関するもの，③行政裁量の統制に関するものが挙げられており（宍戸(現状分析) 69～71頁），いずれも規律密度の低さが窺われ，宍戸(比較法) 12頁では，この方向性が強く示されている。

宍戸の説明する，両者の区別とは必ずしも一致しないところもあるように思われるが，筆者にはこのような説明が適切ではないかと思われる。ただし，実際上の違憲判断を伴っているかどうかの判断は困難な場合もあるだろうし，蟻川によれば，堀越・世田谷両事件判決がまさにそれに該当するのである[29]が，実質的な違憲判断を伴うものではないと強弁することによって，憲法問題を隠蔽することに利用される危険，このようなある種の副作用を考えると，区別にこだわる意義がどこまであるのかについて疑問なしとはしない。

また，「憲法適合的解釈」に関わる問題として，その中味の曖昧性，あるいは，憲法の保護する価値も取り込んだ体系的解釈というのがどのように行われるのかという問題も指摘することができる。これは，憲法規定の私人間適用論における「憲法の趣旨を及ぼす」という言葉の意義の不明確性の問題ともパラレルに考えることが可能だが，この点については，後に節を分けて論じることにしたい[30]。

続いて，堀越・世田谷事件最高裁判決における千葉裁判官の補足意見が意味するところについて，検討しておきたい。まず，ここまでは千葉裁判官が宍戸説を採用したという調査官解説を前提として議論を進めてきたわけであるが，本当にそうなのかを今一度検討しておく必要があるように思われる。結論から先に言ってしまうと，この点は，なかなかに疑う余地があるのではないかと思われる。というのも，何よりも千葉補足意見の中で「憲法適合的解釈」という言葉は出てきていないことが指摘できる。確かに，「憲法の趣旨を十分に踏まえ」る可能性については言及されているが，憲法価値への言及は極力避けられており，むしろ強調されているのは，国公法が「基本法」であること，そして，基本法にあっては――憲法を頂点とする法体系全体ではなくて――基本法の内部において体系的な解釈がなされるべきことなのである[31]。「基本法」がどの

---

29) 蟻川・前掲注 26) 88 頁。
30) 次節，とりわけ，4(2)を参照。
31) 最高裁判所裁判官退官後の著書（千葉勝美『違憲審査』（有斐閣，2017年））においても，「通常の法令解釈」であることが強調されており（同書 72～73 頁），憲法適合的解釈と評価されることも嫌っていると窺える記述（同書 67 頁では，学説による批判の例として，一番に，堀越事件最高裁判決の限定解釈を，いわゆる「憲法適合的解釈」であると論じたと千葉が理解する，毛利透「ケルゼンを使って『憲法適合的解釈は憲法違反である』といえるのか」法時 87 巻 12 号（2015年）が

ようなものを指すのかが必ずしも明確ではないという問題をはじめとして論じるべきところは多いが，結局なぜここまでして，千葉裁判官が「合憲限定解釈」であることを否定する必要があるのかについても，考えておかねばならない。身もふたもないことを言ってしまうと，すでに触れたように，猿払事件最高裁判決という判例との抵触が顕在化することを避け，小法廷限りでの処理を行いたかったという実務的な考慮が大きいのかもしれない[32]。蟻川は，さらに深いところに，千葉裁判官の真意を忖度し，表立った違憲性の指摘をしないことによって，政府・国会による政治活動規制の強化の方向への法改正を封じ込め，裁判所が妥当と考える制限的な規制範囲に，国公法の意味内容を固着化しようとしたものだと説く[33]。深読みのしすぎだという印象もぬぐえないところではあるが，千葉補足意見が外形上は批判する合憲限定解釈の立法的作用と通じる問題性を孕むものであり，仮にこれが千葉裁判官の真意だというのであれば，大いに疑問のある態度だと言わなければなるまい[34]。

最後に，「憲法適合的解釈」なのか「基本法解釈」なのか[35]はともかく，堀越・世田谷事件最高裁判決のような判断手順を採った場合，蟻川も示唆している[36]ところであるが，憲法適合性を判断する場面に先んじて行われる，体系的な規定内容の解釈作業において，実際には憲法判断がなされてしまう。そう

　93頁以下を引いている。なお，当該毛利論文は，憲法適合的解釈の法理論的検討を行ったものであって，堀越事件最高裁判決への言及は，言わば「フック」としてなされているに過ぎない。千葉のいうような，ケルゼンを用いて，堀越事件最高裁判決の限定解釈は憲法適合的解釈であると論じた論文ではないことは，誰の目にも明らかであろう）もある。

　なお，通常の法令解釈，基本法解釈が強調される一方で，憲法上の要請の考慮への言及が見られるが，憲法上の要請を考慮することは，当該法令の完結性を破壊することを意味する（宍戸（比較法）17頁）という点で，矛盾を孕んだ議論となっていることにも注意すべきだろう。

32)　前掲注 13)・14) および，対応する本文を参照。
33)　蟻川・前掲注 6) 98〜100 頁。
34)　亀井ほか・前掲注 22) 47 頁〔山本龍彦発言〕も，「憲法適合的解釈」とみることの効果として，立法府の憲法配慮的意図を「擬制」することになるので，立法府の現実の憲法軽視をカバーする一方，立法府による見直しの機会を裁判所が奪うことになる点を指摘する。
35)　宍戸による，合憲限定解釈（狭義）と通常の限定解釈（あるいは体系的解釈）の区別については，宍戸（現状分析）72〜73 頁を参照。さらに，千葉補足意見への宍戸の応答として，宍戸（比較法）17 頁も参照〔憲法の考慮が一層曖昧になる危険性があり，憲法の考慮のあり方を明確化することを求める〕。
36)　蟻川・前掲注 26) 91 頁参照。

すると，後半の憲法適合性判断において違憲判断が行われることは論理的にあり得ず，同じような議論が判決の中に2か所現れるという奇妙な現象が生じることとなる[37]。一般的に，憲法適合的解釈が行われるべきだということを強調すると，これは当該最高裁判決に限定されるべきではなく，今後あらゆる判決が採るべき手順であるということにもなりそうであるが，これはいかにも不合理ではなかろうか[38]。上で筆者が整理したような，広く一般的に憲法価値を取り込んだ法解釈手法としての「憲法適合的解釈」概念を採用した場合も，後に触れる適用審査原則論[39] とも合わせて考えれば，体系的な憲法適合的解釈が適った以上は，法令の一般的な憲法適合性を論じる部分は不要となり，そこで得られた法令の適用範囲への当該事案の該当性を論じれば足りるとするべきであろう。

(2) 合憲補充（拡張）解釈の問題
① 問題の整理

堀越・世田谷事件では問題となっていないが，憲法適合的解釈を巡る概念整理に関連して論じるべきもう一つの問題がある。すなわち，従来は主に，合憲限定解釈という概念が一般的に用いられてきたところであるが，合憲限定解釈ならぬ，合憲補充解釈あるいは合憲拡張解釈をどう位置づけるかという問題である[40]。この問題は，近時においても2008年の国籍法違憲判決を巡って論じられたところであり，そこでの議論も振り返りつつ，ここで論じておくことに

---

37) 駒村（転回）420頁，駒村（高橋古稀）446～447頁は，逆に，法令審査における当てはめのある意味での「skip」と表現している。そして，駒村はここに，法教義学的思考への回帰，事実への肉薄といった特徴を見出す。
38) ただし，「クラブ」摘発を巡る大阪地判平成26・4・25裁判所ウェブサイトは，堀越・世田谷事件最高裁判決と同様の判決手順を採用しており，一般的判断スタイルとして下級審にすでに影響を及ぼしていると評価することもできよう。
39) 後掲注91) および対応する本文参照。
40) もっとも，「合憲限定解釈といわれることが多いが，それは，通常，合憲解釈というと法律の可能な意味を限定して，違憲の部分を除去する場合が多いからである。しかし，合憲的に拡大解釈することもないわけではない」（傍点原文）と明示する高橋和之の記述（高橋・前掲注17) 92頁注1) や，『憲法の争点』における項目名が古くから「合憲解釈」とされていることに注目すれば，ここでの問題は，「合憲補充（拡張／拡大）解釈」の許容される範囲の確定にあるとする方が正確かもしれない。

する。なお，ここにいう「合憲補充解釈」ないし「合憲拡張解釈」とは，法の解釈方法が論じられる場合に「拡張解釈」として理解されるように条文の文言の意味を常識的理解よりも広く解釈する[41]というのではなく，それと多くの場合には同じことになるのかもしれないが，法律（規定）の適用範囲が広げられることを意味するのが一般的なようであり[42]，本稿でもそれに従っておく。

まず，合憲限定解釈と憲法適合的解釈を分離して考えることは多くの問題を伴うことについては論じたばかりであるが，仮に宍戸説がいうような，「憲法適合的解釈」というカテゴリーの存在を認める場合，そこにおける，憲法も加味した「体系的な」解釈の結果，ある条文の適用範囲を拡張する方向に解釈する場合を，憲法適合的解釈から排除する必要はないだろう。そうすると，ここで問題とすべきは，宍戸説にいうところの「合憲限定解釈」に対応するものとしての「合憲補充（拡張）解釈」というものが観念しうるのか，してよいのか，その許容される範囲はどこかということになろう。

ところで，「合憲限定解釈」の場合，実質的には違憲判断を含みつつも表面上は違憲判断を避ける，違憲から法令を救済するというものであった。しかし，少なくとも，従来想定されてきたものを見る限りにおいては，「合憲補充解釈」の場合，このような視点は弱いように見受けられる。すなわち，法律（規定）についての違憲判断は実際になされており（あるいは，違憲判断が仮になされた場合に），その事後処理としていかに救済を行うかという文脈で，「合憲補充解釈」の可否の議論が登場しているのである。そうすると，「解釈」の問題として位置づけ，「合憲限定解釈」とパラレルに論じていくのではなく，違憲判断を前提とした救済の可否の問題として純化させて論じた方がむしろ適切ではないかという疑問も生じる。ただし，「救済」を裸で論じることに問題がないわけではなく[43]，「合憲限定解釈」と完全にパラレルな問題かどうかはともかく，救済を基礎づけるにあたって法令の解釈として導けるかどうかという「枠」を

---

41) 例えば，田中成明『現代法理学』（有斐閣，2011 年）468 頁などを参照。
42) 例えば，森英明「判解」最判解民事篇平成 20 年度 302 頁などを参照。
43) 関連して，「救済」にあっては，実体的な権利の確認の場面より裁量のある，あるいは政策的判断を含んだ処理が可能であるとは指摘しつつも，「司法権」の行使としての性質上，法規範の適用といえることを指向すべきだという佐藤幸治の議論（佐藤幸治「基本的人権の保障と救済」同『現代国家と司法権』（有斐閣，1988 年）272 頁以下［初出，1985 年］）も参照。

設けるという意味では，従来の議論の立て方にも妥当性を認められよう。

② 従来の議論状況

それでは，ここで，主に合憲補充解釈の可否を巡って論じられてきた従来の判例や学説を確認していくことにしよう。

従来の議論を俯瞰すると，合憲補充解釈は実質的な立法措置を伴うものであって，原則的には許されないという立場が有力であり，「『立法政策上複数の選択肢が考えられる場合』には裁判所の介入する余地はないが，憲法に適合するような欠缺補正の方法が条理上ただ一つしかない場合には，一定の制約の下で合憲解釈のアプローチにより裁判所は欠缺を充足することができる」とする阿部照哉の見解[44]に代表されるように，立法府の選択肢が一つに限られる場合にのみ例外的に認められるという見解が，通説ないしは多数説といってよいものである。

裁判例では，1984年改正前国籍法の父系血統主義の合憲性が問われた訴訟において，合憲補充解釈の可否が争点となったが，なかでもその控訴審の東京高裁判決[45]がよく参照されている。同判決は，立法者が法の欠缺の補正をするための法改正ないし新法の制定をすると仮定した場合に，立法政策上複数の選択肢が考えられる場合には，そのいずれを選択するかは立法者に任せられるべきであり，条理の名によって裁判所が選択決定することは許されないという。そして，そのような状況で裁判所が合憲性の判断をすることはできないとして，違憲審査そのものを回避したのである[46]。ここにも，合憲補充解釈が許容されるためには，立法府の選択肢が一つに限定されていることが必要とされるという見解が現れているといえよう[47]。

---

44) 阿部照哉「法規定不存在の違憲性」同『演習憲法』（有斐閣，1985年）212頁。
45) 東京高判昭和57・6・23判時1045号78頁。
46) なお，この東京高判昭和57・6・23の問題設定が，「法の欠缺」の条理による補充の可否というものになっている点には注意をしておく必要がある。ただし，内野正幸「判批」自治研究60巻6号（1984年）159～160頁は，法の欠缺とは，既存の法律の解釈手段によって当該規定につきいかなる裁判規範も導かれないことを意味するものであって，当該事案で問題になっている「規定の不存在」とは別であるという。そして，このように指摘した上で，内野は合憲補充解釈についての判示と善解できるとする。
47) もっとも，事案の評価として，立法者に許された選択肢は限定されていたとの批判（畑尻剛「国籍法の性差別とその救済方法」芦部信喜＝高橋和之編『憲法判例百選Ⅰ〔第3版〕』（有斐閣，

2008年の国籍法違憲判決[48]では，多数意見が当時の国籍法3条1項が準正という過剰な要件を課した点を違憲無効とし，合憲補充解釈の問題を回避する手法を採ったように見受けられる。これに対して，同判決における藤田宙靖裁判官の意見は，「立法府が既に一定の立法政策に立った判断を下しており，また，その判断が示している基本的な方向に沿って考えるならば，未だ具体的な立法がされていない部分においても合理的な選択の余地は極めて限られていると考えられる場合において，著しく不合理な差別を受けている者を個別的な訴訟の範囲内で救済するために，立法府が既に示している基本的判断に抵触しない範囲で，司法権が現行法の合理的拡張解釈により違憲状態の解消を目指すことは，全く許されないことではない」との見解を示し，合憲「拡張解釈」の問題であると正面から認めて，その許容される範囲の確定を行っている。ここで，藤田裁判官のいう，「拡張解釈」が認められる要件をまとめておくと，①立法府の基本的判断の存在，②その範囲内であること，③立法府の合理的選択の余地が極めて限定されていること，④被害者の不利益が著しいことと整理されることになるが，選択肢が「一つ」とまでは限定されていないこと，被害者の不利益の大きさを考慮要素に取り込んでおり，これは救済の必要性という要素を取り込んだと理解しうる点が重要である。

　また，学説上も，合憲補充解釈の認められるのは，立法府の選択肢が一つに限定される場合にとどめる必要はなく，もう少し緩やかに認められるべきであるという見解が，従来から有力に唱えられてきたことも指摘しておかなければならない。

　その代表的な論者として，内野正幸を挙げることができる。内野はまず，通常の法律解釈の枠内で行われる限りにおいては，合憲補充解釈が許されることには問題はなく，その場合，選択肢が一つに限定される必要もないはずだという[49]。その上で，法解釈の枠を超えるような場合[50]も，選択肢が一つであれ

1994年）67頁，戸波江二「ゼミナール憲法裁判⑤　平等権の新しい救済方法」法セ357号（1984年）25頁）も一定数見られたことには，注意しておく必要がある。他方，権力分立の観点から当該判決の処理を妥当とするものとしては，江橋崇「判批」昭和57年度重判解（1983年）16頁がある。

48）　最大判平成20・6・4民集62巻6号1367頁。
49）　内野・前掲注46）161頁。

ばもちろん，立法府がある特定の内容の規定を創設するであろうという高度の蓋然性が認められるのであれば，許される余地があるのではないかと主張するのである[51]。

さらに進んで，佐々木雅寿は，カナダにおける合憲補充解釈（reading in）について詳細な検討をした上で，憲法保障の重要性，人権保障の必要性といったものを強調する一方，議会による対抗は比較的容易であり，議会の不当な拘束とも言い切れないことを指摘しており，合憲補充解釈を比較的広く認める可能性を示唆する[52]。

③ 検　討

さて，以上の議論状況を踏まえてどう考えるべきであろうか。まず，次の点については学説も一致しているといえるが，狭い意味での合憲補充解釈であっても，その可能性を全く閉じてしまう必要はないように思われる。そうすると，問題はその範囲ということになるが，立法府としての判断の可能性が一つに限定される点を強調する必要はないように思われる。

というのも，立法府にとっての選択肢が一つというのも，明瞭にわかるものではなくて，一種の評価であり，検討の結果得られた結論の言い換えに過ぎないと考えられるからである。そして，学説にここで求められることは結論の言い換えを強調することではなくて，考慮すべき要素を明確に示すことではないだろうか。さらに，裁判所による立法は極力避けるべきことではあろうが，一

---

50)　通常，主に合憲限定解釈について，「解釈」である以上，解釈の枠を超えることはできないという限界論が説かれている（例えば，参照，佐藤幸治『日本国憲法論』（成文堂，2011年）652〜653頁）ところであり，解釈の枠を超える可能性に言及することは珍しい見解だということを指摘できよう。もっとも，「解釈の枠」には「通常の」という形容詞がついており，解釈自体としての限界は超えていないという意味で理解するならば，他の議論とも整合的であると解し得よう。また，そうすると，「通常の解釈の枠内」での解釈は本稿が先に整理した「憲法適合的解釈」に，「通常の法解釈の枠を超える」補充解釈は本稿の「合憲限定解釈」に対応する狭い意味での「合憲補充解釈」に相当するということもできよう。
51)　内野・前掲注46) 162頁。加えて内野は，この議論を補強する目的で，法文による要件設定の仕方次第で，過剰な要件設定の違憲判断による排除とも，合憲補充解釈ともなってしまうことを指摘しているが，これはまさに，前述の国籍法違憲判決における，多数意見と藤田意見それぞれの国籍法旧3条1項の理解の仕方に対応している点が注目に値する。
52)　佐々木雅寿「カナダ憲法上の救済方法(3)」大阪市立大学法学雑誌44巻4号（1998年）555〜558頁。

方では，実際上の問題として，裁判作用も一定の範囲で立法的な性格を有することについては現在では認められているところである[53]。他方で，あくまで厳密な意味での法的効果としては，司法判断は訴訟当事者のみを拘束するものに過ぎない[54]し，佐々木のいうように議会による対抗も，多くの場合，決して困難とはいえない。そうすると個別事件における被害者の不利益の大きさというものを背景にして，立法府の裁量領域への介入具合との衡量で認めていくべきであり，筆者の暫定的な結論としては，国籍法違憲判決における藤田意見の判断枠組みは，比較的明瞭に考慮要素を明らかにしているという点でも，妥当とすべきだと考えている。判断枠組みの精緻化については，先例の蓄積が必要になってくるといえようが，ここでは，近時の最高裁判例の中にもその発想が強く打ち出されるようになってきていると指摘される「救済」の問題[55]について，学説において理論的に詰めていく作業との相互作用が必要とされるだろう。

(3) 小　括

　以上，本節では，「合憲限定解釈」と「憲法的適合解釈」を巡る概念整理を行ってきた。その中で，まず，従来論じられてきた「合憲限定解釈」とは区別された意味での「憲法適合的解釈」という概念の導入の要否・適否に関する問題を検討した。そこでは，実際上の違憲判断を伴う，従来言われてきた「合憲限定解釈」とは区別された，憲法上の価値を加味した解釈の必要性あるいはその存在の顕在化を指摘する上で，「憲法適合的解釈」の概念を新たに導入することの有用性については，ひとまず是認されるものと結論づけた。その一方で，

---

53) 例えば，田中・前掲注 41) 84～87 頁，とりわけ 84 頁などを参照。
54) いわゆる教科書類のほか，戸松秀典『憲法訴訟〔第 2 版〕』（有斐閣，2008 年）395 頁，高橋・前掲注 17) 14～15 頁等を参照。
55) 佐藤・前掲注 50) 589～590 頁は，救済的発想の表れを近時の最高裁判例に限定しないが，例えば，最大決平成 25・9・4 民集 67 巻 6 号 1320 頁が，当該決定の先例としての拘束性を法的安定性との衡量により制限する判断をわざわざ示したことは，これは個別事件における被害者の救済への配慮の裏返しということもできよう。なお，「救済」一般については，さしあたり，佐藤・同上のほか，佐藤・前掲注 43) も参照。さらに，「救済」観念の日本への導入に対する批判として，安念潤司「憲法訴訟論とは何だったか，これから何であり得るか」論ジュリ 1 号（2012 年）134 頁注 3 も参照。

ことさらに憲法判断・違憲判断を隠すことになるという，「副作用」も伴いうることについて確認した。その上で，「合憲限定解釈」と「憲法適合的解釈」を区別するにしても，実際問題として同じ憲法判断が二度にわたって行われることを回避すべく，それらは重畳的に行われるものではなく，一般になされるべき「憲法適合的解釈」のうち，実際上の違憲判断を伴い，ある種の救済として，また何らかの「無理」をして合憲判断を導いたものについて，事後的に「合憲限定解釈」として括り出すことができると整理した[56]。このように，本章の整理は，新たな「憲法適合的解釈」概念の導入について，一定程度留保を付したものとなっている。また，「憲法適合的解釈」概念を導入するとしても，それがどのように行われるべきかについては別途論じるべき点が残されており，これについては，次節で論じることにしたい。

　加えて，本節では，概念整理の問題として，「合憲補充（拡張）解釈」の問題についても言及した。そこでの結論は，合憲補充（拡張）解釈についてもこれを否定する必要はなく，憲法訴訟論における「救済法」理論の展開と並行させる形で，具体的な議論を詰めていくべきだというものであった。従来のように，合憲解釈という術語の中に合憲補充解釈を取り込むことも不可能ではないし，妥当でもある。ただし，先に述べたように合憲限定解釈を憲法適合的解釈の特殊な一形態と整理するのであれば，「憲法適合的解釈」という「合憲限定解釈」を含む広い概念のなかに，合憲限定解釈に対応する特殊形態としての狭い意味での合憲補充解釈と一般的に行われるべき憲法価値を加味した補充解釈を合わせた，広い意味での合憲補充解釈も包含させるということがより適切であろう。

56）　ただし，憲法を加味する以上，実質的には目的・手段審査を含むものであると指摘し，あらゆる憲法適合的解釈は救済であると位置づける，米国のある論者への共感を強くにじませる，本書第7章の土井論文も参照。これに対して，本章筆者は，第4章におけるドイツの議論の検討を経て，狭義の憲法適合的解釈と合憲限定解釈の区別は相対的なものながら，憲法規範の異なる機能がそれぞれ表れているものであると理解しており，両者の区別は我が国においても一定の意義を持つものであると考えている。

4 「憲法適合的解釈」の方法

(1) 体系的解釈としての憲法適合的解釈への疑問

　前節では，憲法の趣旨を取り込んだ体系的解釈としての憲法適合的解釈を一般的に行う可能性について，若干の留保を付しながらもこれを認めた。ただし，次に問題となってくるのは，そのような憲法の趣旨を取り込んだ体系的解釈とはどのように行われるのかということである。この問題に関しては，先にも示唆したように，同じく「憲法の趣旨」を反映させるという言葉が登場する，憲法規定とりわけその人権規定の私人間適用論における間接適用説に対しても，間接適用の内容が曖昧だという批判がなされていることが想起される。さらに，私人間適用の問題を結局は法令の合憲解釈の問題であるとする見解[57]が存在することも考えれば，これも故なきことではないといえよう。以下では，このような理解を前提として，憲法適合的解釈の手法について，少し踏み込んで論じてみたい。

(2) 憲法適合的解釈の手法

　ここで問われるのは，下位法解釈に憲法論をいかに落とし込むのかということである。先にも示唆したように，仮に君塚説を受け入れるとすれば，「私人間適用論」は，民事法についての合憲解釈ないし憲法適合的解釈を巡る議論であるということになる[58]。他方で，堀越・世田谷事件や立川（最判平成20・4・11刑集62巻5号1217頁）・葛飾（最判平成21・11・30刑集63巻9号1765頁）のビラ配り事件などで問われているのは，刑事法における合憲解釈ないし憲法適合的解釈のあり方と整理できるように思われる。

　このように考えたとき，間接適用説における「憲法の趣旨を反映させる」ということの意味や方法が不明確だという指摘がなされてきたところではあるが，

---

[57] 君塚正臣『憲法の私人間効力論』（悠々社，2008年）。なお，君塚も，私人間効力論ないし私人間適用論を合憲解釈の問題と整理することは，ある意味出発点に過ぎず，そこから私人間効力ないし私人間適用のあり方について明確な結論が導かれるわけではないことを自覚している（同上262頁）。加えて参照，君塚・前掲注2) 56頁。
[58] この点について阿部照哉「法律の合憲解釈とその限界」同『基本的人権の法理』（有斐閣，1976年）226頁［初出，1971年］も参照。

私人間適用論の蓄積のある民事法分野では，一定の理論構築が見られることについては注意しておく必要がある。すなわち，一部の論者に限定はされるものの，民法の解釈論を憲法論と有機的に連関させた形で説く見解が見られることが指摘できる。その例としては，まずなんといっても，基本権保護義務論によって，公法私法の関係といった法体系の全体像にまで及ぶ議論を展開する山本敬三の議論が挙げられよう[59]。具体的には，基本権秩序に注目した不法行為法論[60]や公序良俗の再構成論[61]がこれにあたる。また，山本の議論を意識しつつ，彼の不法行為論と同様に，民法 709 条の不法行為責任の解釈にあたって，違法性論によって忘れ去られていた「権利」の文言に再び光を当てて，憲法における基本権論との接合を図る潮見佳男の議論[62]の存在も指摘しなくてはならない。

　他方で，刑事法学との対話チャンネルは，民事法学とのそれ以上に構築できていないのではないかというのが，本章筆者の見立てである。そして，刑事法の方がむしろ憲法上の要請がストレートに係ってくるはずであり，従来狭い意味での「合憲限定解釈」がなされてきたのが，刑事法についてであったことに鑑みると，これは由々しき事態であるといえよう。対話チャンネルの欠如を象徴するものとして，ビラ配りの規制という，表現の自由の「ど真ん中」の事件である立川事件や葛飾事件という刑事事件において，憲法論とりわけ表現の自由論が十分に存在感を示すことができなかったことを挙げることができるのではないだろうか。つまり，これは，我が国の判例が従来表現の自由といったも

---

59) このような議論の全体像を素描する，山本にとってのマニフェストであり，出発点をなす論稿として，山本敬三「現代社会におけるリベラリズムと私的自治(1)(2・完)」法学論叢 133 巻 4 号 (1993 年) 1 頁以下，133 巻 5 号 (1993 年) 1 頁以下が重要である。また，彼の議論の全体像を描く，最新の論稿として，山本敬三「憲法・民法関係論の展開とその意義——民法学の視角から」新世代法政策学研究 5 号 (2010 年) 1 頁以下も参照。
60) 山本敬三「不法行為法学の再検討と新たな展望」法学論叢 154 巻 4 = 5 = 6 号 (2004 年) 292 頁以下 [以下，山本(不法行為論叢)]，山本敬三「基本権の保護と不法行為法の役割」民法研究 5 号 (2008 年) 77 頁以下。
61) 山本敬三『公序良俗論の再構成』(有斐閣，2000 年) とりわけ 193 頁以下，山本敬三「民法における公序良俗論の現況と課題」民商 133 巻 3 号 (2005 年) 385 頁以下。
62) 潮見佳男『不法行為法 I〔第 2 版〕』(信山社，2009 年) 26 頁以下。潮見説の概要について，山本(不法行為論叢) 343 頁以下も参照。また，潮見による憲法・民法関係論に関する簡潔な説明として，潮見佳男『民法総則講義』(有斐閣，2005 年) 5 頁以下がある。

のに十分に重きを置いてこなかったということに起因するのみではなく，刑法学説からも，両事件において憲法学説の説くところに共感を得られていない[63]ところに大きな問題性を見出すことができるのである。

　確かに，名誉毀損罪における公共の利害に関する場合の例外について定めた刑法230条の2を巡る議論においては，表現の自由との関係を巡って，刑法学は例外的に憲法との関係を意識的に論じている[64]。しかし，その議論にしても，刑法学は，いわゆる「真実性の証明」が，処罰阻却事由にとどまるのか，構成要件阻却事由なのか違法性阻却事由なのかといったやや技術的[65]な議論に終始するのがほとんどであり[66]，憲法論をいかに刑法の解釈に落とし込むのかといった点は，十分に意識されていない[67]。他方で，憲法学も憲法学で，刑法学の「文法」において，自分たちの憲法論がどこに位置づけられるのかをあまり

---

[63]　島田聡一郎「立川テント村事件」山下純司ほか『法解釈入門〔補訂版〕』（有斐閣，2018年）197～201頁参照。

[64]　議論の概要については，西田典之（橋爪隆補訂）『刑法各論〔第7版〕』（弘文堂，2018年）125頁以下等を参照。

[65]　もちろん，これを「技術的」と切って捨てるのは憲法学の傲慢ともいうべきであって，傲慢にも憲法学が目を向けない議論を詳細に論じることに，刑法学の意義と矜持があるということはできよう。また，このような「技術的」な錯綜した議論が，「真実であると証明されれば不処罰」と明示する刑法230条の2の条文からすれば，処罰阻却事由と解するのが最も素直なところ，実質論として，それでは表現の自由を無視するに等しいとの判断がなされ，それをいかに説明づけようかとしたことに起因するのだと示唆する，前田雅英『刑法各論講義〔第6版〕』（東京大学出版会，2015年）129頁注14の指摘に従えば，意識的になされているのかという大きな問題はあるものの，まさに憲法適合的解釈の実践ということができるのかもしれない。

[66]　やや古いが，この点を指摘するものとして，平川宗信『名誉毀損罪と表現の自由』（有斐閣，1983年）46頁，54～56頁［初出，1977年；以下，平川(1977)］。なお，平川宗信「判批」刑事法ジャーナル24号（2010年）98頁をみると，平川の評価は，最近になっても変わっていないようである。この他に，最近の文献として，亀井源太郎「〈基調報告〉憲法と刑事法の交錯」宍戸常寿ほか編著『憲法学のゆくえ』（日本評論社，2016年）16～17頁［初出，2014年］も参照。

[67]　刑法学説が，例えば「保護すべきはやはり真実の言論であ」る（西田・前掲注[64] 130頁）という際に，憲法学の表現の自由論がどこまで参照されているかについては，疑問なしとしない。ただし，憲法学における表現の自由論との有機的な融合を説き，アメリカ合衆国の判例理論の検討等にも踏み込む重要な例外として，平川(1977) 54頁以下がある。この点について，この平川の議論を，「自覚的に合憲解釈のアプローチを採用」したものと評価する，田宮裕「表現の自由と名誉の保護」中山研一ほか編『現代刑法講座（第5巻）現代社会と犯罪』（成文堂，1982年）198頁も参照。

　また，教科書のレベルでも，「憲法は，真実を探求するための表現活動を保護しているのであって，真実そのものを保護しているわけではない」ので，「正当な表現活動自体が法的に保護すべき利益なのだ」という髙山佳奈子の記述（島伸一編『たのしい刑法Ⅱ 各論〔第2版〕』（弘文堂，2017年）101頁［髙山］）が見られる。入門書としての性格も強い教科書におけるものであるため

考慮してこなかった[68]。民刑事の事件の処理の中で，憲法判断が行われる我が国において，民刑事法の「文法」に則って，裁判官が憲法判断をすることも考えると，憲法学は，民刑事法の「文法」を習得しないまでも一定程度理解しておく必要はないだろうか[69]。一般的解釈手法としての憲法適合的解釈を考えるのであれば，以上のような点について詰めた議論を行っていくことが，今後憲法学には要求されるだろう。

(3) 関連問題：下位法における基本原則の憲法化の可能性

　前節では，憲法学による下位法（なかでも刑法）の議論への接近の必要性を説いた。そのコインの裏面ともいえるが，下位法における基本的な原則を憲法上の法原則として捉え直す可能性もあるのではないだろうか。例えば，堀越・世田谷事件においても，国公法上の政治活動という犯罪の構成要件該当性を，憲法論を介して限定した際に，抽象的危険犯の実質化が図られた。従来，抽象的危険犯の実質化という議論は，刑法学の一大論点であった[70]が，その根拠は「刑法の謙抑性」という刑法上の基本原則に求められてきたわけである。しかし，この「刑法の謙抑性」の根拠は，最も峻厳な国家作用である刑罰の発動をできるだけ避けようというものであり，国家作用全体に求められる比例性であるとか，憲法上の要求とも理解される罪刑の均衡といったものと完全に一致するとは言わないまでも，かなりの部分において重なりあうものであり，結局

　　に，詳細は明らかではないものの，これは「思想の自由市場論」等を意識した議論であることが推測される。
68)　この点，刑法学における「可罰的違法性論とは，刑法解釈論に姿を変えた憲法論だとも言えなくはない」と指摘していた，君塚・前掲注 2) 53 頁を参照。
69)　この点に関連して，外国法学用語の翻訳という点に焦点を当てたものであるが，石川健治「憲法解釈学における『論議の蓄積志向』」法時 74 巻 7 号（2002 年）60 頁以下，特に 64 頁を参照。
　　なお，憲法解釈の主体の問題に関連して，範囲が国法全体に及ぶ法令解釈権限と違憲判断権限の双方を手中に収める，我が国の裁判所（とりわけ最高裁判所）の権限の大きさには注意をしておく必要がある（この点については，宍戸(現状分析) 69 頁を参照〔宍戸は，むしろここでは，違憲・合憲の二元論にとどまらない憲法的価値の実現の可能性を積極的に評価している〕）。そうしたとき，裁判所が憲法を持ち出すことによって，刑事法令の内容に柔軟な解釈を加えていくことは罪刑法定主義の観点から慎重であるべきとの指摘は，従来考えられていた以上に重大な意味を持つものであり，本文とは逆に刑事法における憲法適合的解釈は控えるべきとの理解も導かれうる。
70)　刑法学上の議論については，さしあたり，謝煜偉『抽象的危険犯論の新展開』（弘文堂，2012 年）等を参照。

は憲法に根拠の求められるべきもののように思われる[71]。そして，ここには，刑法上の基本原則と憲法論を架橋する端緒も見出しうるのではないだろうか[72]。ただ，他方で，下位法における基本原則を憲法化することによってなにか問題は生じないか，限界が存在するのではないかということを問う必要性はあるだろう[73]。

(4) 小　括

　本節では，前節で指摘した合憲限定解釈と憲法適合的解釈の分類への疑問に留意しつつも，憲法を頂点とする法体系の中で，憲法を踏まえた体系的解釈を意識する必要性については是認して，それが具体的にどう行われるべきかについて検討した。そして，「憲法適合的解釈」の手法については，従来十分な議論が行われていないことを，まず指摘した。さらに，民事法よりも，むしろ憲法による規律が直接及ぶこととなり，憲法適合的解釈ないし合憲限定解釈が主に行われてきたはずの刑事法において，これが顕著であることにも言及した。また，関連して，ある意味では憲法以上の歴史を有する，民法や刑法という基

---

71) この点については，謝・前掲注70) 184～185頁など参照。謙抑主義の意義に関する理解の歴史的展開については，謝・同185頁注5のほか，陶山二郎「謙抑主義に関する一考察」森尾亮ほか編『人間回復の刑事法学』(日本評論社，2010年) 55頁以下などを参照。
72) 他に，罪刑法定主義についても，こちらは一応憲法上の原則とはされながらも，憲法学における憲法31条以下を巡る議論の不活性や，歴史的な沿革のせいか，実際上はあくまで刑法上の基本原則であるとの認識にとどまっており，憲法が全く意識されていないとは言わないまでも，あまり意識されず論じられる傾向が指摘できる。罪刑法定主義についての議論を「憲法化」し，憲法41条や13条も絡めた，議論の深化は望めないだろうか。なお，罪刑法定主義については憲法31条の規範内容の一つであるとするのが通説的な見解であるが，むしろ憲法41条の当然の要求とする，松井茂記の指摘(松井茂記『日本国憲法[第3版]』(有斐閣，2007年) 519頁)，憲法41条や73条6号などによっても，当然に要請されている原則であるとする大石眞の指摘(大石眞『憲法講義II[第2版]』(有斐閣，2012年) 64頁)，さらに，憲法39条と73条6号から導く田中英夫の指摘(田中英夫「憲法第31条(いわゆる適法手続条項)について」同『英米法研究2　デュー・プロセス』(東京大学出版会，1987年) 301頁[初出，1965年])にも注意しておく必要がある。
73) 他に，歴史的沿革に立ち戻ると，民法や刑法といった基本法における基本的原則というものは，憲法理論とは別の文脈で，またそれに先んじて議論が形成・蓄積されてきたものも多く，これを無理矢理憲法上の問題であると整理することは，そのような豊かな背景を隠蔽することにもなりかねない面がある。
　加えて，この点については，例えば，ドイツにおける「法秩序の憲法化」の問題について，本書第4章でも触れるほか，宍戸・前掲注2) 317頁以下なども参照。

本法における基本的な法原則と憲法との関係についても，それを無理に憲法上の要請・原則とすること（憲法化）の弊害もあわせて慎重に検討すべきことにも触れた[74]。なお，問題点を指摘しただけという感は否めないが，今後の研究の出発点としての覚書である本稿においては，一定の目的を達成できたのではないかと考えている。

5 「憲法判断の方法論」の中での位置づけ[75]

(1) 問題の整理

堀越事件の原審判決は，以下のような論理構成で，被告人を処罰することは憲法21条および31条に違反するとして，第1審判決を破棄し無罪を言い渡した。すなわち，猿払事件最高裁判決および原判決の「合理的関連性の基準」採用自体については是認し，政治的行為の禁止目的についても正当なものであるとした一方で，目的と禁止される政治的行為の関連性については，一般論としてはそれなりの説得力があるとしつつ，冷戦構造の消滅，公務員に対する国民意識の変化，地方公務員との対比などを通じて，広範に過ぎる部分があることを認める。ただし，広範に過ぎる部分は政治的行為の一律禁止の一部分にとどまり，具体的な法適用の場面で適切な対応が可能であるとして，本件罰則規定の違憲性は否定した[76]。そして，本件罰則規定が抽象的危険犯としての性質を持つことを認めつつ，具体的危険には満たないまでも，ある程度の法益侵害の危険を求めることにより，過度に広範な事案に適切に対応できるという。具体的な適用の場面では，寺西判事補事件最高裁決定（最大決平成10・12・1民集52巻9号1761頁）を引用して，実質的判断の必要性を説いた上で，被告人の本件行為は，「国家公務員という立場を離れ，職務と全く無関係に，休日に，私人

---

74) なお，同じ公法学に属する行政法学との間でも基本概念を巡るすれ違いの存在が指摘されている。この点については，例えば，石川健治「法律の留保 2つの言語，2つの公法学」法教322号（2007年）54頁以下などを参照。
　また，刑訴法における基本原則である「強制処分法定主義」の憲法上の意義をめぐる問題提起については，拙稿「強制処分法定主義の憲法的意義」公法研究77号（2015年）225頁以下を参照。
75) この点についても，本書第7章の土井論文で詳細な検討が加えられる。
76) 東京高判平成22・3・29判タ1340号105頁［110～115頁］。

としての立場で，かつ，他の国家公務員とも全く無関係に個人的に行われたものであるから，これを本件罰則規定の合憲性を基礎付ける前提となる保護法益との関係でみると，行政の中立的運営及びそれに対する国民の信頼という保護法益が損なわれる抽象的危険性を肯定することは常識的にみて全く困難である」としたのである[77]。このような東京高判の事件処理は，憲法判断の手法として，適用違憲の方法を採用したものであると理解されている[78]。

被告人無罪という結論は一致する，この控訴審判決と最高裁判決を比較して論じるということは，様々な憲法判断の方法の中からどのような手法を選択すれば，堀越事件の事案に適しているということになるのかを問うことであるともいえよう。そこで以下では，いわゆる憲法判断の方法論の中において，「憲法適合的解釈」や「合憲限定解釈」がどこに位置づけられ，他の手法とどのように区別され，どのような関係にあるのかについて，若干の考察を行うことにしたい。

(2) 諸類型の整理

憲法判断の方法の分類については，様々な見解が存在しているが，近時の有力な見解[79]は，大きく，①法令に違憲の瑕疵を認めるもの（広義の法令違憲）と②個別の国家機関の行為（これを処分[80]と呼ぶことが多い）に違憲の瑕疵を認めるもの（処分違憲）に区別している[81]。以下では，この分類を一応前提として，それぞれの類型の内容や相違について簡潔に論じていくことにする。

---

77) 前掲東京高判平成22・3・29［118頁］。
78) 例えば，上田健介「判批」近畿大学法科大学院論集7号（2011年）144頁を参照。
79) 土井真一「憲法判断の在り方」ジュリ1400号（2010年）52～53頁，駒村（転回）378～379頁など。
80) ただし，行政法学における「（行政）処分」には限定されない点に注意が必要である。
81) これに対して，行政法学でいうところの「授権規範」が欠如する国家行為が存在することはともかく，「組織規範」が欠如する国家行為を想定することはできず，国家行為の違憲性が問われるということは，その根拠となる法令自体の違憲性が問われる必要があり，そこから離れた国家行為自体の違憲性を問う余地はないとする見解として，木村草太「憲法判断の方法」高橋和之先生古稀記念『現代立憲主義の諸相（上）』（有斐閣，2013年）514頁以下がある。この見解からは，例えば，処分違憲の典型ともいえる，住民訴訟において問題とされる政教分離違反の支出行為の違憲も，当該支出行為を地方公共団体に帰属させうる法規範に，一部違憲が認められるということになる（木村草太＝西村裕一『憲法学再入門』（有斐閣，2014年）92～93頁［木村］）。公務員の行為の国家へ

① 法令に違憲の瑕疵を認めるもの（広義の法令違憲）

(a) （狭義の）法令違憲

　法令に違憲の瑕疵を認めるもののうち，法令の全部または一部について，一般的に違憲・無効と判断する方法であり，従来から法令違憲と呼ばれてきたものである。後述のように，従来「適用違憲」と呼ばれてきた類型も，法令に違憲の瑕疵を認めるものであると解されており，その意味でここでは，単に法令違憲と呼ぶこともあるが，厳密には狭義の法令違憲と呼ぶ。

(i) 全部違憲

　これは，読んで字のごとく，法令全体を違憲と判断するものである。この判断方法は，明瞭である一方，立法府に対する最も強い攻撃となるといわれるし，正当でありかつ妥当な法規制をも無効とすることにより，言わば盥の水ごと赤子を流す危険を孕むことに注意すべきである。したがって，後に述べる一部違憲などの手法との使い分けの際に考慮しなくてはならない。もっとも，全部違憲といっても，想定される全ての適用場面で違憲である必要はなく，違憲となる範囲が一定程度の広範性を持っているか，法令の中核的部分での違憲性が認められるような場合であれば，この判断方法が採用されることとなる[82]。

(ii) 一部違憲（部分違憲）[83]

　法令の一部分について，違憲の瑕疵を認める判断方法である。下位分類として，法令の文言の一部という形で違憲となる部分が特定できる，a)「文言上の一部違憲」あるいは「量的部分違憲」と，文言の一部という形で違憲となる部分が特定できないが，法令の持つ意味のうちの一部について違憲となる，b)「意味上の一部違憲」あるいは「質的部分違憲」というものの，2種類があるとされる。また，近時の最高裁の違憲判断が一部違憲の手法を多用している

　　の帰属を考えることは確かに重要である。しかし，この見解については，規律密度の低い組織規範について，かなり具体的な場面を想定して，ごく一部についての一部違憲だということにこだわることにどこまでの意義があるのか疑問がないわけではないし，法令解釈として違憲の範囲を確定するにあたって合意が形成できなかったが，当該具体的国家行為については少なくとも違憲であることについて裁判官の合意が形成される場合に，法令の瑕疵はともかく当該国家行為について違憲と判断することは必ずしも排除されないように思われる。最後の点については，宍戸（現状分析）78頁，宍戸（解釈論）298頁も参照。あわせて，参照，高橋・前掲注 **21**）179頁注54。

82) 土井・前掲注79) 56頁参照。
83) 一部違憲の問題については，本書でも第6章の松本論文で詳しく論じられる。

ことも注目されている[84]。

　この一部違憲については，違憲との判断を示さないが，法令の可能な解釈の一部に違憲な部分があるという実際上の違憲判断を伴う合憲限定解釈と，（意味上の一部違憲の場合には特にあてはまるが）「ある種の相似型」をなすものである[85]と指摘されている。もっとも，駒村などの論者は，合憲限定解釈の場合は，法令解釈として法文と社会通念に縛られるが，意味上の一部違憲の場合は，そのような限界がなく比較的自由な処理が可能であると指摘している[86]。しかし，これを逆に見ればその程度の差異しか見出せないということでもあろう[87]。

　また，他方で一部違憲については，すぐ後に説明する適用違憲ともその実質は変わらないとの指摘がある[88]。要は，具体的な適用事案から出発して，その範囲で法令に違憲の瑕疵が存在すると判断する（適用違憲）か，法令の規定から出発して，法令の一部分に違憲の瑕疵が存在すると処理する（一部違憲）かという，出発点の差異に過ぎないのである。さらには，具体的事実に契機を持つ「文面審査[89]」の存在も指摘されており[90]，ますます両者の区別は相対的なものであると指摘できよう。そうすると，往々にして指摘される，付随的審査

---

84) 以上の点について，例えば，宍戸常寿「司法審査」辻村みよ子＝長谷部恭男編『憲法理論の再創造』（日本評論社，2011年）196頁以下［初出，2009年］を参照。
85) 駒村（転回）393頁。夙に同質性を指摘するものとして，阿部・前掲注58）234頁がある。また，これに対する批判として，青柳幸一「法令違憲・適用違憲」芦部信喜編『講座 憲法訴訟（第3巻）』（有斐閣，1987年）10頁も参照。
86) 駒村（転回）394頁。市川正人「判批」法教269号（2003年）57頁も参照。
87) 付随的審査制のもとで，一部違憲と合憲解釈の区別には実益がないと指摘するものとして，高橋・前掲注17）93頁注5も参照。
88) 市川正人「文面審査と適用審査・再考」立命館法学321＝322号（2008年）1390〜1391頁［以下，市川（再考）］，宍戸・前掲注84）200頁など。さらに，宍戸・前掲注2）290〜291頁，永田秀樹「適用違憲の法理」ジュリ1037号（1994年）213頁も参照。これに対して，「適用上違憲」と合憲限定解釈は，理論的には別であり，適用対象に焦点があるか（前者），条文の側に焦点があるか（後者）という違いを強調するものとして，高橋・前掲注17）23〜24頁がある。
89) 憲法判断の方法を巡って，一般に「適用審査」あるいは「適用上の判断」と「文面審査」あるいは「文面上の判断」の区別が説かれる。「文面審査」については，これを立法事実も参照することなく，もっぱら法文のみに着目するものに限定する芦部説（芦部信喜（高橋和之補訂）『憲法〔第6版〕』（岩波書店，2015年）383頁）もあるが，現在では，これを立法事実の考慮の有無に関係なく，具体的な適用事案とは離れて法令自体に焦点を当てて憲法適合性を審査するものと定義するものが一般的といってよい。この点について，市川（再考）1378〜1379頁，土井・前掲注79）51〜52頁など参照。
　なお，文面審査と適用審査については，具体的事実が属する類型を審査する文面審査と，事件の

制における適用審査優先原則[91]を前提としたとき，本来は，一部違憲ではなく，適用違憲の判断手法の方が優先されるべきであるということになりそうである[92]。にもかかわらず，先にも指摘したとおり，最高裁は近時一部違憲の判断手法を多用している。これは，いかに考えるべきであろうか。市川正人は，ここに，アメリカ型の付随的違憲審査制を採用しているとしながらも，個別事案に注目するよりも法令の一般的な審査を原則として措定する，大陸法の思考の影響も強く受けた，「日本型」憲法訴訟の特徴を見出す[93]。このような見立てに対抗する形で，法的安定性の要求という点から，一部違憲判断の多用を野坂泰司が擁護している[94]が，市川は，他ならぬアメリカ法に造詣の深い野坂が，「法的安定性」を理由に一部違憲判断を擁護する点に，特殊日本的な思考を見出している[95]。これは，「日本型」の憲法訴訟のあり方，特徴を明らかに

具体的事実自体を審査する適用審査に区別する見解（高橋・前掲注 21）168〜169 頁）もあるが，ここでは，土井・同 51〜52 頁にならって，審査を行う範囲による区別として理解することとする。
90) 市川（再考）1386 頁以下。
91) この原則については，市川（再考）のほか，市川正人「適用違憲に関する一考察」佐藤幸治＝初宿正典編『人権の現代的諸相』（有斐閣，1990 年）309 頁以下，市川正人「違憲審査の方法と法令違憲」立命館法学 369＝370 号上巻（2017 年）1365〜1369 頁（「再考」論文以降の土井・前掲注 79）論文などへの応答も行っている）や土井・前掲注 79）54〜56 頁，君塚正臣「適用違憲「原則」について」横浜国際経済法学 15 巻 1 号（2006 年）1 頁以下，青柳・前掲注 85）31 頁以下，さらに，アメリカの近時の議論を紹介する，青井未帆「憲法訴訟論」安西文雄ほか『憲法学の現代的論点〔第 2 版〕』（有斐閣，2009 年）191 頁以下や，山本龍彦「文面上判断，第三者スタンディング，憲法上の権利」慶應義塾創立 150 年記念法学部論文集『慶應の法律学 公法 I』（慶應義塾大学法学部，2008 年）361 頁以下などを参照。また，本書第 7 章においても，以上の文献への応答も含めて，土井による詳細な再検討がなされている。なお，付随的審査制から要請されるのは，「事件性」の存在のみであり，適用上の審査と文面上の審査のいずれを行うべきかには関係しないとする，高橋・前掲注 17）16 頁，同・前掲注 21）150〜151 頁，170 頁，187 頁の指摘にも留意しておく必要がある。
　　この点，日本における法律の一般性信仰にも結びつけつつ，適用違憲原則論が孕む問題について言及するものとして，毛利・前掲注 2）349〜352 頁も参照。
92) ただし，本書第 7 章土井論文等も明確に指摘しているように，審査手法としての適用審査と，違憲判断の手法としての適用違憲は区別されるものであることに注意する必要がある。
93) 市川・前掲注 86）57 頁。この点に関しては，市川（再考）1390〜1392 頁，宍戸・前掲注 84）208 頁も参照。また，我が国における適用審査原則を巡る議論は，憲法保障面の重視と，それに伴う「文面審査」の漠然とした措定を指摘し，それが安易な法令全体の合憲判断につながっているという懸念を表明した，佐藤幸治『憲法訴訟と司法権』（日本評論社，1984 年）154〜155 頁に端を発するものである。
94) 野坂泰司『憲法基本判例を読み直す』（有斐閣，2011 年）10〜11 頁。

し，またあるべき姿を模索する上で重要な契機を含んでいるといえるが，本稿の直接的な検討対象からはそれるため，ここではさしあたり問題の指摘にとどめる。

　また，全部違憲か一部違憲かの選択という点について，芦部信喜[96]をはじめとする通説[97]は，「可分性の法理」に照らして判断する。すなわち，「議会は，（残りの部分）だけを有効な法として存立させようと意図しただろうか」ということを基準として，この問いに肯定的な答えが与えられる場合には一部違憲の判断を，そうでなければ全部違憲の判断を行うべきであるとしてきた。ただ，この「可分性の法理」による判断は，立法者の意思に偏ったきらいもあるように思われる[98]。つまり，立法者意思の判断を巡る数多くの議論を引くまでもなく，「立法者意思」というものは総じて，ある種の擬制を伴わざるを得ないものであり，客観的な性質に対する評価が先行し，その結果が「立法者の意思」という形で表されているのではないだろうか。そうであれば，どのような点を考慮して判断するべきかが問題となるが，①全体を違憲とすることによって生じる不都合の大きさ，②違憲とされる部分の広さおよび法令における重要性，③問題となっている権利の性質・重要性，④違憲部分の抽出等に係る裁判所の能力，それに密接に関係するものとして，⑤政治部門との関係性が問われることになるのではないかと思われる[99]。そして，適用違憲と一部違憲との差異が相対的なものであることを先に指摘したが，このような判断基準は，法令（全部）違憲と適用違憲とを区別する基準とも大きく重なってくるだろう。

---

95)　市川（再考）1391 頁。
96)　芦部信喜「憲法訴訟における当事者適格」同『憲法訴訟の理論』（有斐閣，1973 年）91 頁［初出，1962 年］，同「憲法裁判の問題点」同『憲法訴訟の理論』（有斐閣，1973 年）172～174 頁［初出，1966 年］。
97)　芦部以外では，時國康夫「憲法上の争点を提起する適格」芦部信喜編『講座 憲法訴訟（第 1 巻）』（有斐閣，1987 年）259 頁がある。なお，従来の学説は，可分性の問題を，主に，一部違憲の問題としてではなく，第三者による憲法上の争点を提起する適格を巡る問題として論じていたことに注意が必要である。また，可分性の問題については，長谷部恭男「国籍法違憲判決の思考様式」同『憲法の境界』（羽鳥書店，2009 年）72 頁［初出，2008 年］も参照。
98)　なお，立法者意思への着目は，合衆国最高裁の Carter v. Carter Coal Co., 298 U. S. 238 (1936) に由来している。これに対して，青柳・前掲注 85) 8～9 頁は，夙にドイツの連邦憲法裁判所の判例を引いて，客観的要素を考慮することの必要性に言及していた。
99)　土井・前掲注 79) 56～58 頁を参考にしている。

(b) **適用違憲**

　適用違憲とは，ある訴訟において問題となっている事案への法令適用を捉えて，違憲とする手法をいう。個別の国家行為を捉えるものとして，法令違憲と対比されるものであるとされることも多かったが，先にも少し触れたように，近時では，個別事案での適用を契機として，特定の適用類型に関する限りにおいて法令を違憲とするものであると指摘され，処分違憲と対比される，（先に紹介した狭義の法令違憲とならぶものとしての，）広義の法令違憲の一つと整理されている[100]。

　この適用違憲については，芦部信喜が3つの類型に分類し[101]，学説において「芦部三類型」などと呼ばれてきた。他方，近時ではこの「芦部三類型」については，再整理を試みる見解が有力に提唱されている[102]。以下では，「芦部三類型」とその再整理を照らし合わせつつ，適用違憲とはどのようなものか確認しておくことにしよう。

　まず，芦部の三類型の内容を確認しておくと，第一類型は，①合憲限定解釈が不可能な場合（合憲部分と違憲部分が不可分な場合）に，違憲的適用の場合を含むような広い解釈に基づいて法令を当該事件に適用するのは違憲であるとする場合をいうとされる。②法令の合憲限定解釈が可能であるのにそれをせず，執行者が合憲的適用の場面に限定しないで，違憲的に適用した場合が第二類型である。そして，最後に，③法令そのものは合憲であるのに，その執行者が憲法に反する形で適用を行った場合も第三類型として適用違憲の一つに加えられる。

　これに対して近時の学説による再整理は，次のように指摘する[103]。すなわち，①の第一類型のみを適用違憲と呼ぶべきであり，②・③の第二・第三の類型は，それぞれ，「処分違法」あるいは「処分違憲」と整理すればよいというのである。もう少し詳しく説明を加えると，まず，第一類型は，法令自体の瑕疵を問題としているものの，当該事案の属する類型に関する限りにおいては違

---

100) 例えば，土井・前掲注79）53頁を参照。
101) 芦部・前掲注89）387〜388頁。
102) 例えば，駒村（転回）48頁，野坂泰司「憲法判断の方法」大石眞＝石川健治編『憲法の争点』（有斐閣，2008年）286頁など。
103) 駒村（転回）48頁，野坂・前掲注102）同頁。さらに参照，高橋・前掲注21）179頁。

憲だが，他の場合については問題としない判断形態であるとして，これこそが適用違憲に該当するという。そして，いわゆる猿払事件の第1審判決を具体例として挙げることができる。次に，第二類型については，合憲限定解釈が可能だというのであれば，法令の意味を合憲解釈された範囲に限定し，そこに含まれない場合に適用することを単に違法な適用行為と解すればよく，「処分違法」といえばよいのだというのである。最後に，第三類型についても，端的に執行者による適用行為を違憲とすればよく，むしろ，処分違憲と整理するべきだという。

適用違憲の手法を採用したと指摘されているものとして先に紹介した，堀越事件の控訴審判決については，表現の自由等に言及し憲法を考慮している点を重視し，抽象的危険犯の実質化を合憲限定解釈であると強調するのであれば，第二類型に該当し，再整理を主張する近時の学説によれば，処分違法に分類されよう。他方，控訴審判決の前半部分が，国公法・人事院規則の「一般的」合憲性を強調していると捉え，さらに抽象的危険犯の実質化をあくまで国公法解釈限りの問題であるとすれば，堀越事件控訴審判決は第三類型に該当し，近時の学説に従えば，処分違憲と整理されることとなるように思われる。

しかし，近時の学説による再整理にも疑問がないわけではない。芦部による分類への批判ともなるが，同じ判決を評価するにあたって力点をどう置くのかによって，分類が異なることにもある意味では現れているとおり，第二類型と第三類型の区別が明確ではない。そうすると，なぜ，第二類型については処分「違法」であるのに，第三類型は処分「違憲」となるのか，判然としないのである。第三類型も法が許すような適用を行っていないのであれば，端的に処分違法と呼べばよいのではないか[104]。逆に，第三類型が処分違憲なのであれば，合憲限定解釈によって得られた，法令が「真に」許容する適用範囲を超えた適用行為は違憲であり，これも処分違憲なのではないか[105]。この点については，

---

[104]　法の適用と理解し得ない国家行為が存在せず，当該適用に関する範囲での法令の違憲性がすべからく判断されるべきだとし，一切の処分違憲を認めない木村説には，先述のとおり賛同できない（前掲注81）参照）が，法の適用が想定できる範囲において，ここでの指摘は木村説と軌を一にするものといってよかろう。なお，一方で，駒村（転回）38頁も「法令の所期する裁量範囲を処分が逸脱しているという意味で，『処分違法』と評価するのが本則である」としている。

② 個別具体的な処分に違憲性を認めるもの（「処分違憲」）

　先に，注81）や前節の末尾でも少し触れたように，処分の違法から区別された意味で，処分の違憲を観念する余地があるのかについては疑問も提示されている106)。すなわち，木村のいうようにそれが全ての場合というのが適切かはさておき，多くの場合，根拠とされた法令が許さない形での処分であるので，当該処分は（違憲と対比される意味での）違法という評価も受けることになる。そうすると，憲法判断回避原則も加味した場合，処分違憲と取り立てて言う必要はあるのだろうか107)。また，あるとしても，そのような必要性がある場合とはどのような場合なのであろうか。違法判断によって，個別具体的な「被害者」の救済，すなわち人権保障も図れることを想起すれば，当該事件で問題となっている具体的な権利の保障にとどまらない，一般的な人権保障も含めた広い意味での憲法保障の要請が高い場合に限定されるべきではないか，逆に言うならば，このような場合には「処分違憲」を観念してもよいのではないだろうか108)。また，この他，前掲注81）でも指摘したところではあるが，裁判官の間で法令の違憲となる範囲を確定する点に合意が得られない場合などに，さしあたって，当該国家行為に関する限りで違憲判断を行う可能性も否定する必要はない。

　さらに問われるべきは，処分違法となる場合も含めて，この場面で憲法論がどのように援用されるべきかということであるが，基本的には，刑法の違法性

---

105)　もっとも，「合憲限定解釈」を「憲法適合的解釈」とは区別される，実質的な違憲判断を伴う特殊なものであるとするならば，──「処分違憲」・「処分違法」という用語で区別することの妥当性は別に問うべきであるが──そのような特殊な作業を伴う場合を，それを伴わずとも法令の合憲性を認めることのできる場合とは区別して論じる必要はあるのかもしれない。ここでも，「合憲限定解釈」と「憲法適合的解釈」の区別の問題が意味を持ってくるといえよう。

106)　この点について，木村・前掲注81）のほか，安念潤司「ブック・レビュー」法セ679号（2011年）125頁，宍戸（現状分析）78頁，宍戸（解釈論）298頁も参照。

107)　この問題について，本章筆者がやや詳しく論じたものとして，拙稿「合憲違法の意味──適用違憲と適用違法の区別は可能か？」大林啓吾＝柴田憲司編『憲法判例のエニグマ』（成文堂，2018年）381頁，384～386頁を，そこで引用した文献を含めて参照。

108)　この点に関して，宍戸（解釈論）313頁は，直接には裁量権統制の場面についての言及であるが，判例は原則的に処分違憲の判断を避け，違法レベルの問題として処理していると評価した上で，理論的には違憲性を強調することが可能であるし，必要だと批判する。

阻却の場面に表現の自由などの憲法論を加味したり[109]，行政法の裁量統制において憲法論を加味したり[110]といった形で，各法の審査・判断枠組みの枠内で処理されることになるだろう[111]。このように考えてくると，ここで論じるべき問題は，前節で論じた憲法適合的解釈の方法論とかなりの部分において重なっていることに気づかされる。これに伴う課題は多いが，その素描は先に前節で扱っており，繰り返さない。

(3) 小　括

　本節では，従来の憲法判断の方法論の枠内において，近時の議論を織り込みつつ，その再整理を行ってきた。ここでの議論は，憲法判断の方法論というよりは，むしろ違憲判断の方法論，あるいは，類型論といった方が正確であって，本節冒頭での問題設定にもかかわらず，本稿で主要な検討対象となっている合憲限定解釈や憲法適合的解釈は，直接的な形でここに登場してくるものではない。ただし，**3** にいう，（狭い意味での）合憲限定解釈が一部違憲や適用違憲と相互に類似するものであることについて確認することができた。これらの，相互に類似する，あるいは，本質的には違いのない３つの手法をいかに使い分けるかは，我が国における違憲審査制についてその性格をどのように位置づけるか，国政の中に裁判所をどう位置づけるかという問題に密接に関連しているということも，本節において示すことができたのではないかと考えている。

　また，本節では，処分違憲の問題の大半は処分違法の問題として処理可能で

---

[109] いわゆる西山記者事件判決（最決昭和 53・5・31 刑集 32 巻 3 号 457 頁）を，具体例として挙げられよう。しかし，当該事件の調査官解説は，団藤説を援用して，形式的には構成要件該当性が認められるとしても，行為の社会的相当性により違法性の推定機能が働かないと解したものであり，違法性阻却事由としての正当行為論からアプローチしたものではないとしている点（堀籠幸男「判解」最判解刑事篇昭和 53 年度 170～171 頁）には，注意が必要である。
[110] 剣道実技拒否事件の最高裁判決（最判平成 8・3・8 民集 50 巻 3 号 469 頁）を，代表例として挙げることができよう。また，憲法の基本権規定を通じた裁量統制については，宍戸常寿「裁量論と人権論」公法研究 71 号（2009 年）100 頁以下を参照。この他，行政法に関連して，いわゆる医薬品ネット販売を巡る薬事法施行規則の違法性が争われた，最判平成 25・1・11 民集 67 巻 1 号 1 頁において，憲法 22 条 1 項に照らした薬事法の憲法適合的解釈が施され，そこで得られた薬事法の解釈と施行規則の適合性が判断されたと指摘するものとして，髙木光「判批」民商 149 巻 3 号（2013 年）279 頁。
[111] 駒村（転回）379 頁。

あることについても言及し、さらには、処分違法の判断を巡って、3でいうところの憲法適合的解釈が密接に関連してくることが確認されたことについても加えて指摘しておきたい。

6　おわりに

　ここまで、堀越・世田谷事件最高裁判決を契機に、憲法適合的解釈を巡る我が国の現状について網羅的に概観してきた。堀越・世田谷事件において「憲法適合的解釈」を行うことの妥当性や、憲法適合的解釈の概念自体の不明確性・問題性の存在についてはすでに指摘したとおりだが、憲法を意識した法解釈を顕在化させる可能性、さらには、必要性という視点は、憲法学にとって、そして憲法学にとどまらない日本の法学全般にとって重要なものであるということができよう。そして本章では、そうでありながら、我が国において憲法学と民刑事学、とりわけ刑事法学との間での対話可能性が限定されていることを指摘した。今後は、民刑事法の解釈論からの憲法論への意識を高めるとともに、民刑事法における解釈・判断枠組みを踏まえた憲法論を展開する必要性があるということができよう。もっとも、本節においては、民刑事法における基本原則を「憲法化」することにも限界がありうることについても指摘した。さらに、概念整理を巡る評価の文脈においては、そもそも「憲法適合的解釈」概念の導入によってかえって憲法問題が隠蔽される危険性も浮上したのであり、我が国の法秩序の全体像の中での憲法の位置づけ論から抜本的に論じ直すことの必要性も感じられるところである。

　また、具体的には、我が国の最高裁による一部違憲の多用に関連して看取することができたのであるが、アメリカ型憲法訴訟とドイツ型憲法裁判の狭間で、両者の影響を直接・間接に受けつつ、日本の憲法訴訟が独自の発展可能性を持っていることについても最後に触れておきたい。我が国の違憲審査制が、母法アメリカ法の影響を大きく受けつつも、我が国の公法学にとって大きな影響力を持つドイツ法の影響もまた受けていることについては今更指摘することもないことであろう。しかし、70年の歴史の中で、我が国の違憲審査制が、主にこの二国の影響を受けつつ、言わばハイブリットな憲法訴訟を構築してきたと

いう捉え方もできるかもしれない[112]。例えば，本章において，合憲限定解釈を包摂する憲法適合的解釈という概念の想定を示唆したことにも，アメリカにおいては，司法審査の民主的正統性への配慮から生まれた憲法判断回避原則と一体として論じられている，ブランダイス・ルールの第7準則を参照してこれまで我が国で展開されてきた合憲限定解釈と，法体系全体に憲法的な価値を浸透させようというドイツ的な発想の融合の途を見出せないわけではない[113]。我が国における憲法訴訟が一定の歴史を重ねた現在において，その独自性を改めて問うことは，実はこれまであまり見られなかったことだが，重要であり，かつまた憲法学に求められている作業といえるのではないだろうか。もっとも，ここでは，逆説的に諸外国の仕組みとの比較検討[114]が重要な意味を持つこととなり，比較法の重要性はこれまでとは違った意味で大きくなろう。

[山田哲史]

---

[112] この点について，外国から「導入された新概念の日本化は不断に追求されている」とし，「抽象的違憲審査と付随的違憲審査の合一化傾向をわが国の憲法学も担っていたのである」と評価した上で，「わが憲法学は，憲法裁判の二大潮流をいずれも学びえた，世界的にも稀有な例である」と述べる，江橋崇「司法権と違憲審査権」『法学セミナー増刊 憲法訴訟』（日本評論社，1983年）154頁など参照。
　　なお，日本の特殊性として，単にハイブリットであるだけではなく，連邦問題という限定のない通常裁判権と違憲判断の権限を一手に収める最高裁以下の裁判所の権限の大きさというものが指摘できることは，前掲注 69）で触れたところである。また，安易なドイツ・アメリカの対置への戒めと今後の憲法学の課題を提示したものとして，宍戸・前掲注 2）371～373頁。
[113] ただし，アメリカにおいても，沿革的には上位法への適合性のルールに淵源を見出すことができ，また，憲法的価値の積極的実現を図る「憲法適合的解釈」が見出せることが，本書第2章の大林論文において描き出されている。
[114] 本書において，本章に続く数章では，アメリカ，ドイツの他，フランス，カナダについての議論状況が紹介，検討されることとなる。また，イタリア，韓国にも検討が及ぶ，毛利透ほか「〈シンポジウム〉憲法適合的解釈についての比較法的検討」比較法研究 78号（2017年）1頁以下もあわせて参照。

第2章

アメリカにおける憲法適合的解釈の実態
―― 憲法解釈方法から憲法動態へ

序――憲法適合的解釈？

　「憲法適合的解釈」は，堀越事件判決[1]の千葉勝美裁判官の補足意見を契機として，宍戸常寿の指摘とそれを取り上げた調査官解説によって[2]，広くその名が知れ渡ることとなった。これまで憲法適合的解釈という言葉はドイツ憲法学の研究において登場することが多く，従来の日本の憲法学ではどちらかといえば合憲限定解釈という言葉で代用してきたきらいがある。もっとも，その合憲限定解釈もまたアメリカ憲法学のブランダイスルールの影響を受けて展開してきたものであり，憲法適合的解釈を考察するにあたっては比較法的考察が欠かせないといえる[3]。

　実際，千葉補足意見はアメリカの憲法判断回避の準則を引き合いに出しなが

---

[1]　最判平成 24・12・7 刑集 66 巻 12 号 1337 頁。
[2]　岩﨑邦生「判解〔平成 22 年(あ)第 762 号国家公務員法違反被告事件〕」最判解刑事篇平成 24 年度 516～517 頁は，「本判決の解釈は，必ずしも本件罰則規定には文言どおり解釈すると違憲の部分が存在することを前提としているものではなく，趣旨，目的，保護法益から本件罰則規定を解釈する中で，最上位規範である憲法が表現の自由としての政治活動の自由を保障していることを考慮していることからすると，法令の解釈において憲法を含む法体系に最も適的なものを選ぶという体系的解釈としての合憲解釈，すなわち『憲法適合的解釈(注37)』に当たるとみるのが相当と思われる」としている。なお，注の 37 で挙げられている文献が〈宍戸常寿『憲法 解釈論の応用と展開』(日本評論社，2011 年) 305 頁〉である。
[3]　2016 年度の比較法学会シンポジウム「憲法適合的解釈についての比較法的検討」(比較法研究 78 号収録) など。

ら憲法適合的解釈との区別をはかった。そこでは，憲法判断回避の準則としてブランダイスルールが提示されている。たしかに，アメリカの憲法判断回避の準則といえばブランダイスルールがポピュラーネームになっているが，しかし，ブランダイスルールは個別意見にすぎず，ブランダイスルール自体が判例法理において定着しているとはいえない。千葉補足意見は，「ブランダイス・ルールは，周知のとおり，その後，Rescue Army v. Municipal Court of City of Los Angeles, 331 U. S. 549（1947）の法廷意見において採用され米国連邦最高裁における判例法理となっている」[4]とするが，この部分だけを文字どおり受け止めると思わぬ誤解をするおそれがある[5]。千葉補足意見の言うとおり，Rescue Army v. Municipal Court of City of Los Angeles 連邦最高裁判決[6]がブランダイスルールを引用しているのは事実である。だが，Rescue Army 判決は脚注でブランダイス（Louis D. Brandeis）裁判官の結果同意意見を挙げただけであり，他の判例がそれに触れることはむしろ少ない。判例法理として踏襲されているのは7つの準則のうち第4準則と第7準則だけであり，しかもブランダイス裁判官の結果同意意見はほとんど引用されていない。というのも，ブランダイス裁判官が言及する前から第4準則や第7準則は個別に判例で登場しており，むしろそうした判例の方が参照される傾向にある。つまり，ブランダイスルールの第4準則や第7準則が登場するときですらブランダイス裁判官の結果同意意見は参照されず，ましてやブランダイスルールそのものが判例法理になっているわけではないのである。

　些細な点かもしれないが，憲法適合的解釈の精緻化をはかるためにはこうした点にも目を配る必要があり，そのためには，ブランダイスルールにとらわれず，アメリカの判例法理を精確に理解しなければならない。また，憲法適合的解釈と，第4準則と第7準則は異なるのかどうかを考えるためには，第4準則と第7準則は何を表すものなのか，ひいてはアメリカにおける憲法適合的解釈

---

4) 堀越事件判決・前掲注1）1354頁。
5) 千葉補足意見は先述の箇所の前で第4準則と第7準則を取り上げていることからすると，それらが判例法理になっていることを示しただけで，ブランダイスルールそれ自体が判例法理となっているとしたわけではない可能性があり，補足意見の読み方にも注意を要する。
6) Rescue Army v. Municipal Court of City of Los Angeles, 331 U. S. 549（1947）.

とは何なのかを考察する必要がある。

そこで本稿では，アメリカ憲法学における憲法適合的解釈に光を当て，その内実を明らかにする。もっとも，アメリカ憲法学において，「憲法適合的解釈」に当たる用語は管見の限り見かけたことがない[7]。もちろん，判例法理においても同様である。それにもかかわらず，それらに近いルールはアメリカにおいてもたしかに存在する。少なくとも，日本の憲法学は，憲法判断回避のルールを合憲限定解釈の代用とみなし[8]，それを憲法適合的解釈に近似の概念として受け止めてきたといえる[9]。

ゆえに，アメリカの憲法適合的解釈を分析するのであれば，憲法判断回避のルール，とりわけ合憲限定解釈をその対象とするのがオーソドックスな手法であろう。しかしながら，憲法適合的解釈と合憲限定解釈が区別可能との前提に立つ場合，合憲限定解釈に焦点を絞るだけではその課題に十分応えられない可能性がある。

実は，アメリカの司法審査の歴史を遡ると，上位法適合性のルールに沿う形で憲法適合的解釈が顔を覗かせていることがわかる。また，このルールと相まって限定解釈が登場するという経緯もあることからすれば，上位法適合性のルール抜きには憲法適合的解釈を語ることはできない。

だが，上位法適合性のルールに着目した分析は少なく，アメリカ憲法学は憲法判断回避のルールに光を当ててきた。その理由は司法態度に起因する。つまり，憲法判断回避のルールが司法消極主義と結びつく形で展開したため，それを司法態度の問題として受け止め，その観点から分析することが主流になったのである。

しかしながら，上位法適合性のルールも実際には司法態度に密接に関連する

---

[7]　「憲法に適合していなければならない」（must be compatible with the Constitution）などのような一文を見かけることがまれにあるが，少なくとも「憲法適合的解釈」を一言で表す用語は本稿執筆時点では見当たらなかった。

[8]　芦部信喜（高橋和之補訂）『憲法〔第6版〕』（岩波書店，2015年）382頁。

[9]　「国家からの自由を保障する防御権の場合，憲法に最も適合的な法令の解釈は，権利・自由の制限の範囲が最も狭い解釈であるため，一般に合憲限定解釈と呼ばれる。アメリカで『憲法判断回避の準則』の1つとして説かれ，ドイツでは『憲法適合的解釈』と呼ばれる」（小山剛『「憲法上の権利」の作法〔第3版〕』（尚学社，2016年）248頁）。

ものであり、そうであるがゆえに憲法判断回避のルールにもそうした要素が引き継がれたといえる。したがって、アメリカにおける憲法適合的解釈を分析するに際しては、司法態度にも注意を払いながら、その内実を明らかにしていくことが肝要となる。

以上の問題意識の下、ここでは次のような流れで考察を進めていくことにする。まず、上位法適合性のルールの背景を探りながら、その内実を明らかにし、それが憲法適合的解釈の源泉になっていたことを示す。次に、限定解釈が登場し、それが憲法判断回避につながっていく様相を分析する。そして、それまでの司法消極主義的態度の中でくすぶり続けていたイデオロギー的不満がロックナー期において一気に放出され、それに対処しようとして登場したのがブランダイスルールであったことを明らかにする。

日本では有名なブランダイスルールであるが、それは結果同意意見にすぎなかったことから、判例法理におけるその先例的価値は必ずしも高くない。そのせいもあり、ブランダイスルールの第4準則と第7準則は個別に展開することとなり、コートによって司法積極主義的にも司法消極主義的にも用いられることとなった。たとえば、ウォーレンコートでは合憲限定解釈が憲法価値の実現の一手法として用いられたのに対し、レーンキストコートでは立法意思の尊重を織り交ぜた手法が用いられた。

そして現在のロバーツコートは外見的司法消極主義と潜在的司法積極主義を織り交ぜており、漸進的司法積極主義という新たな流れを生み出している。ロバーツコートの漸進的司法積極主義は司法が単独で突き進むのではなく、政治部門との協働を建前としつつ、動態的憲法秩序の下での司法による憲法秩序の形成を進めるものだからである。

1 違憲審査権と憲法適合的解釈権

まずは用語の整理を行っておく。憲法適合的解釈は、主にドイツ憲法学において発達した概念であり、「法律の文言が複数の解釈を許す場合に、憲法と一致する結果を導く解釈を選ぶ」[10]こと、あるいは「複数の解釈がある場合に、まず当該規定の文言、趣旨と体系に最も適合的なものを選ぶ」[11]ことを意味す

るとされる。

　これは違憲の疑いがあると考えずに合憲的な意味内容を目的解釈あるいは体系的解釈の結果として提示するものであることから，違憲の疑いがあることを前提として法文の意味を合憲的意味に限定して解釈する合憲限定解釈とは異なる[12]。

　ただし，上記の憲法適合的解釈は狭義の憲法適合的解釈であり，広義の憲法適合的解釈は法律以下の法解釈に憲法が援用される場合一般を指すことから，狭義の憲法適合的解釈は「可能な意味の範囲に違憲な部分を含んでおり，それを除去する効果を持ちうるという点で，むしろ我が国従来にいうところの合憲限定解釈に近い」[13]と指摘される。

　もっとも，先の千葉補足意見は狭義の憲法適合的解釈と合憲限定解釈との区別をはかろうとしており，両者の峻別にはなお検討の余地がある。

　本稿はアメリカの憲法適合的解釈を検討対象とすることから，これ以上の深入りは避けるが，論を進めるにあたり，本稿における憲法適合的解釈の意味を措定しておかなければならない。後述するように，アメリカでは上位法適合性のルールが下位法令の憲法適合性を要請する淵源となっている。また，合憲限定解釈も上位法適合性のルールから派生するような形で展開した経緯を踏まえると，アメリカの憲法適合的解釈は憲法以下の下位法令が憲法に適合していなければならない（抵触してはならない）ことが根底にあるといえる。本稿ではこれを憲法適合的解釈として捉えて論じることにする。

(1) 司法審査の淵源と抵触性審査

　本稿における憲法適合的解釈の主体は司法である[14]。周知のとおり，アメリカ憲法は司法審査に関する定めを置いておらず，判例によって形成されたものである。司法審査が憲法適合性を判断するものである以上，司法審査を認める

---

10) 宍戸常寿『憲法裁判権の動態』（弘文堂，2005年）290頁。
11) 宍戸常寿『憲法 解釈論の応用と展開〔第2版〕』（日本評論社，2014年）310頁。
12) 高橋和之『体系 憲法訴訟』（岩波書店，2017年）202～203頁。
13) 山田哲史「ドイツにおける憲法適合的解釈の位相」岡山大学法学会雑誌66巻3＝4号（2017年）106～107頁。
14) なお，本来的には，憲法適合的解釈は司法のみならず，他の二権にも要請されるはずである。

論理構造は憲法適合的解釈にも密接に関連する。

　司法審査は，1803 年の Marbury v. Madison 連邦最高裁判決[15] がその嚆矢とされているが，その基底にある判断構造自体はイギリスのコーク（Edward Coke）に由来するものである[16]。コークが判断を下した一連の判決には，下位法は上位法に抵触してはならないという抵触性審査（repugnancy review）が顔を覗かせている[17]。さらに，Calvin 判決[18] の中で上位法の優越を解説したセント・ジャーマン（Christopher St. Germain [German]）の『神学博士と法学徒』[19] を引用していることからも，抵触性審査が根付いていたことがうかがえる。このような判例の積み重ねの上で登場したのが，Bonham 判決[20] であった。

　この事件は内科医師会の自治権の限界が争われたものである。内科医師会は自治権に基づき，医師の技能審査を行っていた。ボナム（Thomas Bonham）医師はその審査に合格することができず，医療行為を行わないように求められたが，これを拒否した。内科医師会は出頭要請をしたがそれに応じないボナム医師に対して 10 ポンドの罰金と強制召喚状を発行した。その後，出頭したボナム医師は内科医師会の要求に応じるつもりはないと主張したため，内科医師会はボナム医師を拘束し，収監した。そのため，内科医師会が罰金や収監などの権限を行使することができるかどうかが問題となったが，コークはそれを判断する際にコモンローの優越に言及した。

　コークによれば，内科医師会の自治権が国王の特許状によるものであるとしても，それは本件のような罰則まで認めるものではないとする。そして，内科医師会がこのような権限を行使することは，何人も自己について判断することができないというコモンロー上の原則に反するとした。その際，コークは，

---

15)　Marbury v. Madison, 5 U. S.（1 Cranch）137（1803）.
16)　司法審査の淵源とその推移については，大林啓吾「司法審査の源流——repugnant review から judicial review へ」阪本昌成先生古稀記念論文集『自由の法理』（成文堂，2015 年）319 頁を参照（以下，本書を『自由の法理』とする）。
17)　*See, e.g.*, Chamberlain of London's Case, 77 Eng. Rep. 150（1590）; Bab v. Clerk, 72 Eng. Rep. 663（1595）.
18)　Calvin's Case, 77 Eng. Rep. 377（1608）.
19)　*See* Christopher St. Germain, The Doctor and Student（1518）.
20)　Dr. Bonham's Case, 77 Eng. Rep. 638（1610）.

「コモンローは議会の法律を統制し，時節それを完全に無効にすることができる。すなわち，議会の法律がコモンロー上の権利や理性に反していたり，適合していなかったり，実行不可能だったりする場合には，コモンローがそれを統制し，無効だと判断するのである」[21]と述べ，法律ですらコモンローに従わなければならないと述べた。つまり，コモンローの優越を語ると同時に，裁判所がコモンローに反する法律を無効にすることができるとしたのである。こうして，裁判所が上位法適合性をチェックする抵触性審査が確立した。

抵触性審査はアメリカにも影響し，下位法が憲法に抵触しないようにしなければならないとの判断につながっていった。たとえば，州裁判所では1782年のCommonwealth v. Caton判決[22]が違憲審査に言及し，連邦裁判所でも徐々に違憲審査に言及する判断が登場し始めた。連邦の下級審レベルでは1795年のVanhorne's Lessee v. Dorrance判決[23]において，連邦最高裁裁判官を兼務していたパターソン（William Paterson）裁判官が，「立法府のあらゆる行為は憲法に合致していなければならず，そうでない立法府の行為は無効である」[24]と述べた上で，「憲法に抵触する，立法府のあらゆる行為は，絶対的に無効である」(every act of the Legislature, repugnant to the Constitution, is absolutely void)[25]とした。ここでは，抵触（repugnant）という言葉が使われており，抵触性審査が基になっていることがうかがえる。また，1800年のCooper v. Telfair連邦最高裁判決[26]では，チェイス（Samuel Chase）裁判官が，本件では法令が合憲であるとしながらも，「連邦最高裁裁判官や一部の連邦高裁裁判官が個々に連邦最高裁が連邦議会の法律を違憲ゆえに無効と宣言できると判断してきたことは明らかであり，実際，一般的な見解となっている。ただし，連邦最高裁自身の判決ではまだそのことに言及されていない」[27]と述べており，その

---

21) *Id.* at 652.
22) Commonwealth v. Caton, 8 Va. (4 Call) 5 (1782).
23) Vanhorne's Lessee v. Dorrance, 2 U.S. 304 (C.C.D. Pa. 1795).
24) *Id.* at 308.
25) *Id.*
26) Cooper v. Telfair, 4 U.S. 14 (1800). 本件は，独立戦争時の没収法の合憲性が争われた事件である。
27) *Id.* at 19.

気になれば違憲審査を行う可能性を示唆するかのような発言をしていることから，違憲審査の登場は目の前にまで来ていたといえる。

そうした中，登場したのが1803年のMarbury判決であった。マーシャル（John Marshall）長官の法廷意見は，憲法の最高法規性を基にしながら，立法府は憲法に反する法律を制定することはできないとして，憲法に反する法令は無効であると述べた。そして，上位法たる憲法と下位法との衝突の問題は，「何が法であるのかを語るのは司法府の役割である」[28]として，法解釈を専門とする裁判所が判断すべきであるとした。このように，司法審査の淵源には抵触性審査というイギリス時代からの法理が基底になっていたのである。

(2) 上位法適合性のルール

この抵触性審査は，下位法が上位法に反してはならないという前提の下，下位法は上位法に合致しなければならないという上位法適合性をも要請することとなる。この上位法適合性を判断する際，裁判所は最高法規たる憲法に反するという判断を行うことの他に，憲法に適合するという解釈を行うことが要請される。なぜなら，三権はいずれも憲法尊重の宣誓を行っており，憲法に反する行為を行わないことが想定されるからである。そのため，裁判所は憲法に反する行為を無効にするのでなく，憲法に反しない解釈が可能かどうかを検討しなければならない。

連邦最高裁はMarbury判決以前にすでにこうした要請を判示していた。それが，1800年のMossman v. Higginson連邦最高裁判決[29]である。この判決はきわめて短文であり事件の詳細がやや不明瞭であるが，争点としては当事者が外国人同士である場合に裁判所が管轄権を有するかどうかが争われ，憲法および裁判所法は市民と外国人の訴訟を認めているにすぎないとした。その際，連邦最高裁は，「裁判所法11条は，憲法に合致しうるし，しなければならず，そのような解釈をしなければならない」[30]と述べたことが重要である。この判示は，法令は憲法に合致するように解釈されなければならないとしていること

---

28) *Marbury*, 5 U. S. at 177.
29) Mossman v. Higginson, 4 U. S. (4 Dall.) 12 (1800).
30) *Id.* at 14.

から，まさに憲法適合的解釈を要請したものと受け止めることができるからである。

　また，連邦最高裁は，憲法に限らず，その他の法令の関係においても，上位法適合的解釈を要請する判断を下した。その典型例が Marbury 判決の翌年に下された 1804 年の Murray v. Schooner Charming Betsy 連邦最高裁判決[31]である。この事件は，連邦法がフランスとの通商を禁止していたところ，アメリカの軍艦がデンマーク船を押収したことが問題となり，同法を中立国の船に対して適用できるかどうかが争点となった[32]。その際，マーシャル長官の法廷意見は，法解釈における諸国民の法（law of nations）[33]との関係について次のように述べた。すなわち，「もし他の可能な解釈が存在するのであれば連邦議会の法律は決して諸国民の法を侵害するように解釈されてはならないのであって，そうであるがゆえにアメリカにおいて諸国民の法と目されている法によって認められている範囲を超えて，自然権を侵害したり中立的通商に影響を与えたりするように解釈されてはならないことが確認されてきた」[34]としたのである。

　Charming Betsy 判決は，適合的解釈の方法を提示したという意味で重要である。Mossman 判決は適合的解釈が要請されることを提示するにとどまり，その条件または方法について何も触れていなかった。一方，Charming Betsy 判決は上位法（諸国民の法）を侵害しない解釈が存在する場合にはそのような解釈をしなければならないとしたのであり，適合的解釈を行う条件または方法を示したといえる。

---

31) Murray v. Schooner Charming Betsy, 6 U. S. (2 Cranch) 64 (1804). 本件につき，国内法の国際法適合的解釈との関係について論じたものとして，山田哲史「国内法の国際法適合的解釈と権力分立――米国における Charming Betsy Canon の紹介を中心に」岡山大学法学会雑誌 65 巻 3 = 4 号（2016 年）399 頁。
32) デンマーク領の者がチャーミングベッツィー号を所有していたところ，その船が途中フランスに拿捕され，その後アメリカ軍艦に再拿捕された。そのため，フランスとの通商を禁止する連邦法を本件に適用できるか否かが問題となった。
33) 一般に邦語では「国際法」とも訳されるが，概念上の異同についてはここでは取り上げない。田中英夫編集代表『英米法辞典』（東京大学出版会，1991 年）520 頁，小山貞夫編著『英米法律語辞典』（研究社，2011 年）626 頁。
34) 6 U. S. at 118.

もちろん Charming Betsy 判決は，諸国民の法との適合性について述べたのであり，これが上位法適合的解釈，ひいては憲法適合的解釈とただちに結びつくわけではないので，その接合には説明が必要である。まず，本件でいう諸国民の法は自然権など普遍的な価値の総体として描かれていることからすると，それは上位法として位置づけられていると考えられる。そして Mossman 判決や Marbury 判決などの先例が上位法適合性のルールを提示してきたことに照らせば，Charming Betsy 判決は上位法適合的解釈の実践を行ったと考えることはそれほど的外れではないだろう。そうであるとすれば，上位法適合的解釈の典型たる憲法適合的解釈にも Charming Betsy 判決が行った手法（諸国民の法を侵害しない別の解釈方法がある場合にはそのように解釈しなければならない）は援用しうるように思われる。

　実際，マーシャルコートは 1830 年の Parsons v. Bedford 連邦最高裁判決[35]において，Charming Betsy 判決と同様の手法を憲法判断にも導入した。ストーリー（Joseph Story）裁判官の法廷意見は，「連邦最高裁で連邦議会の法律の解釈について争われた場合，我々はそれが違憲ではないかどうかというきわめて重大な疑義について判断することになる。いかなる裁判所も，法律の文言が憲法違反を避けられない場合でない限り，たとえ意図的でなくとも，憲法違反を引き起こすような解釈を行うべきではない」[36]と述べたのである。つまり，憲法を侵害することが避けられない場合でない限り憲法適合的に解釈しなければならないとしているのであり，このことは上位法（諸国民の法）を侵害しない解釈が存在する場合にはそのような解釈をしなければならないと述べた Charming Betsy 判決と同旨であるといえる。

　このように，アメリカの憲法適合的解釈は上位法適合性のルールを軸にして，裁判所に 2 つの権限を生み出したといえる。すなわち，①下位法は上位法に反してはならないがゆえに憲法に反する法令を無効にする権限（違憲審査権）と，②下位法は上位法に合致しなければならないがゆえに憲法に適合的な解釈を行う権限（憲法適合的解釈権）である。ただし，①と②の関係は矛盾するようにも

---

[35]　Parsons v. Bedford, 28 U.S. (3 Pet.) 433 (1830).
[36]　*Id.* at 448-449.

みえる。なぜなら，憲法適合的に解釈すると法令を生かす結果になるので，その意味では憲法に違反するかもしれない法令を無効にしなくてもよいこととなり，②により①の意義が減殺されることになるからである。それとは反対に，憲法に少しでも適合しない可能性があれば違憲にするというスタンスをとると，②の意義が薄れてしまう結果となる。判例が①と②の両方を採用している以上，相互が矛盾衝突しないように運用していく方法が求められることとなる。

(3) 横槍としての憲法判断回避のルール

　もっとも，①と②の調和以上に問題となったのが，政治部門との関係であった。司法審査を行って違憲判断を下す場合でも，憲法適合的解釈を行って法令を生かす場合でも，政治部門の決定に口を挟むという点では共通する。とりわけ，当時はあまり政治部門を刺激できない理由があった。というのも，司法審査権自体，フェデラリスツとリパブリカンズの政治的対立で生じたという背景があったからである。1800 年の選挙で大敗したフェデラリスツは司法を牙城として残そうと画策した。フェデラリスツであるマーシャル長官は，Marbury 判決において司法審査権という武器を確保したものの，リパブリカンズが支配する政治部門に対して違憲審査権を積極的に活用するとそれに従わないおそれがあった。

　そのため，憲法判断自体を行わずに解決する方法がある場合には憲法判断を行わない方が政治部門を刺激しなくて済む可能性がある。ただし，このようなスタンスを徹底してしまうと，違憲審査権や憲法適合的解釈権の存在理由がなくなってしまう。そこで，マーシャル長官は必要不可欠な場合に限り，憲法判断を行わないというアプローチを提示した。それが 1833 年の Ex parte Randolph 連邦高裁判決[37]である。

　この事件は，連邦高裁の判決ではあるが，巡回区控訴裁判所の裁判官を兼任していたマーシャル長官が判断したものであり，重要な意義を有する。マーシャル長官は，「裁判所に提起された訴訟において立法府の法律の合憲性に関わる問題ほどデリカシーなものはない。もし合憲性の問題がその事件に必要不可

---

[37] Ex parte Randolph, 20 F. Cas. 242 (C. C. D. Va. 1833).

欠であるなら，裁判所はそれを判断しなければならない。しかし，もしその事件が別の争点によって解決しうるなら，立法府の要求を尊重し，法律の任務を不必要かつ気まぐれに攻撃してはならない」[38]と述べ，立法裁量を尊重するアプローチを提示した。

もちろん，連邦問題であっても合憲判断を下した事件は1819年のMcCulloch v. Maryland連邦最高裁判決[39]があり，また州法に対しては1832年のWorcester v. Georgia連邦最高裁判決[40]などのように違憲判断が下されてはいるが，それでも連邦最高裁の憲法判断はあまり多くなかった。連邦問題については先に挙げた政治的理由がくすぶっており，憲法判断を取り上げること自体がセンシティブな面があった。

この2年後，マーシャルコートは幕を閉じるが，その後のトーニーコートはリパブリカンズのトーニー（Roger B. Taney）が長官だったこともあり，政治部門の行為に対する憲法判断回避の姿勢は継続された。

ただし，これには制度的要因も絡んでいる。州の問題については，裁判管轄に関する制度の問題があった。1789年裁判所法は州裁判所の判決に連邦問題が記録されていなければ，連邦最高裁はそれを扱うことができない仕組みになっていた[41]。また，連邦問題が存在するだけでなく，連邦問題の主張に根拠がある場合でなければならないとされ[42]，このことは事実上連邦最高裁が憲法問題を回避することにつながった。

また，連邦法に対する違憲判断は，Marbury判決後約半世紀の間，1つも下されなかった。1857年になってようやくDred Scott v. Sandford連邦最高裁判決[43]が連邦法（ミズーリの妥協）に違憲判断を下している。

こうして，憲法判断回避のスタンスにより，司法審査自体が控え目に行使され，違憲審査権および憲法適合的解釈権は十分活用されなかった。そしてそれは，政治部門との関係というリアルな司法政治的理由が原因となっていたので

---

38) *Id.* at 254.
39) McCulloch v. Maryland, 17 U. S. 316 (1819).
40) Worcester v. Georgia, 31 U. S. (6 Pet.) 515 (1832).
41) 横田喜三郎『違憲審査』（有斐閣，1968年）457〜463頁。
42) New Orleans v. New Orleans Waterworks Co., 142 U. S. 79 (1891).
43) Dred Scott v. Sandford, 60 U. S. 393 (1857).

ある。そのため，上位法適合性という法的ルールから登場した違憲審査権や憲法適合的解釈権は司法態度の影響により大きく左右されることとなった。

実際，連邦最高裁は，南北戦争後の裁判官の人数の変更に伴って裁判官の顔ぶれが大きく変わっていくと[44]，19世紀後半から司法判断を積極的に行っていく裁判官と消極的な裁判官に分かれるようになり，さらに違憲判断を下す裁判官と法律を生かす裁判官とが登場してくることになる。

2 憲法判断回避と憲法適合的解釈の接合

(1) 合憲推定型憲法適合的解釈

これまでの憲法適合的解釈は，憲法に適合的に解釈をしなければならず，憲法違反となることが避けられない場合を除き，違憲となるような解釈を行うべきでないとするものであった。そこでは，裁判所は上位法たる憲法に適合的になるように法律を解釈するという要請に基づいていたといえる。しかし，三権はいずれも憲法を尊重する義務を負っていることからすると，裁判所は立法府も同じく憲法適合的解釈をしているはずだと想定して立法府のその判断を尊重するという意味での憲法適合的解釈もありうる。南北戦争後になると，このような立法府の判断への敬譲という要素が登場し始めた。

その端緒となったのが，1884年のGrenada County Supervisors v. Brogden連邦最高裁判決[45]である。この事件は，鉄道会社が所有している郡発行の債券や鉄道会社の工事への助成につき，適切な立法の授権があったかどうかが問題となったものであり，州憲法との適合性が問われることとなった。

ハーラン（John Marshall Harlan）裁判官の法廷意見は，「もし2つの解釈の余地があり，両方とも同様に明白かつ合理的な場合，裁判所は州の立法府に敬譲し，立法府が憲法の規定を見落としておらず，1871年法が効力を持つと意図

---

[44] この時期，法律によって裁判官の人数が変えられており，その結果グリーンバック（紙幣）の合憲性をめぐる裁判に影響が生じている。詳しくは，大林啓吾「憲法と法貨――アメリカのグリーンバックの合憲性をめぐる司法と政治の関係」林康史編『貨幣と通貨の法文化』（国際書院，2016年）264～266頁を参照。

[45] Grenada County Supervisors v. Brogden, 112 U.S. 261 (1884).

して制定したと想定しなければならない。したがって我々の責務は,法律に用いられた文言の適切な意味を損なわないように,法律が憲法の規定と調和するような解釈を採用することである」[46]と述べた。ここでは,立法府が憲法適合的に解釈して法律を制定したと想定し,憲法に違反しないような解釈があるのであればそれを採用すべきとされている。本稿では,このような憲法適合的解釈の手法を【合憲推定型憲法適合的解釈】と呼ぶことにする。

その2年後,連邦最高裁は,Presser v. Illinois 連邦最高裁判決[47]において,具体的に憲法適合的解釈を実践した。この事件では合衆国憲法と州法との関係が問題となった。イリノイ州軍事法典[48]は許可なく軍隊を組織したり武器を持って訓練したり行進したりすることを禁止していたところ,被告人は許可のない軍事組織に加わり,訓練したり行進したりしたため,起訴された。これに対して被告人は,憲法が連邦議会に軍隊に関する権限を付与している以上,イリノイ州軍事法典はそれを侵害するものであると主張したため,連邦最高裁では当該軍事法典が憲法に反するかどうかを判断することになった。

ウッズ(William Burnham Woods)裁判官の法廷意見は,まず問題となっている法律のどの点について合憲性を判断すべきなのかについて言及した。法廷意見によれば,「たとえ本法の他の条項が無効であるとしても,被告人を起訴する根拠となった条項が有効であるならば,イリノイ州の軍事法典全体の有効性について,我々は考慮または判断する必要はない。一部のみが合憲である法律は,許容された部分と禁止された部分を分けることができるのであれば,その法律が憲法に違反しない限り,合憲であるとするのが確立したルールである」[49]という。つまり,当該事件で問題となっている規定さえ判断すればよく法律全体の合憲性を判断する必要はないということと,合憲の部分と違憲の部分を分けられるのであれば合憲の部分だけ判断して合憲とすることができるとしたのである。

そこで本件では,被告人が起訴された根拠となる軍事法典の規定(許可なく

---

46) *Id.* at 268-269.
47) Presser v. Illinois, 116 U. S. 252 (1886).
48) The Military Code of Ill. art. XI, §§ 5, 6, Act of May 28, 1879, Laws of 1879, 192.
49) 116 U. S. at 262.

軍隊を組織したり訓練したり行進したりすることを禁止するⅪ条5節および6節）が問題となる。被告人は，これらの規定は憲法が連邦議会に付与した軍隊に関する権限を侵害すると主張したが，法廷意見は次のように述べてそのような解釈は採用できないとした。すなわち，「これらの規定の目的は，法に基づかない自発的な軍事団体を組織したり州の市や町で武器を持って訓練したり行進したりすることを禁止することを目的としており，軍隊の組織，訓練，行進が連邦議会の法律の授権に基づかなければならないことを阻害しようとするものでないことは明らかである。もしこれらの規定の目的や効果が連邦議会の法律に調和できないほど衝突している場合には，これらはもちろん無効となる。しかし，憲法や恒久法に合致させることができるのであれば，法律はそのように解釈されなければならないという解釈のルールがある。Parsons v. Bedford, 3 Pet. 433; Grenada Co. Sup'rs v. Brogden, 112 U. S. 261; S. C. 5 Sup. Ct. Rep. 125; Marshall v. Grimes, 41 Miss. 27.」[50]としたのである[51]。要するに，私設軍隊の組織や活動を規制する州法は，連邦議会の軍事権限と衝突する可能性があるとしても，その目的等を考慮すればそれと衝突しないものとして解釈することが可能であり，合憲であるとしたのである。

　本判決は，当該法律の目的等に照らせば憲法に反する意図があったとはいえず，憲法に反するような解釈をとるべきではないとしたのであり，わざわざ憲法に適合しない解釈をすべきではないとしたものである。この判断も憲法適合的解釈を提示するものであり，さらに立法府の意図を尊重して憲法適合的解釈を行っていることから，Grenada 判決同様，合憲推定型憲法適合的解釈をとっているといえる。

　さて，この頃から連邦最高裁はいわゆるロックナー期に入り，事案によっては立法府に対しても積極的な判断を行うようになっていった。それに伴い，憲法適合的解釈の手法にも変化が生じるようになる。ロックナー期になると，連邦最高裁の裁判官が保守派とリベラル派に明確に分かれるようになっていた。保守派と目される裁判官らは憲法適合の解釈を行うというよりも，社会経済立

---

50) *Id.* at 268-269.
51) 本判決は，Parsons 判決や Grenada 判決を引用していることから，これらの判決も憲法適合的解釈を要請するものとして受け止めることができる。

法に対して違憲判断も辞さない態度で挑む者らである。一方，リベラル派の裁判官は社会経済立法をいかそうと試みる者らであるが，かれらは必ずしも立法府の判断に追随するだけでなく，新たな解釈を加えたりしながら望ましい方向に誘う手法を提示した。

州法の改正前の保険契約にも改正後の規定が適用されるかどうかが争われた1902年の Knights Templars' & Masons' Life Indemnity Co. v. Jarman 連邦最高裁判決[52]はその過渡期の判決である。ブラウン（Henry Billings Brown）裁判官[53]の法廷意見は，遡及を認めると憲法問題が生じることからそのような解釈はとれないとした上で，「法律の文言が同様に明白な2つの解釈の余地を生ぜしめる場合，明らかに憲法の規定に合致する方を選ぶとする解釈の基本ルールを適用して解決すべきである。このルールは次の先例においても適用されてきた。Granada County Supervisors v. Brogden, 112 U.S. 261; Presser v. Illinois, 116 U.S. 252, 269, and Hooper v. California, 155 U.S. 648, 657.」[54]と判示した。Grenada 判決や Presser 判決を引用し，憲法適合的に解釈する余地があるならばそれを選ぶべきとしていることから，立法を尊重する形で憲法適合的解釈を行ったようにみえるが，しかし，Grenada 判決のように，立法府に敬譲するがゆえに憲法適合的解釈をとるべきとは述べていない。つまり，合憲・違憲の2つの解釈の余地がある場合，立法府に敬譲するという理由のみならず，司法が自主的に憲法適合的解釈を行う可能性を残すような判断のようにもみえるのである。そして，その後の判決では明示的に変化が現れるようになる。

(2) 合憲限定的憲法適合的解釈

新たな憲法適合的解釈の手法は，1905年の Lochner v. New York 連邦最高裁判決[55]の3年後に登場した。Harriman v. ICC 連邦最高裁判決[56]である。この事件の争点は，1887年に創設された州際通商委員会（Interstate Commerce

---

52) Knights Templars' & Masons' Life Indemnity Co. v. Jarman, 187 U.S. 197 (1902).
53) なお，ブラウン裁判官は保守派の裁判官であり，本件は法律の遡及を認めずに契約を尊重する結果になったので，契約の自由を尊重するという点において保守的判断ということができる。
54) 187 U.S. at 205.
55) Lochner v. New York, 198 U.S. 45 (1905).
56) Harriman v. ICC, 211 U.S. 407 (1908).

Commission）が鉄道会社の調査に乗り出した際に証人としてハリマン（Edward H. Harriman）を呼び出したところ，ハリマンが回答を拒否したため裁判となり，裁判では州際通商委員会が強制的に証言させる権限を法律によって授権されているかどうかが争点となった。

　本件についてはリベラル派のホームズ（Oliver Wendell Holmes, Jr.）裁判官が法廷意見を書いた。その際，法廷意見は，「もし我々が思った以上に躊躇を覚えるとしても，それが公正である限り，我々は単に当該法律の合憲性を維持するためだけでなく一連の憲法上の疑義を避けるように解釈する義務を負うと感じざるをえない。Knights Templar & Indemnity Co. v. Jarman, 187 U. S. 197, 205.」[57] と述べ，強制証言が可能な場合を一定事項に限定した。

　ここでは，憲法に合致する方を選ばなければならないだけでなく，違憲の疑いが生じる部分をなくすような解釈が必要であることを述べている点が特徴的である。先述したKnights判決の判示部分を引用していることから，Knights判決の時点でこのような手法が可能であるとする布石が打たれていたといえる。そのため，本件では，憲法適合的解釈の一側面として合憲限定解釈が導出されているといえる。このような【合憲限定的憲法適合的解釈】は司法が積極的に法解釈を打ち出すことにつながるものである。

　その後，このルールを確立したのが，1909年のUnited States v. Delaware & Hudson Co. 連邦最高裁判決[58] であった。本件では，鉄道会社の輸送規制に関する法律[59] の合憲性が争われた。本件でもリベラル派のホワイト（Edward Douglass White, Jr.）裁判官が法廷意見を書いた。法廷意見は，本件規制の射程を判断する際，「法律の合憲性が攻撃された場合，その法律について2つの解釈が合理的に可能であるとき，そのうちの1つを選ぶと違憲となるがもう1つの方を選ぶと合憲となるのであれば，憲法上の欠陥（constitutional infirmity）からその法律を救う解釈を採用することが我々の明白な責務であるとするのが基本ルールである。Knights Templar & Indemnity Co. v. Jarman, 187 U. S. 197, 205. このルールは，最初に法律が違憲であると判断しながらも憲法に抵触し

---

57) Id. at 422.
58) United States v. Delaware & Hudson Co., 213 U. S. 366 (1909).
59) The Hepburn Act, §1, c. 3591, Act of June 29, 1906, 34 Stat. 584.

ないような意味で解釈することも可能なので違憲とする必要がないと考えるのではなく，明らかに，法律が2つの解釈が可能な場合に，そのうちの1つが重大かつ憲法上疑義のある問題を惹起するがもう1つの方はその問題を避けることができるとき，我々の責務は後者を選ぶことを意味するものである。Harriman v. Interstate Co. Comm., 211 U. S. 407」[60] と判示した。そして，政府の解釈は憲法上の問題を惹起するとして，本件ではそのような解釈をとらないことで憲法問題を避けることができるとした。

　本判決は，結果的に憲法問題を避け2つの解釈が可能な場合には憲法に合致する解釈の方をとるべきとしたKnights判決と憲法上の疑義をなくす解釈を要請したHarriman判決を引用していることからわかるように，両者を接合して，憲法上の疑義が生じる解釈と憲法上の疑義が生じない解釈とがある場合には，後者をとらなければならないとしたものである。これは，違憲の疑いが生じないような解釈を要請するものであり，合憲限定解釈を示したものといえる。

　本判決はKnights判決が憲法に合致する方を選ぶべきとしていたことに触れず，法律を救済する解釈をとるべきとだけ述べた。そのため，2つの選択肢がある場合に憲法に合致する方を選ぶというのではなく，裁判所が当該法律の憲法上の疑義を解消するような解釈を行うという意味が含意されている。だからこそ，本判決は政府が示したような解釈を採用すると憲法上の疑義が生じるとした上で，そのような解釈をとらないので憲法上の問題を惹起せずに判断できるとしたといえる。つまり，違憲となる解釈を示し，そのような解釈をとらないことを示しているのである。

　このように，合憲限定的憲法適合的解釈は，立法を生かすという意味で立法府に敬譲的といえるが，司法の憲法解釈によって立法が生存するという点に着目すると，合憲推定型憲法適合的解釈と比べて司法が積極的に憲法解釈を行っているといえる。つまり，憲法適合的解釈は，立法府が合憲だと判断して制定した立法であるがゆえにそれを尊重するという方法から，司法が憲法に合致する形で解釈するという方法に変わっていったのである。実際，1927年のPhelps v. United States 連邦最高裁判決[61] は「連邦議会の法律は憲法の目的

---

60) *Delaware & Hudson Co.*, 213 U. S. at 407-408.

に調和するように解釈し適用されなければならずそれを妨げないように解釈し適用されなければならない」[62]とした。

1928 年の Richmond Co. v. United States 連邦最高裁判決[63]は，Phelps 判決を引用しながら「連邦法の解釈においてはその合憲性についての重大な疑義を避ける結論に至ることが我々の責務である。Phelps v. United States, 274 U. S. 341.」[64]と述べている。

連邦最高裁が合憲限定的憲法適合的解釈を基本ルールとみなしていることが垣間見えるのが 1932 年の Crowell v. Benson 連邦最高裁判決[65]であった。これまで，連邦最高裁は基本ルールであると述べてはいたものの，事案によっては法廷意見が合憲限定的憲法適合的解釈を行って合憲としても違憲と判断する反対意見がそのような解釈をとるべきでないとする可能性があった。しかし，Crowell 判決は法廷意見および反対意見ともに合憲限定的憲法適合的解釈を採用した。

この事件は，労働者が障害について港湾労働者補償法[66]に基づき連邦補償委員会に補償を求め，補償が認められたことに端を発する。これに対して雇用者側が訴訟を提起し，障害時にはまだ雇用関係になかったと主張して，下級審ではそれが認められた。そのため，連邦最高裁では，司法は雇用関係にあるかどうかを判断する管轄権を持つかどうか，逆にそのような管轄権を司法に認めない法律は合憲といえるかどうかが争点となった。

ヒューズ（Charles Evans Hughes, Sr.）長官の法廷意見は，「連邦議会の制定した法律の有効性が問題となっている場合，たとえ合憲性について重大な疑義が生じていても，連邦最高裁は最初にその問題を避ける解釈が十分に可能であるかどうかを確かめることが基本原理である」[67]として，港湾労働者補償法は司法にそのような管轄権を認めないとするのであれば違憲となるが，同法はその

---

61) Phelps v. United States, 274 U. S. 341 (1927).
62) *Id.* at 344. なお，保守派のバトラー（Pierce Butler）裁判官が法廷意見を書いている。
63) Richmond Co. v. United States, 275 U. S. 331 (1928).
64) *Id.* at 346.
65) Crowell v. Benson, 285 U. S. 22 (1932).
66) The Longshoremen's and Harbor Workers' Compensation Act, 33 U. S. C. §§ 901-950.
67) 285 U. S. at 62.

ように解釈できないとして合憲であるとした。

　ブランダイス裁判官の反対意見は，「1つの解釈が明らかに合憲であり，もう1つの解釈が違憲となりうるという，法律について2つの解釈が同様に可能な場合，裁判所は前者の解釈をとるのは当然である。Presser v. Illinois, 116 U. S. 252, 269; Knights Templars' Indemnity Co. v. Jarman, 187 U. S. 197, 205; Carey v. South Dakota, 250 U. S. 118, 122; Missouri Pacific R. Co. v. Boone, 270 U. S. 466, 471, 472.」[68] と述べた上で，本法は2つの解釈を認めるものではなく，法廷意見のように違憲判断を避けるために付加的な解釈を行ってはならないとする。もっとも，本件については，そもそも裁判所が委員会の事実認定について再審理することを憲法が求めているわけではないとした[69]。

　この判決では，法廷意見と反対意見が法解釈の内容については意見を異にしつつも，両方とも合憲限定的憲法適合的解釈についてはそれを基本ルールとして位置づけている。そのため，たとえ結論が異なる場合であっても，遵守しなければならないルールとして確立しているといえる。

　ただし，本件が示すように，具体的な解釈内容については解釈によって異なりうるのであり，また憲法の要請する内容——すなわち憲法解釈——も解釈によって異なりうることが明らかとなった。また，ブランダイス裁判官が言及したように，合憲限定的憲法適合的解釈を行う場合でも，「裁判所は，ある法律を違憲とするのを回避するために，その法律に例外や他の規定を継ぎ足してはならない」[70] のではないかという問題がある。これは，合憲限定的憲法適合的解釈の限定をかけるものであり，司法による法創造に一定の歯止めをかけるものであった。

(3)　憲法判断回避との接合

　ブランダイス裁判官の立法府への敬譲的姿勢が端的に表れるのはやはりブランダイスルールであった。これまで，連邦最高裁は憲法適合的解釈と憲法判断

---

68)　*Crowell*, 285 U. S. at 76 (Brandeis, J., dissenting).
69)　したがって，法廷意見は裁判所の事実認定を認める判断となったが，反対意見はそれを認めない判断となった。
70)　285 U. S. at 76 (Brandeis, J., dissenting).

回避を別々に打ち出してきた。元々，連邦最高裁は連邦制問題回避の法理を積み重ねていたが，それを憲法問題回避に延長させるようになったのである[71]。それを示したのが，1909 年の Siler v. Louisville & Nashville R. Co. 連邦最高裁判決[72]であった。この事件は鉄道の運賃価格をめぐって訴訟になったもので，ケンタッキー州鉄道委員会がルイビルおよびナッシュビル鉄道会社に標準料金の設定を命令したことが問題となった。会社側はその差止めを求めて提訴し，当該命令が没収に近いものであり憲法に反すると主張した。

保守派のペカム（Rufus Wheeler Peckham）裁判官の法廷意見は，「連邦最高裁が連邦憲法の下で生じる問題に言及することなく判断できる場合，その方法が通常採用されるのであり，重要な理由がなければその方法から離れることはない」[73]と述べ，当該命令の根拠とされた法律[74]が当該委員会に運賃の決定権限を付与しているかどうかを判断すれば解決するとして憲法問題を回避した上で，そのような権限を授権していないとした。

また，許可なく国有地において放牧したことが規則に反するとして裁判になった 1911 年の Light v. United States 連邦最高裁判決[75]でも憲法問題が回避された。裁判では，農務長官にそのような規則を制定する権限を付与することが憲法に反するという主張がなされたが，連邦最高裁は Siler 判決を引用しながら憲法問題に触れる必要はないとして憲法判断回避を示し，憲法判断回避のレールを徐々に敷設させていったのである。なお，この事件ではブランダイス裁判官の前任者であるラマー（Joseph Rucker Lamar）裁判官が法廷意見を書いている。ラマー裁判官は任期が短く（1910 年～1916 年），保守かリベラルかの態度が必ずしも判然としないが，労働立法を違憲とした Coppage v. Kansas 連邦最高裁判決[76]では法廷意見側についていることから，一般には保守派と目される。

このように，回避のルールを憲法判断の領域に導入し始めたのが保守派の裁

---

71) 横田・前掲注 41) 458～535 頁。
72) Siler v. Louisville & Nashville R. Co., 213 U. S. 175 (1909).
73) Id. at 193.
74) The Kentucky Act of March 10, 1900.
75) Light v. United States, 220 U. S. 523 (1911).
76) Coppage v. Kansas, 236 U. S. 1 (1915).

判官であったことは興味深い。つまり，ロックナー期の保守派という強烈な印象からして司法積極主義を邁進しているかのようにみえる保守派の裁判官であるが，常に憲法を掲げて積極的に違憲判断を下すわけではなかったのである。

リベラル派の裁判官にとって，このアプローチは大いに利用可能性を秘めたものであった。なぜなら，保守的コートに対抗するためには，社会政策立法に対する違憲判断を阻止するだけでなく，立法に対する憲法判断を避けるという選択肢もあった方がよいからである。憲法適合的解釈を通じて，司法の憲法解釈を実践しながらも立法への敬譲にも留意するというバランスのとり方について逡巡してきたリベラル派であったが，ここにきて，立法への敬譲という観点から回避のルールを憲法判断のルールに取り込むお膳立てが整ってきたのである。

3　ブランダイスルール

(1)　ブランダイスルールの登場

こうした中，憲法適合的解釈に憲法判断回避を引き込んだのが，1936年のAshwander v. Tennessee Valley Authority 連邦最高裁判決[77]におけるブランダイス裁判官の結果同意意見[78]であった。

この事件は，アラバマ電力会社がテネシー渓谷開発公社とダムの開発について政府契約を締結したところ，会社の株主が当該契約のみならず政府の計画自体が違憲であるとして訴えを提起したものである。相対多数意見は，当事者適格を認めた上で，連邦議会が州際通商権限や憲法4条3節2項に基づきダムを建設する権限があるとし，当該契約も合憲であるとしたが，ブランダイス裁判官が本件につき憲法判断を行う必要がなかったとして結果同意意見を書いた。それが，いわゆるブランダイスルールまたはアシュワンダールールであり，日本でいうところの憲法判断回避のルールである。

ブランダイス裁判官は，連邦最高裁は法律の合憲性について重く受け止めデ

---

77)　Ashwander v. Tennessee Valley Authority, 297 U. S. 288 (1936).
78)　297 U. S. at 346-349 (Brandeis, J., concurring).

リケートに扱ってきたとし，以下の7つのルールを形成してきたとする。すなわち，①裁判所は当事者対抗主義が成立しているとは言い難い馴れ合い的な訴訟について法律の合憲性を判断してはならない，②裁判所は憲法問題を判断する必要が生じる前に，憲法問題を取り上げない，③裁判所は憲法問題の準則について，それが適用される正確な事実が要求する以上に広く定式化しない，④裁判所は，憲法問題が記録上適切に提示されていてもその事件を処理することができる他の理由が存在する場合には，憲法問題について判断しない，⑤裁判所は，原告が当該法律の施行によって損害を受けていなければその法律の合憲性について判断しない，⑥裁判所は法律の利益を利用した者の要請でその法律の合憲性について判断しない，⑦連邦議会の制定した法律の有効性について重大な疑いが提起された場合でも，裁判所は憲法問題を回避できるような法律の解釈が可能かどうかを最初に検討しなければならない，というルールである。

このうち，④は憲法判断そのものの回避であり，⑦は合憲限定解釈を述べていることから，日本でもしばしばこの2つが紹介されている。この2つのルールにつき，興味深いのは引用されている先例である。

ブランダイス裁判官は④のルールを述べる際，Siler 判決と Light 判決を引用している[79]。先述したように，この2つの判決は保守派の裁判官が回避のルールを憲法判断回避に導入したものである。リベラル派であるブランダイス裁判官も憲法判断回避のルールを認めていることを示すことでこのルールの定着化をはかったわけであり，社会政策立法を生かそうとする場合にはこれを活用する方針を示したといえる。

また，⑦のルールについては Crowell 判決を引用している[80]。ブランダイス裁判官は同判決で反対意見を書いていたが，合憲限定解釈の文脈では法廷意見に賛同していた。そのため，法廷意見が合憲限定解釈について述べた部分を引用してもおかしくはない。しかし，同判決では，ブランダイス裁判官自身も合憲限定解釈について一言を呈していた。それにもかかわらず，ここでは同判決の法廷意見が合憲限定解釈について述べた部分である62頁を引用している。

---

79) Id. at 347 (Brandeis referred to "Siler v. Louisville & Nashville R. Co., 213 U. S. 175, 191 ; Light v. United States, 220 U. S. 523, 538").
80) Id. at 348. (Brandeis referred to "Crowell v. Benson, 285 U. S. 22, 62").

先例としての価値が高い法廷意見を引用する方が自らの意見を補強するのに役立つため，法廷意見を引用することに不思議な点はない。しかし，自分の意見をスルーしてまで，スウィングボートのヒューズ長官の見解を採用したことにこそ，その狙いがあるように思われる。ヒューズ長官はややリベラルよりともみられているが，保守派に組することもあった。換言すれば，双方の折り合いをつけた内容がヒューズ長官の見解ともいえるわけであり，その見解は長く維持される可能性がある。そうであるとすれば，ヒューズ長官の見解を引用することで，自身の見解も維持される可能性が高まるわけであり，しかもヒューズ長官にも敬意を払ったことにもなるので，味方に引き込む誘引的機能も果たす可能性があるのである。

(2) ブランダイスルールの分節化

このようにブランダイス裁判官はブランダイスルールの定着化を望んでいたといえるが，その後の判例において維持されたのだろうか。その後の判例も憲法判断回避と合憲限定解釈を個別に活用していることからすれば，ブランダイス裁判官の望みは果たされたことになる。ただし，ブランダイス裁判官の見解はあくまで同意意見にすぎなかったこともあり，判例は Ashwander 判決に触れないまま，憲法判断回避や合憲限定解釈を活用する傾向にある。

とはいえ，ブランダイス裁判官の影響を受けたフランクファーター (Felix Frankfurter) 裁判官[81]は，憲法判断回避のルールに立法府への敬譲的要素を読み取り，その観点から憲法判断回避を打ち出していった。

フランクファーター裁判官は，司法の謙抑的姿勢を好んだ人物であり，たとえば Ashwander 判決の5年後に下された Railroad Comm'n of Texas v. Pullman Co. 連邦最高裁判決[82]では，当事者の主張はたしかに憲法問題であるものの，「もし州の問題について当該紛争を最終的に解決できれば憲法判断は明

---

[81] Judith Resnik, *The Brandeis/Frankfurter Connection*, 71 CALIF. L. REV. 776 (1983) (book review). ブラインダイスはフランクファーターが師事した1人であったとされる。また，両者の関係については，奥平康弘「ブルース・アレン・マーフィー著『ブランダイスとフランクファーターの間柄』──合衆国最高裁判官の政治活動」法時54巻11号 (1982年) 98頁も参照。

[82] Railroad Comm'n of Texas v. Pullman Co., 312 U.S. 496 (1941). ただし，Ashwander 判決には言及していない。

らかに避けられる。したがってテキサス州法に基づいて問題を検討することが我々の責務である」[83] と述べている。

また，1953 年の United States v. Rumely 連邦最高裁判決[84]では，「憲法問題を避ける連邦最高裁の責務は，可能であれば，立法に対して技術的なことを施すだけでなく連邦議会の決議に対しても適用される」[85]とした。

以上の判断では Ashwander 判決に触れていないが，1957 年の United States v. Int'l Union United Auto. Workers 連邦最高裁判決[86]では「我々はあらためて憲法判断のデリケートなプロセスに入り込むかもしれないという留意すべき責務に直面している」[87]とした上で，「歴史の印象的な教訓は，"当該事件の判断に絶対的に必要でない限り" Burton v. United States, 196 U. S. 283, 295.＊，連邦議会の法律の有効性について否定することを自己抑制的に禁じる知恵を確認しており，それは繰り返し言及され，様々に表されてきた訓戒である」[88]とし，＊の部分で注3をつけ，その脚注で Ashwander 判決を引用した。脚注3は，Ashwander 判決におけるブランダイス裁判官の意見がそのような判例を挙げているとしており，④のルールとの関係で引用している。ただし，それは④を示す根拠判例が存在することを示すためにそうした判例を列挙したブランダイス裁判官の意見を引用しているだけであり，いわば孫引き的機能しか果たしておらず，少なくともブランダイスルールそのものを機能させているわけではない。

それでは，フランクファーター裁判官以外の裁判官はどのような対応をしているのだろうか。ここで登場するのが，冒頭の千葉補足意見が触れた1947年の Rescue Army 判決[89]である。この事件は，チャリティのための寄付の勧誘行為を規制する条例に違反した者が同規制は信教の自由を侵害すると主張したため，憲法上の争点が浮上したものである。ラトリッジ（Wiley Blount Rut-

---

83) *Id.* at 498.
84) United States v. Rumely, 345 U. S. 41 (1953).
85) *Id.* at 45. ただし，ブランダイスルールには言及してない。
86) United States v. Int'l Union United Auto. Workers (UAW-CIO), 352 U. S. 567 (1957).
87) *Id.* at 590.
88) *Id.*
89) *Rescue Army*, 331 U. S. 549.

ledge）裁判官の法廷意見は本件における憲法問題は抽象的であり，より具体的な問題として生じた場合でなければ取り上げないとした。その際，「しかし，その法理（必要でなければ判断しないこと）は裁判管轄の決定に限定されてきたわけではない。なぜなら，それに加えて，連邦最高裁は，明らかに裁判管轄の範囲内にある事件についても自制的に，判断することが求められた憲法問題の大部分について判断するのを避けるという一連のルールを発展させてきた＊」[90]（括弧内著者）と述べ，＊の部分に注の 31 をつけて Ashwander 判決を引用したのである。注 31 は，Ashwander 判決のブランダイス裁判官の同意見を示している。そのため，この判決の時点ではブランダイスルールが判例法理として認められたと認識しても間違いではない。しかし，その後の判例は④のルールや⑦のルールを実践することはあっても，ほとんどブランダイスルールどころか Ashwander 判決にも触れなくなる。むしろ，それぞれのルールが独歩しながらも，時に交じり合って新たな方向に進んでいった。

4　憲法適合的解釈の発展

(1)　憲法判断回避から憲法適合的解釈へ

　フランクファーター裁判官は，憲法判断自体を避ける司法消極主義的態度を実践していたので，ブランダイスルールとの関係でいえば④が軸になっていたといえる。しかし，フランクファーター裁判官の在職期間が後半にさしかかると，連邦最高裁はウォーレン（Earl Warren）長官率いるウォーレンコートに代わった[91]。ウォーレンコートは，一般には司法積極主義的なリベラルコートと目されており，フランクファーター裁判官のように憲法判断自体を回避するのではなく，憲法的疑義を回避しながら司法の解釈を提示することによって適切な憲法秩序を形成しようと試みた。ブランダイスルールとの関係でいえば，⑦を展開していったのである。

　フランクファーター裁判官が重視する憲法判断自体の回避と法廷意見側が重

---

[90]　Id. at 568-569.
[91]　フランクファーター裁判官の在職期間は 1939 年～1962 年であり，ウォーレンコートの期間は 1953 年～1969 年であった。

視する憲法的疑義の回避との対立は，ウォーレンコート以前から続いていた。それを端的に物語っているのが，1948 年の Shapiro v. United States 連邦最高裁判決[92]である。

この事件は，被告人が物価統制法[93]の提出要求に基づき帳簿などの記録を提出したところ，抱き合わせ商法などの疑いがあるとして同法違反で起訴されたものである。物価統制法は，強制証言法[94]を準用する形で提出記録に基づく起訴および刑罰を免責する規定[95]を設けていたため，被告人は起訴を免除される特権があると反論した。ビンソン（Frederick Moore Vinson）長官の法廷意見は，同法の立法経過を検証しながら，記録の保存は情報収集だけを予定しているのではなく同法の執行のためにも必要としているのであって，記録に対する特権は絶対的なものではなく，憲法上の自己負罪拒否特権と同様の範囲で保障されると解釈できるとする。そして，このような解釈が憲法上の疑義が生じないか否かという問題を検討し，規制される行為と公益に十分な関連性があれば当該行為を規制したり記録の提出を命じたりすることができるのであって，政府は戦時に物価統制を行って記録の提出を命じることができるとし，憲法上の疑義は生じないとした。その結果，被告人は有罪となった。

このように法廷意見は物価統制法の解釈指針を示し，そこに潜む憲法上の疑義を解消した。つまり，法廷意見は憲法判断回避ではなく憲法的疑義の回避を行っているわけであるが，ブランダイスルールや Ashwander 判決については一切触れていない。

これに対して反対意見[96]の 1 つを書いたのがフランクファーター裁判官であった。フランクファーター裁判官によれば，物価統制法の免責規定を条文どおり適用して被告人の罪を免責すれば済む話であり，そもそも憲法問題は生じないのであって，わざわざ憲法判断を行う必要がなかったという。そのため，

---

92) Shapiro v. United States, 335 U. S. 1 (1948).
93) Emergency Price Control Act, 50 U. S. C. app. § 901.
94) The Compulsory Testimony Act of February 11, 1893, 49 U. S. C. § 46.
95) 15 U. S. C. S. app. § 922(g).
96) 他に，ジャクソン（Robert Houghwout Jackson）裁判官の反対意見（マーフィー〔Frank Murphy〕裁判官が同調）とラトリッジ裁判官の反対意見がある。なお，いずれも Ashwander 判決には触れていない。

法廷意見の憲法判断は不必要なものであり，本件は憲法判断を回避すべきであったというのである。その際，フランクファーター裁判官は，「"連邦議会の制定した法律の有効性が問題となっているとき，たとえ重大な合憲性の疑義が生じているとしても，連邦最高裁はその問題を避けるような法律の解釈が可能かどうかを最初に確認するというのが基本原則である。"」[97] と述べ，ここでAshwander 判決におけるブランダイス裁判官の同意意見を引用している。フランクファーター裁判官のアプローチはブランダイスルールの⑦に依拠するものであるが，判断自体の回避を迫るものであり，④の要素を組み込んでいるといえる。

　本件は5対4の判決であったものの，憲法判断回避を求めた意見が少数派にとどまり，憲法判断を行って憲法適合的解釈を示したビンソン長官の意見が法廷意見となったことから，憲法判断回避よりも憲法適合的解釈を採用する素地ができたといえる。しかもそのアプローチはブランダイスルールの⑦に近似したものであるにもかかわらずブランダイスルールには触れていない。こうして，続くウォーレンコートではブランダイスルールとは距離をとった形で，司法積極主義的要素を内在した憲法適合的解釈が実践されるようになった。

(2)　積極的憲法適合的解釈①――合理的解釈の手法

　ウォーレンコートが発足した翌年の1954年，United States v. Harriss 連邦最高裁判決[98] において早速憲法適合的解釈が示された。この事件は，連邦ロビイング規制法305条および308条[99] の合憲性が問題となったものである。同法305条は法案の成立や不成立に影響を与える目的で寄付を受けたり支出したりした者は連邦議会に報告しなければならないとし，308条は法案の成立や不成立に影響を与える目的で支出した者は連邦議会に登録し氏名等を公開しなければならないとしていた。被告人はこれに違反し起訴されたが，同法が表現の自由を侵害していると主張した。

　ウォーレン長官の法廷意見は，まず刑事罰のある規定については要件が明確

---

97) *Shapiro*, 335 U. S. at 37 (Frankfurter, J., dissenting).
98) United States v. Harriss, 347 U. S. 612 (1954). なお，Ashwander 判決を引用していない。
99) The Federal Regulation of Lobbying Act, 2 U. S. C. S. §§ 261-270.

でなければならないとした上で,「もし犯罪の一般類型がその法律の合理的解釈によって合憲的に定義されるならば,連邦最高裁はその法律をそのように解釈する責務がある」[100] と述べる。そこで同法307条がその規制対象について寄付等を懇請,収集,収受した者と定めていることから,305条および308条違反は307条の対象者が行った場合に限定しなければならないという解釈が必要であるとする。そして立法経過をみると,主な目的が法案の成立や不成立に影響を与える寄付等であるかどうかの判断につき,その影響が付随的である場合には対象から除外されると解釈できるとする。その結果,このように「憲法上の疑義を避けるように狭く本法を解釈する場合,我々は……本法の効果を深刻に阻害するような解釈も避けなければならない」[101] と述べて立法機能に配慮を示しつつ,「このように解釈することで,ロビイング規制法は憲法上の明確性の要件を満たすことになる」[102] とし,合憲であるとしたのである。本件は憲法適合的解釈によって法律を適用する際の射程を限定した例といえる。

1961年のInternational Ass'n of Machinists v. Street連邦最高裁判決[103] では,労働組合の組合員が組合の政治活動に反対し,組合費の支払を拒否できるかどうかが争われたが,その際にユニオンショップを認める鉄道労働法[104] が組合員の修正1条を侵害することにならないかどうかが争点の1つとなった。ブレナン (William J. Brennan, Jr.) 裁判官の法廷意見は,「連邦法はその憲法上の重大な疑義を回避するように解釈されなければならない」[105] とし,Crowell判決が「連邦議会の制定した法律の有効性が問題となっている場合,たとえ合憲性について重大な疑義が生じていても,連邦最高裁は最初にその問題を避ける解釈が十分に可能であるかどうかを確かめることが基本原理である」[106] とした部分を引用しながら,鉄道労働法の解釈を検討した。法廷意見は,立法経

---

100) 347 U. S. at 618.
101) Id. at 623.
102) Id. at 624.
103) International Ass'n of Machinists v. Street, 367 U. S. 740 (1961). なお,この判決もAshwander判決を引用していない。
104) The Railway Labor Act, 45 U. S. C. 152 (11).
105) 367 U. S. at 749.
106) Crowell, 285 U. S. at 62.

過を参照しながら，鉄道労働法は組合員が反対する政治活動への支出を認めていないと解釈することが「十分に可能」(fairly possible) で「合理的」(reasonable) であるとし，修正1条との関係で生じる憲法上の疑義を払拭した。本判決でも憲法適合的解釈を行うことによって法律を生き残らせている。

　Harriss 判決も Street 判決も，法律については合理的に解釈することが必要であるとして立法経過を参照しながらその解釈の妥当性を判断しているところが特徴的である。Crowell 判決は十分に可能かどうかしか言及していなかったが，これらの判決は合理性という要素に光を当てるようになっている。立法経過を参照していることから，一見すると立法府の判断を尊重しているようにみえる。しかし，実際には連邦最高裁が合憲性を維持するための解釈を行い，立法経過を参照しながらその解釈の合理性を確認している。つまり，ここでの憲法適合的解釈は司法が積極的に解釈を行っているのである。

(3)　積極的憲法適合的解釈②——司法による憲法価値の実現

　一方，憲法上の疑義のある法律を限定解釈によって生かすというよりも，法律が憲法上の要請を読み込んでいると解釈した上で，違憲な行政行為が行われないように，法律の授権の問題を処理する判断も現れるようになった。その典型例が1958年の Kent v. Dulles 連邦最高裁判決[107]である。この事件では国務長官の旅券発行権限に基づく裁量が問題となった。旅券発行権限は法律によって国務長官に授権されていた[108]。原告らは共産主義者であるかどうかの宣誓書に回答するのを拒否したことから，国務長官はかれらに旅券を発行しなかった。そこで原告らは旅券の発行を求めて提訴した。

　ダグラス（William O. Douglas）裁判官の法廷意見は，「旅行の自由は市民が修正5条に基づくデュープロセスなくして奪われない自由の1つである」[109]とし，もしその自由が制約される場合は法律に基づかなければならないとした上で，その自由を制約するような授権がある場合には狭く解釈しなければならないと

---

[107]　Kent v. Dulles, 357 U.S. 116 (1958). この判決も Ashwander 判決を引用していない。
[108]　The Act of July 3, 1926, 22 U.S.C. §211a, and §215 of the Immigration and Nationality Act of 1952, 8 U.S.C. §1185.
[109]　357 U.S. at 125.

した。そのため，合憲性の判断を行う前に，そもそも法律がそのような授権を行っているのかどうかを判断する必要があるとし，連邦法は国務長官に申請者の信条や加入組織を理由に旅券発行を拒否する権限を付与していないとした。

つまり本件では，国務長官が法律に基づいていると主張する行為が憲法上の権利を侵害するおそれがあるがゆえに，そもそもそのような行為を法律が認めているのかどうかを審査し，合憲性の問題ではなく，法律の授権の問題として処理したのである。一見すると，憲法適合的解釈というよりも，憲法判断自体の回避のようにみえるが，しかし，憲法上の要請を踏まえて法律の授権の範囲を解釈しているのであり，その意味では憲法適合的解釈を行っているといえる。そのことはダグラス裁判官の締めくくりの言葉をみると一層明らかになる。すなわち，「繰り返しになるが，我々は本件において市民の憲法上の権利を扱い，連邦議会はその権利を誠実に尊重しているはずであると想定した。もし連邦議会が1181条および211条aによって国務長官に市民の信条や加入組織を理由に旅券を発行しない権限を与えていたと判断するのであれば，我々は重大な憲法問題に直面していただろう。だが連邦議会はそのような明文規定を置いているわけではない。それがない以上，国務長官は市民の自由や移動の権利を制限する規範を設けてはならない」[110]と述べたのである。

この判断は，法律の憲法上の疑義をなくすために限定的に解釈するというよりは，法律は憲法上の要請を考慮しているはずとの想定に基づき，あらかじめ憲法的価値を法律に読み込んだ解釈を行っている。移動の自由を妨げるような内容にはなっていないという形で憲法適合的解釈が明らかにされているのである。

また，それは同時に，法律に憲法的価値を読み込んだ上で行政裁量を統制する手法ともいえる。裁判の争点としては行政裁量の逸脱濫用が問題になっており，法律と行政の関係が問題になっている。だが，その法律の実質的内容は司法によって憲法的価値が注入されたものであり，行政機関の判断が法律の範囲内であるか否かの判断につき，憲法が間接的に適用される形になっている。その意味で，この手法は司法による憲法価値の実現の一場面と評することができ

---

[110]　*Id.* at 130.

よう。

　Kent v. Dulles 判決は従来の判決と異なり，法律に憲法上の疑義があるか否かについては述べていないことを踏まえると，新たなタイプの憲法適合的解釈ということができるかもしれない。ウォーレンコートはこうした積極主義的要素の強い憲法適合的解釈を他の分野でも活用している。たとえば，1957年の Roth v. United States 連邦最高裁判決[111] もその1つである。この事件では，わいせつ物配布の罪で起訴された被告人がわいせつ性の不明確性が修正1条を侵害すると主張した。ブレナン裁判官の法廷意見は，わいせつ表現が修正1条の保護の外にあるとした上で，その定義を行うことによって規制の範囲を限定しようと試みた。すなわち，通常人が現代コミュニティの基準に照らして考えた場合に，全体的見地からみて，その軸となっているテーマが好色的興味に訴えているかどうかによってわいせつ性を判断するとしたのである。かかる判断はいわゆる定義づけ衡量[112]を行い，修正1条によって保護されない表現を明らかにすることで，憲法によって保障される表現を墨守するものといえる。このアプローチは，規制対象を限定する点で合憲限定解釈に似ているが，とりわけ修正1条に含まれる表現とそうでない表現を分けるという法理を構築し，わいせつ表現の内容を明らかにした上でそれを保護されない範囲に入れるという憲法秩序を司法自ら形成している点が興味深い。ここでも，司法が憲法適合的解釈を用いて積極的に憲法価値の実現を果たしているといえる。

5　憲法適合的解釈の現在(いま)

(1)　司法の法創造の問題と立法意図の尊重

　ウォーレンコートにおける憲法適合的解釈は，表面上は立法意図を重視するかのような態度をみせながらも，実際にはそれほど尊重しているわけではない

---

111)　Roth v. United States, 354 U. S. 476 (1957).
112)　定義づけ衡量は，一般には修正1条の保護に含まれる言論がどのようなカテゴリーのものなのかを明らかにするものとされる。Norman T. Deutsch, *Professor Nimmer Meets Professor Schauer (and Others): An Analysis of "Definitional Balancing" as a Methodology for Determining the "Visible Boundaries of the First Amendment"*, 39 AKRON L. REV. 483, 484-485 (2006).

ことがうかがえる。たとえば,政府転覆を唱導する行為を禁止するスミス法[113]の合憲性が問われた 1957 年の Yates v. United States 連邦最高裁判決[114]をみてみる。ハーラン (John Marshall Harlan II) 裁判官の法廷意見は同法が規制する「組織する」(organize) の意味を狭める解釈を行った。その際,立法意図を参照する必要があるとして立法経過をたどりながらも,それだけでは十分明らかにならないとし,以下のように述べた。「以上のことから我々はスミス法の本規定の意味について,連邦議会の意図に関する指針を明らかにすることなく,自分たちで決める余地がある。こうした状況下では,我々は刑法が厳格に解釈され"組織する"に狭い意味を与えるとする通常のルールに従うべきである……」[115]。ここでは,立法意図が判然としない場合には司法がその意味を決めるとする意思が明確に示されており,そうした司法積極主義的態度の下に憲法適合的解釈が行われている。

しかし,そのようなスタンスは司法による法創造という側面を持つ可能性があり,権力分立上の問題を惹起するおそれがある[116]。また,イデオロギー的にも連邦議会議員の一部から反司法を叫ぶ声が出てきた[117]。

その後,その懸念を払拭するために,バーガーコートでは立法意図の尊重を憲法適合的解釈に織り交ぜる判決が登場した。それが,1979 年の National Labor Relations Board v. Catholic Bishop of Chicago 連邦最高裁判決[118]である。この事件は,教会が運営する学校に対して教員の労働組合が不当労働行為等を理由に国家労働関係委員会に申立てを行い,同委員会がそれを認めて学校側に対して不当労働行為をやめるように命令したところ,学校側がそもそも国家労働関係法[119]は同委員会に本件のような宗教組織の労働問題について管轄権を付与しておらず,仮に付与しているとすれば修正 1 条の信教の自由の問題を惹

---

113) The Smith Act, 18 U. S. C. § 371.
114) Yates v. United States, 354 U. S. 298 (1957).
115) *Id.* at 310.
116) *See, e.g.,* Frederick Schauer, *Ashwander Revisited*, 1995 SUP. CT. REV. 71.
117) Philip P. Frickey, *Getting from Joe to Gene (McCarthy): The Avoidance Canon, Legal Process Theory, and Narrowing Statutory Interpretation in the Early Warren Court*, 93 CALIF. L. REV. 397, 426-432 (2005).
118) National Labor Relations Board v. Catholic Bishop of Chicago, 440 U. S. 490 (1979).
119) The National Labor Relations Act, 29 U. S. C. 151 et seq.

起すると主張し，連邦最高裁まで上がってきたものである。

　バーガー（Warren E. Burger）長官の法廷意見は，もし国家労働関係法が同委員会に本件を審査する権限を付与していると解釈すると，同法が信教の自由を侵害していないかどうかを判断しなければならなくなるとした。そして，「多くの事件において連邦最高裁は，もし憲法違反とならない他の解釈ができるのであれば連邦議会の法律が憲法に違反していると解釈すべきではないとした Charming Betsy 判決におけるマーシャル長官の警句の本質に留意してきた。本法廷は今問題となっているこの法律の解釈についてこの法理に従うべきである」[120]と述べた上で，「我々はまず同法が管轄権を付与していると判断する前に"連邦議会が明らかに示した積極的な意図"について判断しなければならない」[121]とした。法廷意見は教会が運営する学校における教員の労働問題について同法が対象とするという積極的な立法意図が明らかになっているとはいえず，さらに立法経過をみてもそのような明らかな意図はうかがえないとして信教の自由の問題を回避した。

　このように本件では憲法適合的解釈を行う際に立法意図を重視することが明らかにされている。また，ここで Charming Betsy 判決が引用されている点も見逃せない。先述したように，同判決は上位法適合性のルールを提示したものである。本判決は，憲法適合的な法律の解釈を選ぶことを前提とした上で，その（憲法適合的な）立法意図に行政は従わなければならないとしたのであり，上位法適合性が憲法適合的解釈を要請していることが明らかにされたといえる。

　このアプローチはレーンキストコートになってからも受け継がれることとなる。1988年の Edward J. DeBartolo Corp. v. Florida Gulf Coast Building & Constr. Trades Council 連邦最高裁判決[122]はまさにそれを明らかにした。

　この事件では国家労働関係法[123]が定める不当労働行為の射程が問題となっ

---

120) *Catholic Bishop*, 440 U. S. at 500.
121) *Id*. at 501.
122) Edward J. DeBartolo Corp. v. Florida Gulf Coast Building & Constr. Trades Council, 485 U. S. 568（1988）. Ashwander 判決は引用していない。
123) 　国家労働関係法は次のように定めていた。「158条　不当労働行為　(b)労働組合による不当労働行為　労働組合又はその構成員が以下の行為を行うことは不当労働行為にあたる。(4)(i) 職務の一環として商品，文書，原料，日用品の使用，製造，工程，輸送，その他の取扱い又はサービス

た。デバルトロ会社がウィルソン会社とモール内にデパートメントストアを建設する契約を交わし，ウィルソン会社がハイ工事会社に建設工事を行う契約をしたところ，工事の最中にハイ工事会社と労働組合との間で賃金をめぐる労働紛争が起きた。その際，労働組合は労働紛争の事実を伝えるとともにモール内で自分たちの味方をしてほしい旨を伝えるビラを配布した。そこで，デバルトロ会社が，当該ビラ配布が不当労働行為に当たるとして国家労働関係委員会に申し立てたのが本件である。

　裁判では，本件ビラ配布行為が不当労働行為に該当するかどうかが争点となり，ホワイト（Byron White）裁判官の法廷意見は合憲限定解釈について次のように述べた。「その他の点では受容可能な法解釈が重大な憲法問題を惹起する場合，連邦最高裁は，そのような解釈が連邦議会の意思に明らかに反しない限り，その問題を回避するようにその法律を解釈する[124]。この基本原理はCharming Betsy 判決のマーシャル長官の意見に由来するものであり，連邦最高裁が長きにわたって適用してきたことに議論の余地はない。Hooper 判決[125]は，"あらゆる合理的解釈は法律を違憲から救うようになされなければならないというのが本質的ルールである" と述べた。このアプローチは憲法問題が不必要に争われないようにする慎重な側面を反映するだけでなく，連邦議会が，連邦最高裁と同様に，憲法によって拘束され憲法を尊重する宣誓を行っていることを踏まえている。したがって，裁判所は連邦議会が憲法上保護された自由を侵害したり憲法上そのようなことをするのが禁止されているにもかかわらず権限を奪ったりする意図を有していたと軽はずみに考えてはならない」[126] とした。

　その上で，法廷意見は立法経過に言及しながら，平穏に行われたビラ配布で，ピケッティングもなく，ビラの内容も労働紛争の真実を知らせるものである場

の遂行について同盟罷業又は怠業すること，又は通商若しくは従事すべき通商に影響を与える産業に従事する者によって雇用された個人に対してそれらの行為を煽動若しくは慫慂すること。又は（ⅱ）通商又は通商に影響を与える産業に従事する者を脅したり，強制したり，抑圧したりすること」．The National Labor Relations Act, 29 U. S. C. 158.

124) ここで Catholic Bishop, supra, at 499-501, 504 を引用している。
125) Hooper v. California, 155 U. S. 648, 657 (1895).
126) *DeBartolo*, 485 U. S. at 575.

合に同法は適用されないという合憲限定解釈を行い，本件は不当労働行為に当たらないとした。

このような立法意図の重視は立法府への尊重を示し，司法による法創造に一定の歯止めをかける試みといえる。しかしながら，立法意図の重視はますます立法府の判断に踏み込み，かつそれを改変する可能性がある。なぜなら，立法意図に反しないようにするため，裁判所は立法経過を審査し，それと照らし合わせて当該解釈が妥当かどうかをチェックするからである。

合憲限定解釈は司法が解釈を通じて新たな法創造を行うことが立法府との緊張関係を招くとする批判が強いが，それは結果の問題であり，実際にそうなっているかどうかはわからない。むしろ，立法府との関係で問題になるのは，合憲限定解釈が法解釈に関する司法裁量を広げている点である[127]。司法は，当該法律の合憲性を判断しないまま法律の解釈を行う。つまり，そこでは憲法判断がなされず，法律の解釈だけなされることになる。もちろん，合憲限定解釈といっても，憲法上の問題が生じる法解釈だけを除いて解釈する方法，憲法上の問題が生じる法解釈を除いた上で憲法との関係で最も適切な解釈を行う方法，憲法上の問題が生じる法解釈と生じない法解釈の２つがある場合に後者のみを選ぶ方法など，多岐にわたる。だが，合憲限定解釈といった場合，通常は，憲法上の問題が生じる法解釈だけを除いて解釈する方法を指す。このとき採用された法解釈は，憲法適合的であることが暗示されるだけで，それがいかなる意味で憲法適合的であるかは説明されないことが多い。つまり，排除された法解釈については憲法との関係性が読み取れるものの，新たに採用された法解釈は憲法との関係に触れられないのである。

そのため，司法は，憲法解釈に強く拘束されないまま，数ある法解釈方法の中から適切と思われるものを選んで判断する。法解釈には，文言に忠実な解釈，条文構造に着目した解釈，立法意図を探求する解釈，立法の目的に沿った解釈，現代の状況に合わせた解釈など，様々な解釈方法があるが，司法がそれを自由に選べることになるのである。そして，Catholic Bishop 判決や DeBartolo 判決が選んだ立法意図の探求という解釈方法はその中でも裁量が広い方法である。

---

[127] Schauer, *supra* note 116, at 74.

また，Kent v. Dulles 判決は法律が憲法的要請を受け止めていると推定した上で，行政裁量統制を試みていた。しかし，その判断は司法が法律に規定されていない内容を付け加えるものであり，それもまた司法による法創造的要素を含むものであった。つまり，行政裁量統制の名の下で，司法が憲法価値の実現を行うべく憲法適合的解釈を施しているのである。

その後，連邦最高裁は行政裁量統制の方法について立法意図の尊重をうたいながらも，実際には法創造を行う道を歩んでいった。連邦最高裁は1984年のChevron U. S. A., Inc. v. Natural Resources Defense Council, Inc. 連邦最高裁判決[128] において行政裁量統制の基本的枠組を示し，立法意図を尊重しながら行政裁量をある程度認めるスタンスを明らかにした。すなわち，立法意図が明確な場合は行政の判断がそれに適っているかどうかを審査し，立法意図が不明確な場合は行政判断が合理的かどうかを審査するというものである。後者の場合は基本的に行政の判断が尊重されることから，行政に敬譲的な審査方法と位置づけられた。しかし，このシェブロン法理は司法が法解釈を行うことが前提となっており，司法がイデオロギー的価値を法解釈に反映させて限定解釈を行うこともありうる。

その例として挙げられるのが，2000年のFDA v. Brown & Williamson Tobacco Corp. 連邦最高裁判決[129] である。連邦食品医薬化粧品法[130] は薬品や装置について食品医薬品局（The Food and Drug Administration：FDA）に規制権限を与えていたところ，FDAはタバコも規制対象に含まれるとして広告規制などを行った。これに対してタバコ会社が修正1条に反するなどとして訴訟を提起した。オコナー（Sandra Day O'Connor）裁判官の法廷意見は修正1条の観点から限定的な解釈が要請されると明言こそしなかったものの，連邦議会がタバコ規制を念頭に置いていたことが明らかではないとして同法はタバコを規制対象にしていないとする限定解釈を行った。一般に，保守派の裁判官は経済的自由を重視し，リベラル派の裁判官は経済的規制を認める傾向にあるとされるが，本件は明確にそれが反映された。オコナー裁判官の法廷意見にレーンキス

---

128) Chevron U. S. A., Inc. v. Natural Resources Defense Council, Inc., 467 U. S. 837 (1984).
129) FDA v. Brown & Williamson Tobacco Corp., 529 U. S. 120 (2000).
130) The Federal Food, Drug, and Cosmetic Act, 21 U. S. C. § 301 et seq.

ト（William Hubbs Rehnquist）長官，スカリア（Antonin Gregory Scalia）裁判官，ケネディ（Anthony McLeod Kennedy）裁判官，トーマス（Clarence Thomas）裁判官が賛同し，ブライヤー（Stephen Breyer）裁判官の反対意見にスティーブンス（John Paul Stevens）裁判官，スーター（David H. Souter）裁判官，ギンズバーグ（Ruth Bader Ginsburg）裁判官が賛同し，保守派とリベラル派にきれいに分かれたのである[131]。

この判断は，立法府の責務を重視する委任禁止の法理ではなく，限定解釈を通した司法による法創造になっているとの指摘がある[132]。

(2) 司法積極主義か司法消極主義か

このように，ウォーレンコート以降の連邦最高裁は，法律の憲法上の疑義を生じない解釈方法（ブランダイスルールの⑦）を中心に憲法適合的解釈を実践してきたといえる。とりわけ，ウォーレンコートは憲法上の権利を侵害しないように法律の射程を限定的に解釈するだけでなく，憲法的要請を法律に注入して行政裁量を統制するなど積極的な解釈を示してきたといえる。また，バーガーコートやレーンキストコートも立法意図を重視するとしつつ立法経過に踏み込んでいる。さらに，Roth 判決においてウォーレンコートが示した限定的解釈は 1973 年の Miller v. California 連邦最高裁判決[133]でも引き継がれており，わいせつ対象の限定による表現の自由の保障が試みられている。こうした状況を踏まえ，憲法適合的解釈は立法意図の実現というよりも憲法価値の実現を目論むものであると指摘されるようになっている[134]。

---

[131] オコナー裁判官やケネディ裁判官は中道派でもあるが，もともとは保守派と目されていた裁判官である。

[132] John F. Manning, *The Nondelegation Doctrine as a Canon of Avoidance*, 2000 Sup. Ct. Rev. 223.

[133] Miller v. California, 413 U.S. 15 (1973). 本判決は規制対象をハードコアポルノに限定し，現代コミュニティの基準に照らし，好色的興味に訴える内容であって，明らかな不快な方法で表現したものが規制対象になるとした。

[134] Ernest A. Young, *Constitutional Avoidance, Resistance Norms, and the Preservation of Judicial Review*, 78 Tex. L. Rev. 1549, 1585 (2000). 違憲の疑いを回避する解釈をとることにつき，「そのような判断は完全に正当であるだけでなく，重要な憲法価値を実現するために有益なメカニズムである」とされる。

もっとも，ヴァーミュール（Adrian Vermeule）は，連邦最高裁の憲法適合的解釈につき，当初の方法とは異なる形で使われていると指摘する[135]。ヴァーミュールによれば，古典的アプローチと現代的アプローチとがあるという。このうち，古典的アプローチは，違憲となる解釈と合憲となる解釈がある場合，合憲となる方を採用するものであり，その結果，ある解釈が違憲であることを示す結果となる。たとえば，違憲の部分と合憲の部分があり，それぞれが独立しているならば，違憲の部分の方を採用しないことで合憲となるとした Allen v. Louisiana 連邦最高裁判決[136] が挙げられるとする。一方，現代的アプローチは重大な憲法問題が生じるような解釈を避けることを指し，ある解釈が違憲かもしれないことを示すにすぎないものとなる。たとえば，州の裁判官の定年を 70 歳とする法律が雇用年齢差別禁止法[137] または修正 14 条に反するかどうかにつき，修正 14 条 5 節の潜在的憲法問題を避けるために，裁判官は ADEA の規制の対象外とした Gregory v. Ashcroft 連邦最高裁判決[138] が挙げられている。

　ヴァーミュールの指摘を踏まえて阪口正二郎は，古典的アプローチは司法の自己抑制を要請することにはならないとし，違憲になりうる憲法解釈を提示することで法解釈を通じて憲法的価値の保護をはかるものになるとしている[139]。

　たしかに，違憲判断を避けるだけの解釈を提示するだけでは憲法解釈の内容が曖昧なまま残されてしまうことに加え，司法が違憲となる憲法解釈を提示した方が予測可能性に寄与することを踏まえれば古典的アプローチは積極的な意義を有する。

　ただし，古典的アプローチが司法消極主義的手法を要請していないとしても，合憲限定解釈が司法による法創造になっているのではないかという批判はなお残るといわざるをえない。合憲限定解釈を行う際，たとえ立法意図を重視したとしても，そもそも立法府は司法に合憲限定解釈をするように望んでいるのか

---

135)　Adrian Vermeule, *Saving Construction*, 85 Geo. L. J. 1945 (1997).
136)　Allen v. Louisiana, 103 U. S. 80 (1880).
137)　The Age Discrimination in Employment Act (ADEA), 29 U. S. C. § 621 et seq.
138)　Gregory v. Ashcroft, 501 U. S. 452 (1991). Ashwander 判決を引用していない。
139)　阪口正二郎「合憲解釈は司法の自己抑制の現れだと言えるのか？」『自由の法理』380〜390 頁。また，ブランダイスルールも司法の抑制を要請するものではないとしている。

という疑問が呈されている[140]。しかも，これまでの判例法理をみればわかるように，連邦最高裁は様々な理由で憲法判断回避の準則を使い分ける傾向にあり[141]，憲法適合的解釈が立法内容を恣意的に変えてしまうおそれもある。

(3) ロバーツコートの漸進的司法積極主義と憲法適合的解釈

このように，20世紀中盤から後半にかけての司法は限定解釈を中心に司法積極主義を実践してきたといえる。しかし，こうした傾向は政治部門との軋轢を生む結果になりかねず，実際20世紀後半になると政治部門が司法府に反発し，司法が憲法解釈の最終的権威であるとする司法優越主義と三権が同等に憲法解釈を行うとするディパートメンタリズムという対立構図をもたらした[142]。

こうした中，2005年から始まったロバーツコートは，ロバーツ（John Glover Roberts, Jr.）長官が司法の役割をルールの適用に終始するアンパイアになぞらえたことからもわかるように[143]，謙抑的姿勢を打ち出すようになった。そこでロバーツコートが着目したのが憲法判断回避であった。司法が憲法判断を行わなければ政治部門との衝突も起きず，法創造ではなく法適用の役割に専念できるからである。

司法が憲法判断を回避する方法はいくつか考えられるが，最も単純な方法はそもそも上告事件について判断しないということである。実際，ロバーツコートは毎年70～80件前後の事件しか判断していない[144]。上告事件には当然ながら憲法問題以外の事件も含まれるが，上告案件には憲法事件が多いことを踏ま

---

140) *See, e.g.,* Lawrence C. Marshall, *Divesting the Courts: Breaking the Judicial Monopoly on Constitutional Interpretation,* 66 CHI.-KENT L. REV. 481, 489 (1990).

141) Richard L. Hasen, *Constitutional Avoidance and Anti-Avoidance by the Roberts Court,* 2009 SUP. CT. REV. 181.

142) *See, e.g.,* Dawn E. Johnsen, *Functional Departmentalism and Nonjudicial Interpretation: Who Determines Constitutional Meaning?,* 67 LAW & COMTEMP. PROB. 105 (2004).

143) John G. Roberts, Jr., Statement, Statement of John G. Roberts, Jr., Nominee to Be Chief Justice of the United States (Washington, D.C., Sept. 12, 2005), in Sen. Jud. Comm., Confirmation Hearing on the Nomination of John G. Roberts, Jr. to Be Chief Justice of the United States, 109th Cong. 158, 55-56 (Sept. 12, 2005).

144) *See* Erwin Chemerinsky, *The Roberts Court at Age Three,* 54 WAYNE L. REV. 947 (2008). 1980年代には150件，1991年には170件の判断をしたこともあり，それらと比べると減少傾向が著しいと指摘される。

えると，判断件数の減少は憲法判断の減少につながっているといえる。

また，事件について判断を下した場合でも，憲法判断を回避する手法がある。ブランダイスルールでいうところの④である。たとえば，消防士の昇進試験の結果が人種的不均衡を招くとしてその試験結果を公に認めなかったことが差別に当たるとして裁判になった2009年のRicci v. DeStefano連邦最高裁判決[145]では，当事者が憲法違反の主張も行っていたが，「通常，連邦最高裁はその事件を処理できる他の根拠がある場合には憲法問題について判断しない」[146]として，市民権法[147]違反の有無だけを判断した。

もっとも，ロバーツコートは常に謙抑的姿勢を堅持し，憲法判断を回避し続けているわけではない。ロバーツコートは健康保険の問題[148]や同性婚の問題[149]など重要な事件について憲法判断を行っているし，表現の自由が関わる事件や政治資金規正関係の事件では次々と違憲判断を下している[150]。とりわけ興味深いのが，憲法上の疑義を呈しながらも，法令解釈によって対応し，その後政治部門が是正しなければ憲法判断に踏み込むという手法である。具体的にいえば，ある法律に憲法上の疑義がある場合に，憲法上の疑義をほのめかしながらも，その事件については法律の解釈だけで対応する。その判断は政治部門に修正を迫るメッセージでもあり，その後政治部門が対応しないまま再び事件が上がってきた時点で違憲判断を下すという方法である。

その卑近な例として投票権に関する事件が挙げられる[151]。2009年のNorthwest Austin Municipal Utility District No. One v. Holder連邦最高裁判決[152]

---

145) Ricci v. DeStefano, 557 U. S. 557 (2009). Ashwander判決は引用していない。
146) *Id.* at 577.
147) Title VII of the Civil Rights Act of 1964, 42 U. S. C. S. § 2000e et seq.
148) National Federation of Independent Business v. Sebelius, 132 S. Ct. 2566 (2012).
149) Obergefell v. Hodges, 135 S. Ct. 2584 (2015).
150) *See, e.g.,* Randall v. Sorrell, 548 U. S. 230 (2006); FEC v. Wisconsin Right to Life, Inc., 551 U. S. 449 (2007); Davis v. FEC, 554 U. S. 724 (2008). *See also* United States v. Stevens, 559 U. S. 460 (2010); Brown v. Entertainment Merchants Association, 564 U. S. 786 (2011); United States v. Alvarez, 132 S. Ct. 2537 (2012).
151) Molly McQuillen, *The Role of the Avoidance Canon in the Roberts Court and the Implications of its Inconsistent Application in the Court's Decisions,* 62 CASE W. RES. L. REV. 845 (2012).
152) Northwest Austin Municipal Utility District No. One v. Holder, 557 U. S. 193 (2009). ロバーツ長官が法廷意見を書いた。なお，トーマス裁判官は違憲であるとの反対意見を書き，その際に

は投票権法の合憲性につき，憲法判断を回避しながらも，南部の状況改善等に言及して違憲の疑いをほのめかしながら，投票権法は州およびすべての政治的下部組織（political division）が適用指定法域離脱条項[153]の対象になると解釈できるので，原告（NAMUDNO：地区1）は離脱条項に該当するとした。ところが，その後も政治部門が適切な対応を行わなかったことから，2013年のShelby County v. Holder連邦最高裁判決[154]では再びこの問題が争われた。連邦最高裁は，Northwest Austin判決が下された時点で連邦議会は適用指定法域を見直すことができたにもかかわらず，それをしなかったことから投票権法4条b項[155]を違憲と判断したのである。

このような手法は，解釈手法としての憲法適合的解釈に司法の謙抑を動態的に織り交ぜたものである。また，単に両者を混交させただけでなく，憲法適合的解釈の活用方法も従来とは異なる効果をもたらしている。従来の憲法適合的解釈は，違憲となる解釈を提示するか，特定の憲法解釈を採用するように要請するものであった。そのため，司法が示した憲法解釈が最終的にその憲法問題を解決することが予定されていたといえる。

しかし，この方法では，憲法上の疑義が法律に残存している点を重視し，それを解消すべきことを政治部門に要請している。つまり，司法が憲法適合的解釈を行っただけで根本的に解決したとはいえないというスタンスを表しているのである。政治部門自ら是正すべきとすることから，それは司法の謙抑的姿勢の表れとみることができる。

他面，政治部門が是正に応じないときは違憲判断も辞さないことから，あく

Ashwander判決を引用しながら，本件では投票権法4条を合憲限定解釈しても5条が違憲なので，それを使うべきではないとしている。

153) 人種や肌の色を理由とするテストや仕組みをわずかにしか用いたことがなく，しかも改善されており，その効果がなく，将来も復活しないと考えられる場合に適用指定法域からの離脱が認められる。

154) Shelby County v. Holder, 133 S. Ct. 2612 (2013). ロバーツ長官が法廷意見を書いた。トーマス裁判官の同意意見は投票権法5条も違憲であるとし，ギンズバーグ裁判官が合憲であるとの反対意見（ブライヤー，ソトマイヨール〔Sonia Sotomayor〕，ケイガン〔Elena Kagan〕が同調）を書いた。

155) 1964年の時点でテストが存在した法域，有権者登録率または大統領選挙の投票率が50％に満たなかった法域が適用指定法域となる。

まで司法が憲法の手綱を握っていることを表しているともいえる。つまり、司法は憲法適合的解釈を示すことで是正のラストチャンス[156]を政治部門に与えているのであり、最終的な憲法秩序のあり方は司法が決めるというスタンスを維持しているというわけである[157]。

こうした動態的憲法観は、かつてビッケル（Alexander M. Bickel）が提示したアプローチに近いものがある。すなわち、司法は憲法問題を回避するものの、原理を放棄せずに、政治部門に政策形成の余地を残すという手法である[158]。それは、司法の謙抑を維持しつつ、原理の実現は司法の責務として果たしていくという姿勢であり、ロバーツコートのアプローチに近いものがある。ビッケルは、憲法判断回避やムートネスなどの方法を駆使してこれを実践することを提案していたが、ロバーツコートは憲法適合的解釈を通じてこれを行っているわけである。実際、法人の支出制限を違憲とした Citizens United v. FEC 連邦最高裁判決において、ロバーツ長官は、スティーブンス反対意見の司法積極主義ではないかとの批判に対し、Northwest Austin 判決が憲法判断を用いたのは適切であったものの、憲法判断は司法の責務であり、本件では判断に踏み込まざるをえないとの同意意見を書いている[159]。

以上のようにビッケルのアプローチは、法律解釈（あるいは判断すべき憲法問題を示唆）を行い、一度差し戻した上で、再び連邦最高裁で憲法問題を判断するロバーツコートの手法に近い。他にも、FCC の放送規制が問題となった Fox 連邦最高裁判決Ⅰ・Ⅱ[160]や大学のアファーマティブアクションの合憲性が問題となった Fisher 連邦最高裁判決Ⅰ・Ⅱ[161]などでは憲法判断をいったん保留して原審に差し戻し、その後あらためて連邦最高裁が憲法判断を行うという流れになっている。このとき、必ずしも違憲判断を下すわけではないが、

---

156) Richard M. Re, *The Doctrine of One Last Chance*, 17 GREEN BAG 2d 173 (2014).
157) Justin Collings, *Appealing to Congress*, 50 U. C. DAVIS L. REV. 463 (2016). このような方法はドイツの連邦憲法裁判所がとるアプローチに近いとも指摘される。
158) 長谷部恭男『続・Interactive 憲法』（有斐閣、2011 年）221～224 頁。See ALEXANDER M. BICKEL, THE LEAST DANGEROUS BRANCH: THE SUPREME COURT AT THE BAR OF POLITICS (1962).
159) Citizens United v. FEC, 558 U. S. 310, 372-385 (2010) (Roberts, C. J., concurring).
160) FCC v. Fox TV Stations, Inc., 556 U. S. 502 (2009); FCC v. Fox TV Stations, Inc., 132 S. Ct. 2307 (2012).
161) Fisher v. Univ. of Tex. 133 S. Ct. 2411 (2013); Fisher v. Univ. of Tex., 136 S. Ct. 2198 (2016).

再び上がってきた事件では連邦最高裁が正面から憲法判断を行っている。

　ロバーツコートは憲法判断を控える傾向があることから，一見するとミニマリズム[162]を実践し，司法の謙抑的姿勢を貫徹しているようにみえる。しかし，憲法判断をまったく行わないわけではなく，いったん政治部門に敬意を示した上で憲法判断を行っているところをみると，司法が少しずつ憲法秩序の形成を行っているという意味で漸進的立憲主義を標榜しているように思える[163]。

　もっとも，憲法適合的解釈の観点からすると，立法との衝突を回避する方法を実践しているといえる。なぜなら，従来と異なり，司法が法律解釈を行った場合でも，政治部門はその解釈に拘束されるわけではないからである。その意味では，司法の法創造にならないように留意しているといえよう。

後　　序

　アメリカでは，司法審査のルーツである上位法適合性のルールがベースとなって憲法適合的解釈が展開してきたといえる。だからこそ，法律を憲法に適合させるように解釈する合憲限定解釈が憲法適合的解釈の支柱として存在してきたのである。もっとも，その運用は司法態度によって変動する傾向にあり，連邦制に関する法理として展開してきた判断回避のルールが憲法判断回避として用いられるようになると，ブランダイス裁判官はすかさずそれを取り入れる形でブランダイスルールを提示した。だが，それは同意意見にすぎなかったこともあり，後続判例がこれを参照することは少なく，憲法判断回避のルールや合憲限定解釈のルールをブランダイスルールとしてパッケージ化する試みは必ずしも成功したわけではなかった。その結果，パッケージとしてのブランダイスルールは司法の謙抑的な印象を与えたが，個々のルールとしての⑦は必ずしも司法抑制的手法ではなく，司法積極主義的に用いられることがあった。

　しかし，21 世紀に入るとパッケージとしてのブランダイスルールが形を変

---

[162]　Henry T. Scott, *Burkean Minimalism and the Roberts Court's Docket*, 6 GEO. J. L. & PUB. POL'Y 753 (2008).
[163]　大林啓吾「ロバーツの裁判官像」大林啓吾＝溜箭将之編『ロバーツコートの立憲主義』（成文堂，2017 年）3〜40 頁。

えて使われるようになる。ロバーツコートは，合憲限定解釈を行って法律の内容を変えてしまうのではなく，憲法上の疑義を示しつつ，その事件自体は法令解釈によっていったん解決してしまう。だが，その後政治部門が憲法上の疑義の修正に応じない場合には違憲判断を下すのである。この方法は，司法と政治の協働モデルを志向するといえるものの，動態的憲法秩序の中に憲法適合的解釈を組み込むことで，司法による憲法価値の実現を漸進させるものである。

　以上を踏まえると，アメリカの憲法適合的解釈および合憲限定解釈はブランダイスルールのみをもって語りうるものではなく，上位法適合性のルールを軸にしながらも司法態度如何によって具体的な手法に変化がみられたことに刮目しなければならない。連邦最高裁は，立法府が憲法適合的に解釈して法律を制定したと仮定してそれを尊重する手法，合憲・違憲の両方の解釈がありうる場合に司法が合憲の方を選ぶ方法，憲法上の疑義をなくすために限定的に解釈する方法，立法府が憲法適合的に解釈して法律を制定したと想定した上で行政裁量を統制する方法などである。

　千葉裁判官によれば，合憲性審査の前提としての法令解釈（憲法適合的解釈）は，「合憲限定解釈によって当該法令の一部を事実上違憲無効として処理する以上に，国会が制定した法令ないし法制度について，司法部がその公定解釈を示すことにより，その内容を立法府の意図を踏まえ，あるいは憲法理念を踏まえ，可能な限り合理的なものとして確定させるものでもある」[164]という。この方法は，司法の法創造を控えようとする謙抑的姿勢にみえるが，ロバーツコートの様子をうかがうと，これもまた司法態度次第で振幅することになる。つまり，司法が通常の法解釈を施すことによっていったんその事件の解決を試みるが，差戻審の結果次第では憲法判断に踏み込んで違憲判断を下したり，政治部門が是正シグナルを無視し続けた場合にも違憲判断を下したりするなど，その後の対応次第で司法が積極的な違憲判断を行うこともありうるのである。

　このように，憲法適合的解釈は司法態度によって左右されたり，憲法動態に組み込まれたりすることによって，憲法解釈方法の枠に収まらない可能性をはらんでいる。そのことは，司法がどこまで政治部門の判断に踏み込めるかとい

---

[164]　千葉勝美『違憲審査──その焦点の定め方』（有斐閣，2017年）72〜73頁。

う問題のみならず，政治部門との協働作業を念頭に置いた憲法解釈につながるものである。

［大林啓吾］

第**3**章

カナダにおける憲法適合的解釈

1 はじめに

　本章は，カナダにおける憲法適合的解釈について考察するものである[1]。カナダ憲法[2]には憲法適合的解釈に直接該当する概念または用語はないが，例えば，後述する合憲限定解釈など，わが国のそれと近い解釈が存在している。もっとも，カナダ憲法において特徴的であるのが，それらの解釈が救済（remedy）に位置付けられている点である。カナダ人権憲章24条1項は，「本憲章によって保障されている権利ないし自由を侵害ないし否定された者は，誰でも，権限ある管轄権を有する裁判所に，裁判所が状況に応じて適当で正当と考える救済を得るために申立てをすることができる」とし，また，1982年憲法52条1項は，「カナダ憲法は，カナダの最高法規であり，憲法の諸規定に抵触するすべての法は，抵触する限りにおいて，一切の効力または効果を有しない」と規定する[3]。両者の関係については，通常，24条1項は，国家行為が個人に対

---

[1]　本稿は，2016年度比較法学会シンポジウム（憲法適合的解釈についての比較法的検討）における筆者による報告及びその報告に基づく，比較法研究78号（2017年）33頁以下所収の拙稿「カナダ」に若干の加除修正を加えたものである。

[2]　カナダ憲法は単一の法典ではなく，1867年憲法法（律）及び1982年憲法法（律）を中心とした5つの法規範により構成されている。本稿では，人権保障を定めている人権憲章（「1982年カナダ法」の別表Bに掲げられた「1982年憲法法」第1章の「権利及び自由に関するカナダ憲章」）を含む1982年憲法法は，1982年憲法と一般的に呼ばれているため，本稿もその用法に従う（1867年憲法についても同様とする）。また，便宜上，それらをカナダ憲法と互換的に用いる。

[3]　本稿における日本語訳は，初宿正典＝辻村みよ子編『新解説世界憲法集〔第4版〕』（三省堂，

し人権憲章で保障されている権利を侵害している場合にのみ個別的な救済を与えることを定めていることに対し，52条1項は，法律それ自体が人権憲章を含むカナダ憲法全体を侵害する場合に一般的な救済を与えることを定めていると説明される[4]。そして，判例及び通説は，52条1項が，裁判所が憲法適合的解釈を行うことを可能とする根拠条文であると解している。

　本稿は，一般的に説明される，カナダ連邦最高裁（以下，カナダ最高裁）による解釈の類型化に従い，その中でも合憲限定解釈に焦点を当てるものであるが，一方で，果たしてそのような解釈の類型化にどれほどの意味があるのか，更には，カナダ最高裁が憲法解釈と憲法上の救済とを明確な区別なく使用することに対して，疑念がないわけでもない[5]。そして，このような疑問は，そもそも憲法上の救済とはどのような概念であるのかといった根源的なテーマに関わるが，本稿ではそれを取り上げる余裕がない。もっとも，後述するように，カナダ最高裁の一貫しない合憲限定解釈の使用を振り返ると，解釈と救済の棲み分け[6]を意識する必要はあるだろうし，そういった観点から検討を加えることがより日本法へ示唆を与えることになるかもしれない。したがって，本稿では，まず，カナダ最高裁が合憲限定解釈を用いた事例及び用いなかった事例を整理し，いかなる基準でその使用の是非を決しているのかを概観した上で，合憲限定解釈を含めた解釈技法を憲法上の救済に位置付けるカナダの理論構成につき，若干の検討を加える。

　　　2017 年）97 頁以下［松井茂記訳］）に従う。
[4]　　Robert J. Sharpe and Kent Roach, *The Charter of Rights and Freedoms*, sixth ed., (Toronto: Irwin Law, 2017) at 425. 両者の関係については，本稿 **4(2)** にて再度触れる。
[5]　　この点を指摘するものとして，例えば，Danielle Pinard, "A Plea for Conceptual Consistency in Constitutional Remedies" (2006) 18: 2 National Journal of Constitutional Law 105.
[6]　　Pinard は，両者を明確に区別する必要性を説いており，それによると，解釈とは，法それ自体を問うものであり，裁判官が裁判を通じて解釈が必要か否かを判断できるものであるのに対し，救済は，多くの場合，事実をもとに当事者に立証責任を要求し，裁判官はその制約の下で救済を行うか否かを判断するものであるという。Pinard, *supra* note 5, at 115.

2 合憲限定解釈に関する判例

(1) 用　語

　判例の分析に入る前に，簡単に，用語の定義を確認しておく。判例及び通説では，カナダ憲法上可能な救済は，次の6つであるとされている。それらは，①違憲無効（Nullification/Striking down），②一時的に有効（Temporary validity/Temporary suspension of invalidity），③一部違憲（Severance/Reading out），④合憲拡張解釈（Reading in），⑤合憲限定解釈（Reading down），⑥適用違憲（Constitutional exemption），である。

　カナダ憲法学の権威である Peter W. Hogg は，それぞれ次のように定義する[7]。違憲無効とは，憲法に適合しない法令を違憲，無効にする手法である。一時的に有効とは，憲法に適合しない法令を違憲，無効としつつ，その効力が発するのを一時的に停止する手法である。一部違憲とは，法令の一部分のみが憲法に適合しないときに，当該部分のみを違憲，無効とし，残りの有効な部分から切り離す手法である。合憲拡張解釈とは，憲法と適合しない法令に，ある言葉を加えることで憲法に適合するようにし，当該法令を有効とする手法である。合憲限定解釈とは，憲法に適合しないと解釈し得る法令を憲法に適合するよう解釈する手法である。適用違憲とは，法令自体は憲法に適合しているが，特定の個人または集団に対する適用において違憲，無効とする手法である[8]。

　カナダ最高裁は，1960年代半ばには合憲限定解釈を連邦主義に関する事件[9]において用いており，また，学説上も初期において合憲限定解釈の妥当性をめぐる議論が見られたものの現在では争いは見られない[10]。そのため，本節では，カナダ最高裁による合憲限定解釈の使用が人権分野において登場し始めた

---

7)　Peter W. Hogg, *Constitutional Law of Canada*, fifth ed., Vol 2, (Toronto: Carswell, 2007) at 177-178.
8)　なお，このような手法を処分違憲と呼ぶのが定着しつつあるように思えるが，本稿ではさしあたり，適用違憲とする。
9)　*McKay v. The Queen*, [1965] S. C. R. 798.
10)　他方で，1970年代のカナダ憲法の代表的な基本書に，合憲限定解釈への言及があるものとないものが混在していたことを指摘する見解もある。Carol Rogerson, "The Judicial Search for Appropriate Remedies Under the Charter", in Robert J. Sharpe ed., *Charter Litigation*, (Toronto: Butterworths, 1987), 247 footnote 25.

1990年以降の事例に検討対象を絞り，カナダ最高裁が合憲限定解釈を用いた事例及びあえて用いなかった事例を整理する。

(2) 合憲限定解釈を行うことが適しているとされた事例

Butler 判決[11]は，マニトバ州にて，ハードコアポルノのビデオ，雑誌，アダルトグッズを販売したり貸し出したりしていた店の経営者である Butler が，猥褻物を販売目的で所持することなどを禁じていた当時の刑法により逮捕された事件である。当時，刑法が禁じていた猥褻物とは，性または犯罪，恐怖，残酷性もしくは暴力のうち一つ以上が性と一体となり，それらが不当に搾取されたものが出版物等の主要な内容になっているものであった。法廷意見は，ここで禁じられる猥褻表現を，セックスに女性に対する暴力が結びついた表現か，暴力は用いていないがセックスに女性の尊厳を貶めるような表現が描かれているものに合憲限定解釈した。

法廷意見は，暴力的であったり尊厳を損なわせたりするようなポルノは女性や子どものような脆弱な集団を傷つけるため，そのような危害を防止することを当該刑法上の規定の目的に掲げたが，具体的な危害の内容や当該規定を維持することで生じ得る表現の萎縮効果については言及しなかった。加えて，法廷意見は本件において合憲限定解釈を行う旨を明確に示さなかったことから，カナダ最高裁が表現の自由との関係でいかなる表現を合憲限定解釈によって保護しようとしたのかも明らかにされなかった。

次に，Butler 判決に関連して，児童ポルノの製造や頒布，単純所持等を禁止した刑法の規定の違憲性が争われた Sharpe 判決[12]では，カナダ最高裁は合憲限定解釈を行う旨を明らかにした上で同条を維持した。法廷意見は，議会は憲法に適合するよう法律を制定したとの推定のもと，もしそのように解釈できるのであれば合憲限定解釈を行うべきだとする前提を述べた上で，しかし，当該条項では自己実現に関わる物や子どもに害のないような物までが処罰の対象になってしまうため，次のように合憲限定解釈を行った。それは，①もっぱら

---

11) *R. v. Butler,* [1992] 1 S. C. R. 452.
12) *R. v. Sharpe,* [2001] 1 S. C. R. 45.

自己使用（personal use）のためだけに，自ら作成し，自身のみが所持している物，②もっぱら私的利用（private use）のためだけに，自らが作成または写っている映像で，その記録が不法な性行為を描いていない物とし，この2つに該当する物は当該条項の適用除外とした[13]。議会の意図はこれらに該当する物を処罰するものであったが，法廷意見は，仮に議会の意図を曲げることになっても，このように合憲限定解釈をすることで，当該条項及び人権憲章の諸目的を促進するものであると述べた。

　猥褻表現以外の表現の自由に関する事例として，公道での表現行為が問題となったMontreal (City) v. 2952-1366 Quebec判決[14]がある。本件では，建物内の音が建物の外まで聞こえるような拡声器を設置していたストリップクラブが，モントリオール市が定める条例違反に問われた。当該条例は，建物の内外問わず設置された音響機器により外部（公道）の歩行者まで聞こえるような騒音を規制していたが，いかなる程度の騒音が対象となるのかなどは明記していなかった。法廷意見は，ここでいう騒音を，環境の享受にとって有害となり得る騒音と合憲限定解釈した。これに対し反対意見は，騒音の禁止には3つの類型があり，第一に客観的に判別できるものによる禁止（○○デシベルなど），第二に主観による禁止（生活の質を邪魔するなど），そして第三に，騒音の出所による禁止（病院内で音の出る車を禁止するなど）を挙げ，当該条例は第三の禁止類型を定めているにもかかわらず，法廷意見が第三の禁止類型を第二の禁止類型へと転換したと批判する。その上で，不快な騒音という理由でそれを規制することは市の立法権限の踰越であり，表現の自由の不当な侵害であるとした。

　表現の自由に関する事例以外では，身体の安全の権利[15]に関わる事例が挙げられる。Canadian Foundation for Children判決[16]では，教師や親が子どものしつけのために合理的な力（体罰）を行使することを暴行罪に問わない（抗弁を認める）刑法の規定の違憲性が争われた。法廷意見は，当該条項が言う合

---

13) *Ibid.* at para. 115.
14) *Montreal (City) v. 2952-1366 Quebec Inc.*, [2005] 3 S. C. R. 141.
15) 人権憲章7条は以下のとおり規定する。「すべての人は，生命，自由及び身体の安全性並びにそれらを基本的な正義の諸原則に合致した形でなければ剥奪されないという権利を有する。」
16) *Canadian Foundation for Children, Youth, and the Law v. Canada (A. G.)*, [2004] 1 S. C. R. 76.

理的な力とはどのような力かという点につき，それを「一時的に，わずかなもの」とする合憲限定解釈を行った。その上で，そのような体罰を行使する対象については，保護者及び教師など子の養育や教育に従事する者に限定し，あくまで教育目的であることを明確にした。そして，行使の対象となる子どもについても3歳から12歳までとし，物差しやベルトなどを用いることや頭部への行使も禁じた。反対意見は，合理的な力の意味が不明確であるが故に，合憲限定解釈ではなく違憲無効とし，議会に再度制定させるべき旨を説いた。加えて，法廷意見が行った合憲限定解釈では，刑罰の対象となる範囲が広がり，かつ，合憲限定解釈後の合理的な力の定義も曖昧なままであると批判した。

(3) 合憲限定解釈を行うことが適していないとされた事例

次に，カナダ最高裁が合憲限定解釈を行わず，違憲無効とした事例を概観する。まず，歯科医による営利広告について，一部を除きそれを制約していたオンタリオ州法の違憲性が争われたRocket判決[17]がある。同法は，専門家としての水準を保つことを，営利広告を規制する理由に掲げていたが，カナダ最高裁はそれが表現の自由に反するとして同法を違憲無効とした。法廷意見は，第一に，本件規定は過度に広汎であるため，合憲限定解釈を行うことは，人権憲章が保障する表現の自由の目的を促進できないと述べた。なぜなら，合憲限定解釈を行ったとしても法令として残っている以上，合法的な活動をする行為者が萎縮し得るからである。第二に，裁判所よりも原告（歯科医）の方がいかなる規制が望ましいか考案できる立場にあり，同法を違憲にした後に原告も参加した上で新たな規制を構築することが望ましいことから，合憲拡張解釈も行うべきではないとした。

次に，公務員の政治活動の違憲性が争われたOsborne判決[18]でも同様に，カナダ最高裁は合憲限定解釈を行わなかった。問題となった連邦法の公共サービス雇用法は，全ての公務員が，単に公職の候補者や政党の集会に出席したり寄付をしたりする以外の政治活動を行うことを禁止していた（違反者には懲戒処

---

17) *Rocket v. Royal College of Dental Surgeons (Ontario)*, [1990] 2. S. C. R. 232.
18) *Osborne v. Canada (Treasury Board)*, [1991], 2 S. C. R. 69.

分が科せられていた)。法廷意見は，当該条項が禁止する行為の範囲とそれが適用される公務員の範囲が過度に広汎であり，必要最小限度の制約ではないと述べる。その上で，救済はあくまで人権憲章の目的を達成するためであり，本件はそれに当たらないとし，仮に本件において合憲限定解釈を行ったとしても，近い将来同様の訴訟が提起されると考えられるため，違憲無効とする方が望ましいとした。また，合憲限定解釈によって同規定を維持することは，かえって議会に対して過度の侵害となるため，議会が公務員の政治的中立性をどのように維持するのかは議会自身が改めて決するべきであると結論付けた。

　ヘイトスピーチが問題となったZundel判決[19]では，反ユダヤ人及びホロコーストの否定を標榜する被告人（Zundel）が，意図的に虚偽である表現行為を行うことを禁止する刑法上の規定の違憲性を争った。法廷意見は，虚偽の表現行為であっても人権憲章の保護を受けるとした上で，当該条項を合憲限定解釈することは表現の萎縮効果を生み出し得ることから適切ではないとし，違憲無効を選択した。合憲限定解釈は法令や人権憲章の目的を促進するための救済手法であるが，法廷意見は本件において，議会が当該条項を制定した意図が議事録等で見られないことに加え，制定した背景に平等や多文化主義の促進は見られないとし，当該条項の立法目的が不明確であるが故に，合憲限定解釈を行わなかった。

　表現の自由以外の事例として，法廷での審理にかかる費用（hearing fee）を定めるブリティッシュ・コロンビア州（以下，BC州）規則の違憲性が争われたTrial Lawyers Association of BC判決[20]がある。同規則は，司法行政の一貫として，また同時に，取るに足らない訴訟を提起させないよう，最初の3日間を除き，4日目から10日目までは1日につき500ドル，10日目を超えてからは1日につき800ドルを当該費用として徴収していた。また，当該規則は，貧困者（impoverished）は例外的に費用を支払わなくてもよいとしていた。カナダ最高裁は，原審が，援助を必要とする者（in need）も費用を支払わなくてもよい（原告は，貧困者ではなかったが，援助を必要とする者であった）とする合憲拡

---

19)　*R. v. Zundel*, [1992] 2 S. C. R. 731.
20)　*Trial Lawyers Association of British Columbia v. British Columbia (Attorney General)*, [2014] 3. S. C. R. 31.

張解釈により当該条項を維持したことに対し，本件においてそのような解釈を行うことは州議会の制定意図からかけ離れてしまうため，hearing fee を課すこと自体，違憲無効とし議会に再度制定させるべきであると述べた。さらに，当該規則は，1867 年憲法 96 条が定める上級裁判所裁判官の任命や法の支配の基本原理である裁判所へのアクセスに反しており，合憲限定解釈を行う事案に適していないとした。

3 小　括

　以上，表現の自由に関する事件を中心に，カナダ最高裁がこれまで合憲限定解釈を用いた事例及び用いなかった事例を概観した。以下，それらの事例をもとに，最高裁が合憲限定解釈の根拠及び基準をどのように捉えているのか検討する。

　カナダ憲法の救済法理をわが国に初めて紹介した佐々木雅寿は，カナダの裁判所が合憲限定解釈を行うことの根拠条文であると説明される，憲法の最高法規性を定める 1982 年憲法 52 条 1 項の実質的根拠として，①合憲性の推定，②民主政の原理，③権力分立，の 3 点を挙げる[21]。それらの意味について，①は，議会は憲法に適合する法令を制定するであろうという期待があり，特に人権憲章に関する場合には特にそれが強く働くということ，②は，合憲限定解釈は違憲判断を避ける手法であることから，裁判所が議会の民主的な選択を尊重しているとも言えること，③は，裁判所は議会の立法権限を過度に侵害してはならないこと，と説明する。その上で，佐々木は，カナダ最高裁が合憲限定解釈を行うか否かの判断基準として，(i) 人権保障の実効性を最も高めるもの，(ii) 必要以上に立法権を侵害しない程度のもの，の 2 点にまとめる[22]。(i) については，特に表現の自由に関する場面では，合憲限定解釈を行うことで表現の自由に対して萎縮効果をもたらす可能性が高いため，そのような手法は適さないとする。(ii) については，合憲拡張解釈のように法令に何らかの文言を挿入することや

---

21)　佐々木雅寿「カナダ憲法上の救済方法(二)」法学雑誌 44 巻 3 号（1998 年）383 頁。
22)　佐々木・前掲注 21) 383〜384 頁。

合憲限定解釈のように何らかの要件を削除することは法令の書き換えであり，そのような権限を裁判所は本来有していないとする。

　憲法訴訟論の権威である Kent Roach は，合憲限定解釈を，法令に曖昧さが見られる場合にそれを解決する機能と合憲限定解釈を用いなければ違憲となる法令を救う機能との2つに分けて説明する。Roach は，前者については，カナダ最高裁が合憲限定解釈をいかなる場面で用いるのか一貫性がないとし，その例として，Butler 判決と Zundel 判決を挙げる。他方，後者の機能については，カナダ最高裁は Sharpe 判決に見られるように過激な合憲限定解釈（a stronger form of reading down）を行っており，かつ，好んでそれを用いていることから，当事者を救済するという意味において，こちらの方に重きを置いているのではないかと推察する[23]。

　では，Roach が言う過激な合憲限定解釈をなぜカナダ最高裁は用いる傾向にあり，かつそれがカナダ憲法上，特に議会との関係で許されるのであろうか。この点，カナダ最高裁が合憲拡張解釈を――要件は厳格ではあるものの――救済手法として明確に位置付けていることから，法律の本来の意味を多少変えてでも合憲限定解釈を行うという過激な合憲限定解釈もまた，合憲拡張解釈に近い救済手法として用いられているのではないかと考えられる[24]。そしてこのような過激な合憲限定解釈の運用が受け入れられる背景には，カナダ最高裁が繰り返し述べているように，救済は，カナダ憲法，特に人権憲章が規定する諸権利を促進するためにあり，このような当事者救済型としての合憲限定解釈がカナダ憲法において定着しつつあるからであろう。

　このことは同時に，日本において合憲限定解釈が議会への敬譲を示す手法であると説明されること[25]が，カナダ憲法の文脈において必ずしも当てはまらないと言えよう。つまり，違憲無効の手法は，一見すると司法府による立法府への侵害であると理解されるところ，Rocket 判決や Osborne 判決でカナダ最高裁が述べたように，違憲無効とすることで議会が当該法令を作り直せること

---

[23]　Kent Roach, *Constitutional Remedies in Canada*, second ed., (Toronto: Canada Law Book, 2013) at 14-34. 1–14-34. 2.
[24]　*Ibid.*, at 14-23, 14-29, 14-30.
[25]　戸松秀典『憲法訴訟〔第2版〕』（有斐閣，2008年）240～241頁。

から,その意味において侵害の度合いは実は少ないと考えることもできる。他方,合憲限定解釈は,議会の意図を忖度したり当該法令の目的を意図的に曲げたりすることも可能とする手法であり,侵害の度合いは違憲無効よりも少なくないとも解せよう。無論,議会は裁判所による合憲判断を受けた後に当該法令を改正することもできるが,合憲とされた法令を改正する契機は,違憲判断を受けた場合に比べ多くないようにも思える。この点,確かに佐々木が指摘するように,カナダ最高裁の違憲審査の姿勢が,「抽象的・独立的違憲審査を行う場合にも,立法権限への侵害を最小限にする救済方法のみが認められるという一般的な命題を導き出すことが可能」[26]であることは現在においてカナダ最高裁が採る立場である。他方で,問題となっている法令と人権憲章が保障する諸権利との関係がはっきりしている場合,裁判所は議会の意図から離れて解釈することを過度に気にするべきではないとRoachが主張するように[27],議会の役割を尊重すると共に裁判所による人権保障を支持する土壌のあるカナダにおいては[28],当該法令の制定に際しての議会の意図よりも,当該法令が憲法に適合しているか否かという視点で合憲限定解釈を捉えることは興味深い。

　一方,法廷意見が合憲限定解釈を用いたことに対しそれに反対する少数意見が見られたように,カナダ最高裁において合憲限定解釈をどのように用いるのかという点について一致が見られないのも事実である。例えば,Montreal (City) 判決において,法廷意見が禁止される騒音の定義について合憲限定解釈を用いたことに対し,Binnie裁判官はそれを「過激な処置 (radical surgery)」[29]と痛烈に批判し,Canadian Foundation for Children判決では3人が反対意見を述べるなど,激しい対立が見られた。後者の事件で反対意見を述べたArbour裁判官は,体罰を可能とする条項に何ら明記されていないにもかかわらず,法廷意見が,当該法令が対象とする子どもを3歳から12歳までとし,

---

26) 佐々木雅寿『現代における違憲審査権の性格』(有斐閣,1995年) 116頁。ただし,憲法判断回避準則における合憲解釈の手法が,議会の意図を尊重するものとは言えないとする見解 (阪口正二郎「合憲解釈は司法の自己抑制の現れだと言えるのか?」阪本昌成先生古稀記念論文集『自由の法理』(成文堂,2015年) 384頁) も見られる。
27) Roach, *supra* note 23 at 14-17.
28) 松井茂記『カナダの憲法――多文化主義の国のかたち』(岩波書店,2012年) 87頁。
29) Montreal (City) v. 2952-1366 Quebec Inc., *supra* note 14 at para. 110.

頭部への体罰は除き、道具を使うことを禁じるなどと解釈したことを「単なる解釈ではなく全く新しい条項を制定した」[30]と述べた点は、カナダ最高裁による行き過ぎた合憲限定解釈に警鐘を鳴らすものでもある。

このように、一見すると過激な合憲限定解釈を行うカナダ最高裁に対し、たとえそれが人権憲章や法令の目的を促進するためであったとしても——もっとも、Canadian Foundation for Children 判決における少数意見はそもそもこの点について疑問を呈していたが——その限度を超えるような合憲限定解釈は慎むべきであるとの指摘は当然である。では、カナダ最高裁は時に法令の書き換えを行うような救済を採用する際に、いかなることを考慮に入れているのだろうか。これについて佐々木は、カナダ最高裁は合憲限定解釈を行うか否かの決定に際して、第一に法令を違憲無効とすることと合憲限定解釈により生じ得る問題との比較衡量、第二に、裁判所が適切な救済を決定するための十分な情報や知識を有しているか否か、第三に、そもそも連邦政府が合憲限定解釈を行うことを裁判所に要請しているか否か、といった実際的な判断をしていると説く[31]。同様に Roach も、カナダ最高裁は極めてプラグマティックに合憲限定解釈を用いていると指摘し、その例として虚偽の表現行為が問題となった Zundel 判決を挙げる。Zundel 判決において法廷意見は、反ユダヤ人やホロコーストの否定など、ヘイトスピーチに直結するような表現行為であってもそれを禁止することは表現の自由に反するとしたが、Roach は、法廷意見はそのようなヘイトスピーチは他の刑法上の条項によって処罰されることを認識していたと述べる[32]。

上記のような、カナダ最高裁が合憲限定解釈を行う際に、合憲限定解釈ではなく違憲無効とすることによる影響をプラグマティックに判断しているとの指摘は他の事例からも窺える。猥褻表現や児童ポルノの定義が問題となった Butler 判決及び Sharpe 判決において、特に Sharpe 判決は理論上違憲無効と

---

[30] *Canadian Foundation for Children, Youth, and the Law v. Canada (A. G.), supra* note 16 at para. 190.
[31] 佐々木・前掲注21) 384〜385 頁。
[32] Roach, *supra* note 23 at 14-22. 事実、Zundel 同様に反ユダヤ人の思想を有しそれを発言したことで起訴された Keegstra 事件 (*R. v. Keegstra*, [1990] 3 S.C.R. 697) では、カナダ最高裁はヘイトスピーチを禁じる刑法の規定を合憲とした。

することもできた事案であったにもかかわらず，カナダ最高裁は合憲拡張解釈に近い合憲限定解釈を用いた。その理由として，当該法令を違憲無効とすることで，女性や子どもが危険に晒されることや彼ら／彼女らの尊厳を貶めるような有害な表現物がカナダ社会に蔓延することのリスクを考え，カナダ最高裁は違憲判断を避けたものと考えられる[33]。

　反対に，営利的表現に関する Rocket 判決，そして，公務員の政治的活動が争われた Osborne 判決では，問題とされた法令を違憲無効とすることで生じる危険性や影響の度合いが低いとカナダ最高裁が判断したと言えよう。すなわち，規制のない歯科医による営利広告が解禁されることや制限のない公務員の政治的活動を認めることにより生じ得る危険は，それらの法令を合憲限定解釈をした上で維持することにより生じ得る表現活動への萎縮効果という危険よりもその度合いが低いとカナダ最高裁はプラグマティックに判断したのである。このように，カナダ最高裁は，事案の性質により，特に表現の自由の領域において，憲法価値の実現と共に実際に生じる影響を考慮に入れた上で合憲限定解釈を用いるか用いないかの選択をしており，それらの事例においては妥当な結論を下したと評することができよう。他方で，法廷での審理にかかる費用を支払わなくてもよい者の例外規定が争われた Trial Lawyers Association of BC 判決では，カナダ全州で BC 州のみ，hearing fee を課していたことをカナダ最高裁は問題視したのか，当該規定を違憲無効とした。しかし，被告の BC 州側には，オンタリオ州ほか 3 州が加わっており，自身の州には hearing fee を課してはいないが，状況を見て BC 州に追随することを示唆していた。法廷意見は，hearing fee を課すこと自体は許容できると述べており，そうであれば原審のように例外を拡張することもこれまでのカナダ最高裁の手法から可能とも思われるが，当該規則は違憲無効とされた。このように，合憲限定解釈を用いることで生じる影響が少ないように思える事例においても合憲限定解釈を用いることは適切ではないとした法廷意見は，少なくともこれまでカナダ最高裁が合憲限定解釈を用いてきた従来の事例との一貫性を欠いており，カナダ最高

---

33) Roach は，Butler 判決において当該法令を維持することで生じ得る表現の萎縮効果の危険性よりも，女性が被るであろう損害の方が大きいとカナダ最高裁が判断したのだと推察する。Roach, *ibid.*

裁の表現の自由以外の領域における合憲限定解釈の使用については更なる検討が必要であろう。

4 憲法解釈か憲法上の救済か

(1) 合憲拡張解釈

　本節では，前節で検討したカナダ最高裁による当事者救済型の合憲限定解釈の使用に対し，同じく憲法適合的解釈の一部をなす合憲拡張解釈との異同を踏まえて，憲法適合的解釈が解釈上の概念なのか，それとも，憲法上の救済概念なのか検討する。

　Hogg は，合憲拡張解釈と合憲限定解釈とを混同すべきでないとし，その理由として，合憲拡張解釈は議会が制定したことのない文言を当該法令に挿入する手法であり，解釈というよりは裁判所による改正の意味合いが強く，通常は法令の範囲を拡大するものであるのに対し，合憲限定解釈は当該法令を広く解釈することで生じる憲法上の問題を回避するために狭く解釈するものであると説明する[34]。一方，Roach は，両者の違いについて，それは程度と評価の問題であり，例えば，裁判所による解釈が議会の文言や意図または目的を曲げていると考えるのであればそれは合憲拡張解釈のことを言っており，反対に，裁判所による解釈の結果が自由解釈の合理的な行使であったというように考えるのであれば，それは合憲限定解釈のことを言っていると説明する[35]。

　カナダ最高裁は後述する Schachter 判決[36]にて，①立法目的が明らかであり，合憲拡張解釈を行うことで当該目的をより達成し得ること，または，違憲無効とするよりも立法目的への侵害が少ないこと，②憲法上の欠陥を修復するための手段の選択肢がほとんどないこと，③当該法体系の財政に関する部分や本質を変更しないこと，の3つの要件を設けそれら全てを満たすような明確な事件においてのみ合憲拡張解釈は許容されるとした[37]。

---

34) Hogg, *supra* note 7 at 193.
35) Roach, *supra* note 23 at 14-15, footnote 72.
36) *Schachter v. Canada*, [1992] 2 S. C. R. 679.
37) *Ibid.* at 718.

合憲拡張解釈の代表的な事例として，Vriend判決[38]が挙げられる。この事件では，雇用や住居，公共施設などでの差別を禁じるアルバータ州の人権保護法が，差別禁止事由に性的指向を含んでいなかったことの違憲性が争われた。原告のVriendは自身が同性愛者であることを理由に職場（キリスト教系の私立大学）から解雇されたことに対し，それが人権保護法違反である旨を同州人権委員会（Alberta Human Rights Commission）にて主張した。しかし同委員会は，人権保護法が性的指向を包摂していないことを理由にVriendの訴えを認めず，その後も第1審において訴えは認められたものの第2審では認められなかったことから，最高裁へ上訴されたのが本件である。上告審においてカナダ最高裁は，人権保護法を違憲無効とすることはかえって人権保護に資することにならないため，合憲拡張解釈をした上で違憲判断を避けた。
　カナダ最高裁は，合憲拡張解釈を行うために，①立法府の役割を尊重すること，②人権憲章の目的を尊重すること，の2つを要件として示した。その上で，本件について，アルバータ州議会が性的指向を意図的に排除したことは民主主義に反すること，性的指向を排除することが人権保護法の中核目的ではないこと，人権保護法を違憲無効とすることはアルバータ州民の人権保護がなされなくなってしまうことなどを理由に，差別禁止事由に性的指向の文言を挿入した。他方，反対意見は，アルバータ州議会が同法の制定過程において，性的指向を意図的に差別禁止事由に盛り込まなかった点を重視し，合憲拡張解釈をすべきでなく単に違憲無効とすることが望ましいとの見解を示した。
　以上のように，合憲拡張解釈は，合憲限定解釈同様，カナダ憲法に適合するよう解釈し違憲判断を避ける手法である点で同じではあるが，文字どおり法令の範囲を拡張することから，裁判所による越権行為であるとの批判と隣り合わせにある点で，法令の文言の対象を絞る合憲限定解釈とは異なる概念であるように映る。他方で，合憲限定解釈であっても，議会の意図とは異なる解釈を行うという意味においては，合憲拡張解釈と同じ側面を有しているようにも映る。

---

38)　*Vriend v. Alberta*, [1998] 1 S. C. R. 493.

(2) カナダにおける憲法上の救済概念

　合憲限定解釈が解釈なのか救済なのかという点は，そもそも救済とはいかなる概念であるのかという点にも関わる。この点，カナダ最高裁は，人権憲章24条1項と1982年憲法52条1項の役割を明確に区別している。本稿冒頭で述べたように，一般的に，24条1項が保障する救済は，人権憲章上の権利侵害を受けた，または，受ける恐れが差し迫っているいかなる者にも認められている救済であり，同条の下で最もとられる救済方法は宣言的救済（declaratory relief）と差止命令（injunction）である。他方，52条1項が保障する救済は，違憲な行為に対する既存の救済を与えるものである。

　24条1項による救済と52条1項によるそれとの違いについて，Hoggは，以下の5点を挙げる[39]。第一に，24条1項による救済は，人権憲章上の侵害のみに対して与えられることに対し，52条1項による救済はカナダ憲法全体に及ぶこと。第二に，24条1項による救済は権利侵害がなされた個人に与えられるものであるが，52条1項による救済は，ある状況下においては，現に権利侵害がなされていない人々に与えられること。第三に，24条1項による救済が主たる管轄における裁判所によってのみなされる場合があるのに対し，52条1項による救済は，いかなる裁判所やtribunalによってもなされること。第四に，24条1項による救済は広範なものにわたり，52条1項による救済は無効判断が主たるものであり，他の救済は法律一般に委ねていること。第五に，24条1項は，いかなる救済をなすべきか裁判所に裁量を与えているが，52条1項は，裁判所に裁量を与えず，当該法律または行為が違憲であるならば，無効の判断をするよう要求しているように運用されていること，である。そして，24条1項による救済とは，裁判所が状況に応じて「適当で正当」と考える救済を示しており，両者の違いを端的に言い表すのであれば，52条1項では与えることのできない救済が24条1項の下では与えることが可能であると説明されよう[40]。

　ここで改めて，カナダ最高裁が両者の異同を明らかにしたSchachter判決の

---

[39] Hogg, *supra* note 7 at 177.
[40] 松井・前掲注**28**）85頁。

構造を振り返ろう。本件では，失業保険法が，生母には 15 週間の出産手当を，養父母へは 15 週間の養育手当を支給するものの，生物学上の父には何ら手当が支給されないことが，平等権を定める人権憲章 15 条 1 項[41]に違反するとして争われた。救済についての論点は，人権憲章 24 条 1 項が，失業保険法が認める養父母への支給を，生物学上の父に対しても認めることを裁判所が救済として与えることができるのか，という点であった。

　多数意見を執筆した Lamer 首席裁判官は，52 条 1 項の下，既に認容されている合憲限定解釈や一部違憲といった救済から，必然的に合憲拡張解釈も認められる点を述べる。その上で，違憲無効よりも合憲限定解釈や合憲拡張解釈が妥当する場合として，次の 4 点を挙げる[42]。それらは，第一に，拡張する際の文言などの意味内容が十分な明確性を有しているか否か。第二に，拡張することで，立法府や立法目的に対して過度な介入となるか否か。第三に，当該法律の中で合憲とされた部分の意義（重要性）が，拡張解釈により変更されていないか否か。第四に，当該規定そのものが，裁判所が維持する上で十分に重要性を有しているか否か，である。なお，Nitya Duclos は，第三，第四の点は，当該拡張解釈が適切でない場合にのみ生じる論点であるとし[43]，その意味において，合憲拡張解釈を行う実質的な要件は第一及び第二と言えよう[44]。そして，現在では，Schachter 判決を踏まえて，24 条 1 項及び 52 条 1 項の関係性は，①人権憲章により保護された権利侵害がなされた個人に対する全ての救済は，24 条 1 項の下で行われること，②24 条 1 項による救済は遡及的であってはならないこと，③将来効として 24 条 1 項による救済を与える場合は，カナダ憲法 52 条 1 項とあわせた形で行い得ること，と理解されている[45]。

---

41) 「すべての個人は，法の前及び法のもとに平等であり，法の平等な保護及び法の平等な恩恵を受ける権利を有し，とりわけ，人種，出身国ないし民族的な出自，肌の色，宗教，性別，年齢もしくは精神的ないし身体的障害に基づくような差別を受けない。」
42) *Schachter v. Canada, supra* note 36, at 705-715.
43) Nitya Duclos, "A Remedy for the Nineties" (1992) 4 Constitutional Forum 22 at 23.
44) なお，これらの要件を本件に当てはめると，失業保険法が，養父母のみに養育手当を与えることに明確な立法目的がないこと，生物学上の父に養育手当を与えることが立法府への過度な介入となることなどとした上で，Lamer 首席裁判官は，合憲拡張解釈を行わなかった。そして，当該規定は人権憲章 15 条 1 項に反するものの，判決時点で，当該規定が改正され，養父母同様，生物学上の父にも養育手当が施されることとなったため，違憲無効も救済として必要ではないとされた。

このように，カナダ最高裁は，憲法上の解釈と救済を2つの条文をもとに混同し，なぜ，合憲限定解釈（または合憲拡張解釈）が，52条1項を根拠に憲法上の救済として位置付けられるのか明確な説明をしていない。これについて，Rogersonは，合憲限定解釈が，当該法令の適用が違憲であることを前もって裁判所が決することを要求するものであり，それを救済概念から区別することは困難であると述べる[46]。もっとも，合憲限定解釈が，法令に違憲の部分はあるが最終的には合憲であるとの前提に立っている概念であるのに対し，憲法上の救済は法令が違憲であることを前提に，それを是正するという異なる側面を有していることから——Schachter判決においても，本来のなされるべき救済は（当該規定が平等権侵害であると考えられるのであれば）違憲無効ではあるものの，判決において論じられた救済は合憲拡張解釈を行うか否かであった——両者の間には幾分ズレが見受けられる。この点は，52条1項の役割を，法令の解釈にとどめ，違憲判断を下すならばその次に救済について別立てて検討することの是非を問うことと関係しよう。

5　おわりに

　以上，本稿では，カナダ憲法における憲法適合的解釈の一断面として，合憲限定解釈に焦点を当て，それに関する判例をいくつか概観した。そして，それらの判例においてカナダ最高裁が示してきた立場は，カナダ憲法（特に，人権憲章）が保障する諸目的の促進を第一とするものであり，その意味において当事者救済型の救済方法であることが示された。

　他方で，本稿では合憲限定解釈のみに焦点を当てたことから，例えば，判例上，合憲拡張解釈がどのような基準で用いられ，また用いられなかったのかなど，全体像を炙り出すことはできなかった。しかし，本稿冒頭で述べたように，解釈ごとに事例を整理することで，果たしてカナダ最高裁の憲法適合的解釈の

---

45) Vinay Shandal, "Combining Remedies Under Section 24 of the Charter and Section 52 of the Constitution Act, 1982: A Discretionary Approach" (2003) 61 University of Toronto Faculty of Law Review 175, at 187.
46) Rogerson, *supra* note 10, at 248.

全体像が浮かび上がるか否かは判然としない。そのためにも，解釈と救済の区別，更にはカナダ憲法における救済概念をまず明らかにする必要があろう[47]。その意味において本稿は，カナダにおける憲法適合的解釈を探る序章にすぎず，むしろ課題は数多く残されている。

［白水　隆］

---

[47] カナダ憲法52条1項の観点から，一時的に有効とする救済を主に検討するものとして，富井幸雄「最高法規条項と人権侵害の法令違憲判決における救済――カナダ憲法における解釈的救済，とくに暫定的無効中断の意味」法学会雑誌59巻1号（2018年）99頁以下。

第4章

ドイツにおける憲法適合的解釈の位相

1 はじめに

　ドイツにおける憲法適合的解釈については，古くは阿部照哉による紹介が広く知られている[1]。今世紀に入ってからも，宍戸常寿[2]による紹介があったほか，憲法適合的解釈の多用による「法の支配」型へのドイツ憲法裁判の変動が，毛利透によって指摘される[3]などの動きが見られた[4]。さらに，最近では原島啓之によるドイツ連邦行政裁判所の憲法適合的解釈に特に焦点を当てた，ドイツの判例・学説の紹介と分析[5]も刊行されている。加えて毛利による法理論面からの考察[6]も公表された上，2016年6月の比較法学会では「憲法適合的解

---

1)　阿部照哉「法律の合憲解釈とその限界」同『基本的人権の法理』(有斐閣，1976年) 218頁以下 [初出，1971年]。同時期のものとして，大西芳雄「「憲法に適合する解釈」について」同『憲法の基礎理論』(有斐閣，1975年) 183頁以下 [初出，1973年] もドイツにおける憲法適合的解釈に言及している。
2)　宍戸常寿『憲法裁判権の動態』(弘文堂，2005年) 289〜293頁 [以下，宍戸(動態)]。我が国の文脈において，従来にいわゆる合憲限定解釈と区別しつつ，憲法適合的解釈概念の導入を説くものとして，同「合憲・違憲の裁判の方法」戸松秀典＝野坂泰司編『憲法訴訟の現状分析』(有斐閣，2012年) 64頁以下，とりわけ，68〜69頁，72頁 [以下，宍戸(現状分析)] も参照。
3)　毛利透「「法治国家」から「法の支配」へ」法学論叢156巻5＝6号 (2005年) 330頁以下。
4)　この他に，学習用教材レベルでは，赤坂幸一「法令の合憲解釈」大石眞＝石川健治編『憲法の争点』(有斐閣，2008年) 340頁以下が，ドイツにおける憲法適合的解釈にも言及していた。
5)　原島啓之「ドイツ連邦行政裁判所の『憲法判断』の考察(1)(2・完)」阪大法学64巻5号 (2015年) 1287頁以下，64巻6号 (2015年) 1787頁以下。
6)　毛利透「ケルゼンを使って『憲法適合的解釈は憲法違反である』といえるのか」法時87巻12号 (2015年) 93頁以下。

釈についての比較法的検討」がシンポジウムのテーマとなり[7]，實原隆志によるドイツの議論状況の紹介・検討[8]が行われたところである。

このような状況の中で，本章が新たに付け加えるべきことが残されているのか疑問も多い。個人的な備忘録を披露するにとどまることを危惧するが，それぞれの先行研究が必ずしも十分に言及していない部分にも触れながら，筆者なりのドイツにおける憲法適合的解釈の俯瞰図を描き出すことにする。

2 概念整理と実例

すでに我が国においても指摘されている[9]ように，ドイツの憲法適合的解釈は広狭2つの意味で用いられている。すなわち，法律以下の法解釈に憲法が援用される場合一般を指す，広義の憲法適合的解釈[10]と，複数の解釈が可能で，その中に合憲なものと違憲なものが含まれる場合に，合憲なものを選択するという狭義の憲法適合的解釈である。後者の意味での憲法適合的解釈は，用語法上の混乱を招くことが危惧されるが，可能な意味の範囲に違憲な部分を含んでおり，それを除去する効果を持ちうるという点で，むしろ我が国従来にいうところの合憲限定解釈に近いということができよう。さらに，通説的な見解によって，狭義の憲法適合的解釈に対置される憲法志向的解釈（verfassungsorientierte Auslegung）[11]の方は，法体系の統一性などを理由に，特段違憲判断を含むことなく，下位法の解釈にあたって憲法上の価値を反映させる手法を指すというのであるから，これこそ，我が国で最近いわれるところの憲法適合的解釈に

[7) 毛利透ほか「〈シンポジウム〉憲法適合的解釈についての比較法的検討」比較法研究78号（2017年）1頁以下。

[8) 實原隆志「〈シンポジウム〉憲法適合的解釈についての比較法的検討 5. ドイツ」比較法研究78号（2017年）63頁以下。

[9) 毛利・前掲注6）93〜94頁，原島・前掲注5）64巻6号1788〜1792頁。

[10) この広い意味での憲法適合的解釈について，それは統一的に明確な内容の定まった手法ではなく，様々な現象を含む「集合概念（Sammelbegriff）」であると表現するものとして，*U. Lembke, Einheit aus Erkenntnis?*, 2009, S. 21 がある。この点については，原島・前掲注5）64巻6号1788〜1789頁も参照。

[11) これが講学上の概念であり，連邦憲法裁判所は，憲法志向的解釈という語を用いていないことについては，毛利・前掲注6）94頁注9などを参照。

対応しているといえよう[12]。

ここで説明したような，通説的見解による憲法適合的解釈と憲法志向的解釈の二分論[13]に対して，様々な観点からの分類論が提示されている。そして，それはすでに原島によって詳細な紹介がなされている[14]ところであり，本稿でものちに少し触れる。もっとも，以下ではさしあたり，通説的見解による二分論を前提として，それぞれの具体例を紹介することを通じてドイツにおける憲法適合的解釈（広義）のイメージを提供したい。

(1) 憲法志向的解釈

先に述べたとおり，憲法上の価値を下位法――その中でも，とりわけ一般条項や不確定概念――の解釈にあたって反映させるのが憲法志向的解釈である。この憲法志向的解釈については，一般的に，憲法を頂点とする国法秩序の統一性の維持・確保が根拠に据えられる[15]。このように，憲法の優位を背景に法律以下の法令の解釈にあたって，憲法の規範内容を考慮に入れ，憲法価値の実現を志向する解釈の選択が求められるのである。

① 基本法以前の憲法志向的解釈

憲法志向的解釈について，ヴァイマル期のライヒ裁判所の判決[16]にも，すでにその先行例を見て取ることができる。

Heun によって，戦後の基本権の第三者効に関する Lüth 判決[17]に通じるものとして紹介されている[18] 1930 年の判決の事案では，ドイツ・オーストリア

---

12) 以上のような憲法適合的解釈（狭義）と憲法志向的解釈の対比については，宍戸（動態）290 頁でも紹介されている。さらに，毛利・前掲注 6) 93〜94 頁の指摘も参照。
13) 憲法志向的解釈と憲法適合的解釈（狭義）の区別は相対的なものである。そのような指摘はよく見られるところである。例えば，発見的方法によってしか区別ができないとする，H. Simon, Die verfassungskonforme Gesetzesauslegung, EuGRZ 1974, S. 86 などを参照。また，区別の困難性を指摘した上で，違憲の可能性の指摘の有無によって区別する，L. Kuhlen, Die verfassungskonforme Auslegung von Strafgesetzen, 2006, S. 3f. も参照。
14) 原島・前掲注 5) 64 巻 6 号 1791 頁以下。
15) J. Lüdemann, Die verfassungskonforme Auslegung von Gesetzen, JuS 2004, S. 29. Siehe auch Simon (Anm. 13), S. 86.
16) RGZ 128, 92.
17) BVerfGE 7, 198.
18) W. Heun, Verfassungsrecht und einfaches Recht — Verfassungsgerichtsbarkeit und Fachge-

の主要な劇場が加盟する団体の協定が問題となった。この協定では，各劇場の年間収入や一回あたりの指揮者・演者の報酬上限額について定めていた。原告であるオペラ歌手は，この協定の規定がヴァイマル憲法142条（芸術・学術の自由）や152条（契約の自由）に反し，また，被告の独占状態を伴うものであり，それゆえに善良な風俗に反しているので，無効であると主張したのであった[19]。ここまでの説明ですでに明らかなように，これは，典型的な，我が国にいうところの基本権規定の私人間効力の事案といえる。

　この事件において，ライヒ裁判所は，ここで問われている法的問題は，善良な風俗違反の有無であり，もし，憲法上保障された基本権が害されているのであれば，善良な風俗違反が認められるのだとした。裁判所はその理由を，法と道徳に配慮している国民同胞（Volksgenosse）にとって標準的な道徳観念は，人間どうしの取引において憲法上の基本権に留意することを要求するからだと説明している[20]。

　このような説明は，いわゆる違憲審査制が導入されていないことも手伝ってか，基本権規定の名宛人が誰であるかとか，権利義務の方向性について，──戦後の基本法下で厳密に論じられているのとは対照的に──かなり無頓着な印象も抱かせる。ここでは，確かに，あくまで直接的には，善良な風俗の違反が存在するのかという私法上の問題が論じられていることになっている。しかし，実際の検討[21]は，基本的にはヴァイマル憲法142条・152条の解釈論が私法

---

　　richtsbarkeit, VVDStRL Bd. 61, 2002, S. 100.
[19]　RGZ 128, 92 (93).
[20]　RGZ 128, 92 (95).
[21]　具体的な判示内容は以下のとおりである。すなわち，芸術の自由に関して，ヴァイマル憲法142条は，原則的に国家機関の介入（Eingriff）からの芸術の保護を目的としており，一般的な内容を持つ法律によってのみ制約可能であるとされているものだと性格づけた。そして，実際上のものを主とする，生活関係の中で生じてくる制約から芸術が自由であることを要求したり，国民同胞に芸術家たちに合わせて我慢を強いたりという条項ではないという。むしろ，法律や善良な風俗が特段の定めをしていない限り，芸術家を含む全ての人々の自由なやり取りに委ねられており，芸術家の契約相手方に，芸術家からの要求に対して減額をさせないような効果を持つものではない。こうして，問題は，152条の契約の自由の侵害があるのか否かという問題に帰着する。この契約の自由とは，当事者間で自分たちの関係性について，意思の一致するところに従って形成されるべきことを保証したものであり，何の制約もなく，完全に自由な状況下で契約が締結されることを要求するものではないし，そのようなことは不可能であるとしたのであった。以上について，RGZ 128, 92 (95f.) を参照。そして，上記のような契約の自由の侵害は本件では認められないとして，原告

解釈の衣をほぼ纏わない裸に近い状態で展開されている[22]。その意味では，これを憲法志向的解釈と呼ぶことには若干の抵抗を感じないわけではない。それでも，私法の一般条項の解釈に憲法を考慮しているには違いなく，とりわけ最初期の先例としては，十分これを憲法志向的解釈の一つと認めることができるのではないだろうか。違憲審査制が導入される以前から憲法志向的解釈が行われていたことについては，これまであまり指摘されてこなかったことでもあり，注目されてよいだろう[23]。

② 基本法の下での憲法志向的解釈

基本法以前の憲法志向的解釈の例を紹介するのに，やや多く紙面を割いてしまったが，次に基本法下での憲法志向的解釈の例を示していくことにしよう。また，我が国における文脈においてではあるが，筆者もかつて少し触れた[24]

の主張を退けたのである。

[22] 前注の，とりわけ芸術の自由に関する判示内容は，基本権の対国家性を指摘したものと理解することも可能であろう。しかし，あくまで当該条項の規範内容として，主として国家からの介入の排除を求めるものであると論じるにとどまり，基本権の一般的性質を論じるものとはなっていない。そして，本来は，私人の間には適用されない基本権の効力を第三者たる私人に及ぼしうるかという問題設定はされていないのである。さらに，契約の自由の意味内容に至っては，対国家性について論じる部分はなく，私人間で契約の自由というのがどのような意義を持つのかを語るような判示になっていることにも注意すべきであろう。

[23] なお，アメリカの Marbury v. Madison 判決において，合衆国最高裁の Marshall 首席判事は，適用法条の確定の必要性から，司法裁判所の違憲審査権を導いた。もちろん，憲法に適合的な解釈結果の模索と，憲法に違反する解釈結果の得られる下位法の排除との間には距離があることを認めなければならない。この点，解釈の一助として憲法を考慮すること（Heun は，憲法の優位がドイツにおいて定着する前の帝国期においても，体系的解釈の一環としてこれがなされていたこと〔ここでは，後掲の RGZ 9, 232 が引かれる〕を指摘する）と，憲法に反する法律の無効化を対比的に論じる，Heun (Anm. 18), S. 97f. を参照。しかし，それでもとりわけ憲法の優位を根拠にした憲法適合的な解釈については，違憲な解釈結果の排除という点では，実質には違いがないとも言える。仮にそう考えられるのであれば，法の体系性を根拠にしたある種の憲法判断は，憲法の最高法規性を前提にした場合に，通常の司法裁判所にも本来認められうるということになるのではないか。これ以上の深入りは避けるが，違憲審査の本質のようなものを考えるにあたって，この問題は真剣に検討すべきものを含んでいるように思われる。

以上については，アメリカにおける憲法適合的解釈の沿革について説明する，本書第2章の大林論文による分析も参照。

[24] 本書第1章4(2)は，あくまで，民刑事法との間で憲法学との対話チャンネルに相違があることと，民刑事法の「文法」を憲法学が習得すべきであることを指摘している。しかし，これは，逆に言えば分野ごとに憲法との関わり方が異なる，憲法適合的解釈のあり方も変わってきうるという趣旨を含ませているつもりである。

なお，宍戸による，①当該規定の意義を明らかにするもの，②違法性阻却事由ないし免責に関す

ように，とりわけ，わが国における「憲法適合的解釈」，あるいはドイツに言う憲法志向的解釈について考える場合，通常の法解釈において憲法を考慮すると言っても，それぞれの法領域の特性や憲法との関係性を考えなければならない[25]。そこで，以下では，民法，行政法，刑事法の主たる法類型それぞれの例を挙げていくことにする。

(a) 民事法分野

民事法分野で憲法志向的解釈を行ったものと言える[26]のが，連邦憲法裁判所のサイエントロジー決定である[27]。この決定は，憲法異議のうち，いわゆる判決異議に分類されるものであり，サイエントロジーの信者，聖職者であると報道され，名誉を毀損されたとする申立人の主張を認めなかった，フランクフルト (a.M.) 高等裁判所判決が，申立人の一般的人格権（基本法2条1項・1条1項1文）を侵害するものであるとして提起されたものである。

決定において，連邦憲法裁判所は，名誉毀損に関する諸規定（ドイツ民法典〔BGB〕1004条1項，同823条2項，ドイツ刑法典〔StGB〕186条[28]等）の解釈権限は，通常裁判所の管轄に属するとしつつ，その解釈にあたっては，関連する基

　　る規定の解釈に関するもの，③行政裁量の統制に関するものという三分類（宍戸（現状分析）69～71頁）は，法分野による分類ではないが，①については複数の法分野が混在するものの，②・③についてはそれぞれが問題となる法領域は刑事法（②），行政法（③）と固有のものである。また，①についても，法分野ごとに例を挙げており，法分野の相違を意識しているということはできても，少なくとも意識することを否定する趣旨ではないといえよう。

25) 例えば，民事法分野であれば，それ自体に憲法上の価値を認めうる，私的自治ないし契約自由の原則との抵触関係が問題となるのに対して，行政法分野においては，法治国原理により，憲法による強い拘束が認められるとともに，求められるということができる。さらに，憲法志向的解釈が不確定概念に対して行われるというのであれば，明確性の原則が妥当する刑事法について，憲法志向的解釈を援用する余地はそもそも広く認められてはいけないのではないかという問題が生じる。
　　なお，我が国における憲法適合的解釈の整理において，民事法の憲法適合的解釈への言及がほとんど見られないのは，我が国において，憲法規定の私人間効力論が憲法適合的解釈の問題として意識されていない（ただし，重要な例外として，君塚正臣『憲法の私人間効力論』（悠々社，2008年）。また古くは，阿部・前掲注1) 226頁），あるいは，切り離された論点と解されているからであろう。

26) Vgl. K. Schlaich u. S. Korioth, Das Bundesverfassungsgericht, 9. Aufl., 2012, S. 306 Rn. 448.
27) BVerfGE 99, 185.
28) BGB 823条2項は，民法以外の法律による保護対象への侵害についても，不法行為に伴う損害賠償義務を生じさせると規定しており，名誉毀損罪について定めるStGB 186条をあわせて考慮することによって，名誉毀損による民事損害賠償責任が基礎づけられるという構成になっている。

本権が設定する価値の内容は，法適用の場面においても維持されるべきであるから，その関連基本権を解釈嚮導的に考慮する必要があるとしたのであった[29]。決定によれば，この帰結として，表現による人格侵害の程度と，表現の禁止が意見表明の自由に与える損失との間の衡量を求め，この衡量は，通常法（einfaches Recht[30]）解釈として可能な法律要件設定の範囲にとどまる必要があり，また，個別の事案に特有の事情を考慮しなければならない。そして，衡量の結果は，個別事案の事情に依存するのであり，一般的，あるいは抽象的にあらかじめ決定されるものではないことについても言及されているのである。

　BGBは我が国の民法典とは異なり，不法行為責任の発生要件を定める諸規定において侵害対象について比較的具体的に規定しており，StGBにおいても，我が国の刑法230条や230条の2よりもかなり詳細な構成要件や免責条件の規定を有している。そうすると，一般条項や不確定概念の解釈にあたって憲法の基本権規定を参照しているというよりは，規定内容を明確化する手段として基本権規定を援用した類型である[31]ということができるかもしれない。しかし，それでも，決定自体が個別事案における事情の考慮の必要性を指摘するところからもわかるように，総合的な事例判断を旨としており，基本権規定が規範内容の明確化にどのように影響を与えるべきかについて（少なくとも）直接に示すところは乏しい[32]。

　今さら指摘することでもないかもしれないが，憲法志向的解釈が司法の判断の枠を広めるものであっても，それを枠づけるような効果に乏しいことがここでも表れているように思われる。

(b)　行政法分野

　行政法分野の例として挙げられるのが，ムスリム女子生徒の男女合同体育授

---

29)　BVerfGE 99, 185 (196). ここで連邦憲法裁判所は，基本権規定が，その背景に客観的価値秩序が存在することを前提としているものであるとした，Lüth判決（BVerfGE 7, 198 [205ff.]）を引用している。
30)　憲法とは異なる，通常の法律のことを指す。
31)　ただし，この区別は，多分に相対的なものである。
32)　もっとも，従来の判例の蓄積による，名誉毀損成立についての一定のルール的枠組みの存在については認めており，これに沿った具体的事案の処理を進めている。実体的な判断枠組みに関しては，G. Seyfarth, Der Einfluß des Verfassungsrechts auf zivilrechtliche Ehrschutzklagen, NJW 1999, S. 1287ff. などを参照。

業からの免除に関する，連邦行政裁判所の1993年判決[33]である。この判決では，先のサイエントロジー決定とは異なり，憲法規定の考慮のあり方についての一般論は展開されておらず[34]，事案に即する形で，信仰，良心の自由（基本法4条1項・2項）と同じく憲法上の要求である，人間形成，教育に関する国家の責務（基本法7条1項）の間の調整が検討された。

　判決の内容について，もう少し詳しく紹介しておこう。まず，事案についてであるが，公立ギムナジウムのムスリム女子生徒（当時12歳）が，異性に肌を見せることを禁じたコーランの戒律を守るべく，男女合同での体育の授業の受講免除を申し立てた[35]ものである。学校側は，この免除の申立てを拒否し，これに対して，女子生徒側が訴訟を提起した。ゲルゼンキルヘン行政地方裁判所は水泳の授業の免除はともかく，他の体育授業について受講の免除は認められないと，請求を棄却した。ミュンスター行政高等裁判所も，原判決を維持し，完全な免除を認めなかった。これから紹介するのは，この判決に対する上訴に対して下された，連邦行政裁判所の判決である。結論から言えば，連邦行政裁判所は，原審の判断を破棄し，原告が求める男女合同の体育授業からの完全な免除を学校側に義務づけた。その理由は大要以下のとおりである。

　すなわち，連邦行政裁判所は，信仰，良心の自由と対抗関係に置かれるのが，

---

[33] BVerwGE 94, 82. Siehe *Schlaich/Korioth*（Anm. 26), S. 307 Rn. 448.
[34] 基本権規定の直接の適用範囲ではない民事法の分野とは異なり，行政法の解釈にあたり，憲法が考慮されることは当然であり，わざわざ憲法の考慮について正当化し，そのありようを示す必要はないとの考え方が背後にあると推測される。
[35] 当該事件で直接の解釈対象となった，授業からの免除に関連する，当時のノルトライン・ヴェストファーレン州一般教育令（ASchO；法律の授権に基づいて，州議会の学校文化委員会の同意を得て制定された法規命令である）11条の内容は以下のとおりである。
「§11 免除　(1)　児童・生徒は，特に例外的な場合にのみ，原則として，保護者からの申出に基づいて，時間的に限定された形で，個別科目の授業または個別の学校行事から免除される。2か月を超えない免除については学校長が，2か月を超えるものについては，教育庁が決定する。免除される期間において，当該児童・生徒は，他の授業や学習グループに参加することを義務づけられ得るものとする。
　(2)　健康上の理由による，体育その他の授業の免除の方法または範囲は，専門教員がこれを決定し，免除が1週間を超えるときは，医師の診断書に基づいて決定しなければならない。また，免除が2週間を超える場合においては，学校長が学校医の診断書に基づいてこれを行うものとする。ただし，いずれの場合においても，免除の根拠が明白な場合においては，医師の診断書なく免除の決定を行うことができる。免除は，特定の実習に限定してすることもできる。」

――保護者や児童・生徒の基本権との調整に留意することが求められるものではあるが――信仰,良心の自由と同じく憲法レベルで設定される人間形成,教育に関する国家任務であることを前提として確認する。そして,具体的な衡量に入る前段階で,自分の信仰が求める,拘束的な命令や禁止が,法律上の義務の履行を妨げること,あるいは,信念の求める命令や禁止に反して法律上の義務を果たさなければならないとすれば良心の呵責に苛まれることの立証を,免除を求める側に課した。本件では,コーランの解釈を通じて,原告の年代のムスリム女子にとって,男子生徒との合同体育授業の受講が信仰の求める規範への違背を意味することが確認されるとした。このような判断を踏まえつつも,裁判所は,比較衡量は慎重に行われる必要があるので,部分的な免除など他に途のない場合にのみ全面的な免除は認められるという。以上のような枠組み自体は,原審と異ならないのであったが,その先の評価が原審と連邦行政裁判所では異なった。つまり,原審がスカーフ(Kopftuch)を着用しての参加や,どうしても問題がある場合の受講免除などによって,信仰からの要請を満たせると判断したのに対して,連邦行政裁判所は,そのような措置では,スカーフが時に外れる場合があること,男子生徒との身体的接触が避けられないなどといった点は,信仰との抵触を招き,体育の授業が苦痛(Qual)を生じさせるものであると判断したのである[36]。

　この事案自体は,我が国におけるいわゆる神戸高専剣道実技受講拒否事件に類似する。もっとも,神戸高専事件が受講義務の有無を直接論じたのではなく,あくまで退学処分の適法性が論じられたものであるという点では大きな相違が見られる[37]。また,本書第1章注110)で述べたように,神戸高専事件の最高裁判決(最判平成8・3・8民集50巻3号469頁)が裁量統制の場面で憲法を加味したものであることは夙に宍戸が指摘するところであるが,本判決では,裁量統制という問題設定はなされていない。実際,先に注35)で紹介しているよ

---

36) なお,近時,BVerwGE 147, 362 において,連邦行政裁判所は,ブルキニのようなイスラム教の服装規律に反しない水着の着用が可能であることを理由に,ヘッセン州学校法の69条3項にいう受講義務からの免除の「特別な理由」に該当しないとして,ムスリム女子生徒の水泳授業の免除を認めなかった。
37) 我が国においては,本件のような訴訟を提起しても,「法律上の争訟」と認められない可能性もある。

うに，ここで直接適用が問題となっている法令は少なくとも手続面について相当程度具体的であり，免除範囲の広狭による扱いが細かく定められている。したがって，「要件裁量」を認めているとも言える「特に例外的な場合」という解釈の余地のある文言の解釈・適用においても詳細な検討が必要となることは示唆される[38]。その意味では，本章注24）で紹介した，我が国において宍戸が提示する類型に照らせば，本判決は，要件明確化型に整理されるということができよう。ただし，一般教育令の具体的な文言「特に例外的な場合」が取り上げられるのは冒頭のみであり，基本法レベルの教育に関する国家の責務と信仰，良心の自由の規範内容の確認とその衡量がひたすら行われている。憲法規定とりわけ基本権規定の影響の及ぼし方について一般的な判示がないこと[39]とも相まって，ここでも，憲法志向的解釈であるということが，裁判所による解釈に何らかの枠づけをもたらすものではないと指摘できよう。

(c) 刑事法分野

最後に，刑事法分野における憲法志向的解釈の模範例ともいわれる[40]，2003年の連邦通常裁判所決定[41]について紹介，検討しておくことにしよう。

この事件では，調達可能かどうか疑問を残したまま，友人からの求めに応じてエクスタシーの錠剤を手配する旨表明したことや，コカインを転売すべくオランダの麻薬の売人に電話した（が手に入れられなかった）こと，50グラムのコカインを入手すべくオランダに出かけた（が手に入れられなかった）こと，といった諸行為が，麻薬取締法（BtMG）の29条にいう，「取引（Handeltreiben）」自体に該当するのか，単なるその準備行為（StGB 30条）に該当するにとどまるのかが問題となった[42]。決定は，基本法103条2項[43]を引いて，刑罰法規

---

38) もっとも，ここで問題となっているのは，法規命令であり，法規命令の設定を含めた行政の裁量への統制が問われていると解することも不可能ではないだろう。しかし，少なくとも明示的にはそのような問題設定はなされていない。

39) 評釈類でも，この点についてはあまり触れられていない。ただし，衡量のあり方として，断定的にすぎると批判するものとして，H.-P. Füssel, Multikulturelle Schule?, KJ Bd. 27, 1994, S. 506 を参照。

40) Kuhlen (Anm. 13), S. 2.

41) BGH, Beschl. v. 10. 7. 2003 – 3 StR 61/02, NStZ 2004, S. 105.

42) Siehe BGH, NStZ 2004, S. 106.

43) 直接は事後処罰を禁止する条文であるが，一般的にこの条文から，罪刑法定主義やそのコロラ

の明確性要求に言及したのち，規範の名宛人にとって，何が禁止され，刑罰による制裁対象となるのかが予見可能であることが必要であるとした上で，従来の「取引」についての定義が不十分であると述べた[44]。そして，適切な定義には，麻薬取引の撲滅に向けて実効的に機能する解釈と，明確性要求志向的な解釈（am Bestimmtheitsgebot orientierten Auslegung）[45] という2つの要求を満たし，BtMG 29 条に実際的な適用領域を残すものであることを求めている[46]。こうして，このような枠づけの下で行った，「取引」という語の定義づけの結果，最終的には，薬物の供給者との間で売買が現実のものとなっていない限りにおいて，営利目的の転売のための麻薬類を入手するための真剣な交渉であっても，取引の既遂を認めるには十分ではないとされたのである[47]。

ここでも，なぜ憲法が考慮されるのかという根拠づけは行われていない。これについては，裁判所を通じた科刑が憲法の拘束を受けるべきことは当然であるし，本件で問題となった憲法規定が，刑罰法規の明確性原則であり，まさに刑事法を直接の対象としたものであるからと説明することができよう。とはいえ，憲法規定の通常法の解釈に与える影響というものがここでも明瞭ではない[48] という点を，それに対する憂慮も含めて指摘できよう。

また，具体的に問題となった内容に少し踏み込むと，全農林警職法事件判決[49] や札幌税関事件判決[50] に見られるように，我が国においては，合憲限定解釈の限界を画するものとして，刑罰法規の明確性の原則に焦点が当てられる

リーと位置づけ可能な明確性要求や類推禁止原則が導かれると解されている。Siehe z.B. *C. Degenhart*, Art. 103, in: *M. Sachs* (Hrsg.), Grundgesetz Kommentar, 6. Aufl., 2011, S. 2072ff. Rn. 63ff.

44) BGH, NStZ 2004, S. 107 Rn. 16.
45) 連邦憲法裁判所において「憲法志向的解釈」という言葉が用いられていないことは，先に指摘したとおりだが，連邦憲法裁判所の判決（z.B. BVerfGE 45, 187）も含めて，このような憲法上の要請・原則に「志向的な解釈」について言及するものは一部で見られる。もっとも，これが適合的解釈との区別を意図したものであるか疑問であるのは確かである。Siehe *Schlaich/Korioth*（Anm. 26), S. 307 Rn. 448.
46) BGH, NStZ 2004, S. 108 Rn. 17.
47) Siehe Leitsatz vom NStZ 2004, S. 105.
48) もっとも，明確（かつ適切）な処罰範囲の提示という基本法 103 条 2 項の要請と，犯罪の実効的な防止という対立利益を把握した上で，諸般の事情を考慮するという大枠について示されてはいる。
49) 最大判昭和 48・4・25 刑集 27 巻 4 号 547 頁。
50) 最大判昭和 59・12・12 民集 38 巻 12 号 1308 頁。

のに対して，本決定では，明確性原則を根拠に刑罰法規の限定解釈を導いている点が注目される[51]。もちろん，広義の明確性原則には，過度に広範な処罰範囲を持つ法令の排除も含まれることを考えれば，明確性原則を志向する解釈によって，ややもすれば広く解釈されうる処罰範囲を，適正な範囲に縮減するという説明は十分に成り立つところではある。狭義の明確性要求と過度な広範性の排除との境界が実際には不明瞭で相対的なことに起因するものではあるが，相反する要請を内包しているということに自覚的であることが求められよう。

　(d)　ま と め

　以上，簡潔に，民事法，行政法，刑事法の三分野について憲法志向的解釈の典型例と呼ばれるものを見てきた。ただ，これらの例から共通して見えてくるのは，まずは，憲法規定の私法領域に持つ意義を論じる必要のある民事法分野についてはともかく，それ以外では，なぜ憲法志向的解釈が必要になるのかといった根拠づけは踏み込んで行われていないことである。そして，民事法分野も含めて，憲法が考慮されるとしたところで，同じく憲法レベルのものも含む対立利益・要請との比較衡量の枠組みに落とし込まれるだけであり，比較衡量に一定の方向性を与えるというような嚮導性は乏しいと言わざるを得ない。もっとも，以上の検討・紹介は，網羅的なものではなく，ここからドイツにおける憲法志向的解釈の一般的性格を論じることには慎重である必要があるのは確かである。しかし，ドイツから離れた我が国において，憲法志向的解釈という概念を輸入することのみによって，事案処理の方法の劇的な発展，明瞭化というような大きな効果が得られると考えるには少なくとも慎重であるべきことをこれらの例は教えてくれているように思われる。

(2)　憲法適合的解釈（狭義）

　ここで紹介するのは，狭い意味での憲法適合的解釈，すなわち，可能な複数の法令解釈の中から，憲法適合的な解釈を選択すること，あるいは選択するよう求める準則のことである。この狭義の憲法適合的解釈について，憲法志向的

---

51)　もっとも，のちに述べるように，とりわけ狭義の憲法適合的解釈について，ドイツにおいても，特定の憲法適合的解釈が解釈としての限界を超えていないかという論点が存在している。ここでは，さしあたり，*Schlaich/Korioth*（Anm. 26), S. 307ff. Rn. 449ff. を参照。

解釈の根拠として挙げられた，法秩序の統一性も根拠となることは当然であるが，それに加えて，あるいはそれを前提として，法律の合憲性推定原則[52]や，法令の維持を通じた裁判所による立法者への敬譲，憲法適合的な立法を志向するであろうという立法者の意思の推定といったものが挙げられる[53]。

① 前 史

狭義の憲法適合的解釈の問題は，実は，夙にビスマルク憲法下の帝国裁判所における1883年の判決[54]で取り上げられていた。帝国裁判所は，原審判決においてハンブルク高等裁判所が，「ある法律について二通りの解釈が可能な場合，そのうち，法律が憲法上の原則（Verfassungsgrundsatz）に違反する結果を招くものに従ってはいけない」という定式を示したと理解した。しかし，帝国裁判所自体は，このような一般化は正しくないという判断を下している。すなわち，憲法改正を意図するものとして提示されたものではない通常法律は，裁判所限りの解釈によって憲法と抵触するものと理解されるべきではないということは，法律解釈における様々な考慮要素のうちの一つに過ぎないと判示したのである[55]。原審の定式は，まさに現在における狭義の憲法適合的解釈の定義づけと同じ見解を提示しており，これが一般的準則ではないとされた点では，確かに狭義の憲法適合的解釈はこの判決で否定されたわけである。しかし，ここで注目されるのは，憲法適合性が一つの考慮要素として法令解釈に当たり参照されることは，第二帝国期においてすでに最上級審裁判所によって認められていたということである[56]。また，下級裁判所においては，狭義の憲法適合的

---

52) これについて，基本法制定前の法律にも，合憲推定を及ぼしてよいのかという問題も存在する。この点を，阿部・前掲注1) 227頁は夙に紹介していた。
53) Lüdemann (Anm. 15), S. 29. Siehe auch C.-W. Canaris, Die verfassungskonforme Auslegung und Rechtsfortbildung im System der juristischen Methodenlehre, in: Honsell, Zäch, Hasenböhler u. Rhinow (Hrsg.), FS Kramer, 2004, S. 147ff.; A. Voßkuhle, Theorie und Praxis der verfassungskonformen Auslegung von Gesetzen durch Fachgerichte, AöR 2000, S. 182ff. なお，Canarisと Voßkuhle は共に，これらの理由づけがいずれも十分ではないと指摘する。
54) RGZ 9, 232. 事案としては，堤防令（Deichordnung）による，堤防地についての旧来からの利用権限の承認が問題となったものである。
55) RGZ 9, 232 (234f.)。
56) 憲法志向的解釈は，すでにこの判決で認められていたといっても間違いではないだろう。憲法志向的解釈は，憲法の優位の承認によって認められるものであり，違憲判断を伴う狭義の憲法適合的解釈とはやはり区別されるということを基礎づける可能性がある。

解釈が解釈準則として提示されていたということも見逃せない。

　このように，第二帝国期にはすでに一部で議論のあった，憲法適合的解釈であるが，戦後の基本法の制定と，連邦憲法裁判所の創設を経て，その最初期[57]の判例において承認されることになる。いわゆる緊急受入法決定である[58]。この事件では，ソビエト占領地域から連邦共和国領域に流入した人々の滞在資格付与条件について定めた緊急受入法（NAG）1条2項[59]が，基本法11条が保障する移転の自由を侵害しているのではないかが争われた[60]。連邦憲法裁判所は，ある法律が憲法と適合的に解釈可能である場合には，その法律を無効としてはならないという原則が妥当していると述べた。その理由として，裁判所は，法律が基本法と整合するという推定が存在するほか，この推定により明らかになっている原理は，違憲の疑いが存在する場合であっても，法律に憲法適合的解釈を施すことを要求しているということを挙げている。ただし，裁判所は憲法適合的解釈にあたっては，問題となっている法律の目的を無視してはならないという限界も設けている[61]。事案の処理としては，基本法11条2項が掲げる移転の自由の制限事由に該当する場合に限って，滞在許可を拒否することができるものとNAG1条2項を解釈した[62]。

　以上の判示は，複数の可能な解釈なうち，憲法適合的な解釈を選択するという定義づけを直接用いてはいない。しかし，憲法適合的な解釈が可能である場合にそれを選択して，法律を違憲無効と判断することを回避すべきであるというのであるから，憲法適合的な解釈と憲法に適合的ではない解釈の双方が可能であることが前提となっており，そのうち，憲法適合的な解釈を採用すること

57）　以下で紹介する判決は，連邦憲法裁判所の発足後，2年を待たず，1953年5月7日に出されたものである。
58）　BVerfGE 2, 266.
59）　ソビエト占領地域（ベルリーン・ソビエト占領地区を含む）に住所を持ち，あるいは長期に滞在する，ドイツ国籍保持者，あるいはその旧保持者で，許可なく連邦共和国領域に滞在する者に特別の長期滞在許可を与えうることを規定した，同法1条1項を受けて，次のように規定している。「(2)　身体および生命または人格的自由の差し迫った危険，もしくはやむを得ない特別な事情により，第1項に規定する地域（訳者注：ソビエト占領地域）を離れなければならなかった者について，この特別許可（訳者注：1項に定める特別長期滞在許可のこと）を拒否してはならない。」
60）　Siehe BVerfGE 2, 266 (269).
61）　BVerfGE 2, 266 (282).
62）　BVerfGE 2, 266 (284).

を求めていると理解することができよう。そして，重要なのは，なぜそのような解釈の選択が行われるべきなのかという理由と，憲法適合的解釈の限界に関する言及が，すでに最初の判例から行われているということである。もう少し敷衍すると，まず，法律の合憲性推定が理由として挙げられている。次に，限界づけの点でいえば，法律の目的への拘束性が説かれているが，これは，立法者の意図を超えた裁判所による立法に陥ることを戒めたものと理解でき，その後の解釈の枠を超えてはいけないという限界づけにつながっているといえよう。

② 教科書的典型例：集会法14条の解釈

憲法適合的解釈の例には，枚挙にいとまがないが，ここでは教科書等で典型例として挙げられる，突発的デモの届出義務をめぐる，1985年の連邦憲法裁判所決定[63]を紹介する。

基本法8条は，その1項において，届出または許可なしに平穏かつ武器を携帯しない集会を行う自由を保障し，2項では，屋外の集会については，法律による，あるいは法律の根拠に基づく制限が可能であるとしている。集会と行進に関する法律（集会法：VersG）は，その14条で屋外の集会および行進について，実施48時間前までの届出義務を課すとともに，15条3項で，届出のない屋外集会および行進について解散を命じることを可能としている。

連邦憲法裁判所は，外部的影響のために，多様で特別な安全対策を講じる必要性があるので，屋外集会のみに届出義務が課されているのであって，突発的に（spontan）行われるデモについては，事前の届出義務は課されないというのが支配的見解であると指摘する。そして，それゆえ，突発的集会によって追及される目的が，集会法の（14条・15条の）規定を遵守することによって達せられないことになるのであれば，集会法の（14条・15条の）規定は適用されないという[64]。このような枠組みの下で，裁判所は，集会法14条の届出義務は例外なく課されるわけでもなければ，その違反が解散や禁止に直結するものでもないとし，比例原則の厳格な適用の下，同等の価値を持つ法益の保護を目的として，そのような法益にとっての，直接の，すなわち認識可能な状況から導き

---

63) BVerfGE 69, 315. この決定に関する，邦語文献として，赤坂正浩「判批」ドイツ憲法判例研究会編『ドイツの憲法判例〔第2版〕』（信山社，2003年）248頁以下などを参照。
64) BVerfGE 69, 315 (350).

出される危険があると認められる場合にのみ，解散や禁止が可能となると判示した[65]。

連邦憲法裁判所自身が憲法適合的解釈であることを明示的に認めている集会法15条の場合[66]とは異なり，ここで採用された同法14条の解釈は憲法適合的解釈であることが明示されていない[67]。しかし，実質的な観点から見ると，集会の自由が本来的に事前の届出や許可を得る必要がない基本権として基本法上明示的に保障されていることを踏まえて，その制限が最小限であることが求められ，それを超えるような制限を可能とするような解釈が違憲となるということが前提となっていると指摘することができる。したがって，違憲判断を前提として，それを選択肢から除外する狭義の憲法適合的解釈であるといえよう。

なお，こののち，1991年に突発的な集会・デモとは区別される，緊急の集会（Eilversammlung）については，集会の可能性が生じたとき即時に届出を行う義務があると集会法14条を憲法適合的解釈する連邦憲法裁判所決定[68]が登場するに至っている。日本にある我々の目から見て，いかにも技巧的な処理であるように思われる[69]。実際，この決定には，Seibert・Henschel両裁判官の少数意見が付されている。この少数意見によれば，法廷意見の上記のような憲法適合的解釈は，文言上の手がかりを欠いており，集会法26条2号に従って集会の主催者（Veranstalter）または指導者（Leiter）を処罰することは，基本法103条2項の明確性要求に反し[70]，認められないという[71]。

---

65) BVerfGE 69, 315 (351ff.).
66) BVerfGE 69, 315 (352).
67) Siehe M.-E. Geis, Die „Eilversammlung" als Bewährungsprobe verfassungskonformer Auslegung, NVwZ 1992, S. 1029.
68) BVerfGE 85, 69. ここに，「突発的集会」とは，計画も主催者もなく，瞬時のきっかけによって行われる集会をいうのに対して，「緊急の集会」とは，計画もされており，主催者も存在するのであるが，デモの目的を害することなく，集会法14条に定める期限を遵守して届出することができないものをいうとされている（BVerfGE 85, 69 [75]）。この決定については，赤坂正浩「判批」ドイツ憲法判例研究会編『ドイツの憲法判例Ⅱ〔第2版〕』（信山社，2006年）233頁以下も参照。
69) ただし，判決以前から学説においても，突発的集会と緊急の集会の区別あるいはそれに類する区別が論じられていたことには留意しておいた方がよい。この点について，例えば，R. Honigl, Aktuelle Probleme des Versammlungsrechts, BayVBl 1987, S. 139f. を参照。さらなる文献については，A. Dietel, K. Gintzel u. M. Kniesel, Versammlungsgesetz, 15. Aufl., 2008 S. 285 Fn. 45 に挙げられる諸文献を参照。他方で，条文上そのような区別を導く手がかりがないことを強調するものとして，Geis (Anm. 67), S. 1025 などがある。

実質的な違憲判断を前提として法令を救済する性格を持つ以上，元来，一定の「無理」を伴う側面を否定できないのが狭義の憲法適合的解釈であるが，91年決定がまさにそうであったように，裁判所内部でも，実際に見解に相違が見られることもしばしばである。憲法適合的解釈の一般的な許容性，必要性については争いがないと言ってもよいが，個別の憲法適合的解釈の正当性，妥当性については多分に論争的だということが指摘できよう。

③　最近の例

最後に，ごく最近の例から，また，憲法適合的解釈の守備範囲が基本権分野に限定されないことを示すためにも，統治機構論と人権論の双方一つずつを選択して，2つの判決を紹介しておくことにする[72]。

(a)　欧州金融安定化ファシリティ（EFSF）判決

この判決[73]は，統治機構の分野に関わるものである[74]。事件の概要から説明すると，ギリシャの債務超過状況の発覚に端を発するユーロ危機への対応策の一環として，2010年5月のユーロ圏諸国の緊急首脳会議での合意に基づき，

---

70)　これはドイツでも，明確性要求は憲法適合的解釈の限界を画する役割も果たしている証拠といえよう。

71)　BVerfGE 85, 69 (77) [Abweichende Meinung der Richterin Seibert u. des Richters Henschel]。少数意見を支持するものとして，*Geis*（Anm. 67), S. 1029ff. がある。さらに Geis は，法廷意見が，同意見の採用する憲法適合的解釈によって処罰範囲が限定されるという立場であると考えている節がある（siehe z.B. *M. Sachs*, Entscheidungsbesprechung, JuS 1992, S. 604）が，開始前48時間を切って開催が決定した集会にも届出義務を課し，その違反に刑罰を科すのであるから，むしろ処罰範囲を拡大するものであるとして批判する（*Geis*, ebd., S. 1030f.)。少なくとも，1985年判決の存在を前提にした場合，処罰が想定される範囲を拡大したということができ，本稿筆者自身は Geis の立場に説得性を感じる。

72)　ここまで紹介したものも，以下に紹介する最新判決も，いずれも連邦憲法裁判所の先例であるが，のちに述べるように，憲法適合的解釈は連邦憲法裁判所だけではなく，専門裁判所においてもなされる。ここでは，あくまで憲法適合的解釈に対するイメージを提供するため，最低限の先例を紹介しているに過ぎない。連邦通常裁判所や連邦行政裁判所による憲法適合的解釈の具体例については，さしあたり，毛利・前掲注3）337頁以下や原島・前掲注5）64巻6号1794頁以下を参照。

73)　BVerfGE 129, 124 の判決については，拙著『グローバル化と憲法』（弘文堂，2017年）78頁以下でも若干触れた。

74)　もっとも，実質的には民衆訴訟と言えるものではあるが，一応は，連邦議会の権限の侵害が，基本法38条1項で保障された国民の選挙権侵害にあたるかが争点となった憲法異議手続における判決であることには，注意しておく必要がある。この点については，村西良太「多国間の政策決定と議会留保」法政研究80巻1号（2013年）10頁以下，拙著・前掲注73）32頁注52，436頁注498なども参照。

ユーロ圏諸国は，ルクセンブルク法上の特別目的事業体である「欧州金融安定化ファシリティ (EFSF)」を設立し，EFSF の発行する債券 (EFSF 債) の発行によって獲得した資金を過重債務国に融資する枠組みを構築した。この枠組みにおいて，欧州中央銀行への払込資本金割合に応じた比率でユーロ圏の各国が，EFSF 債の保証を引き受けた[75]。ドイツにおいてこの引受けを行ったのが，欧州安定化メカニズムの枠組みにおける保証の引受けに関する法律（以下，欧州安定化メカニズム法[76]）であるが，この法律において規定された保証引受けへの議会関与のあり方が，連邦議会の財政決定権限を侵害するものではないかが直接的な論点（の一つ）となった。この点に関連して，判決当時の欧州安定化メカニズム法 1 条 4 項は，保証引受けについて連邦議会予算委員会との事前の協議に努めるよう連邦政府に求めていたにとどまる[77]。しかし，連邦憲法裁判所は，この条文の解釈が違憲の結果を生むのを回避するためには，やむを得ない事情がない限り事前に予算委員会の同意を必要とするものと見なければならないとしたのであった[78]。実際上の考慮から，ユーロ救済措置に軽々しく違憲判断を下すことはできない[79] 一方で，議会権限を確保する必要性を強調したい連邦憲法裁判所の苦肉の策と評価できるとはいえ，日本の我々の目から見ると，解釈としてかなり無理があるように思われる[80]。しかし，この憲法適合的解釈

---

75) 以上の経緯については，村西・前掲注 74) 7 頁以下を参照。
76) 村西・前掲注 74) 8 頁では，「EFSF 保証引受法」という略称が与えられているが，本章筆者自身の拙著における用語法と統一させて，本文のような略称を用いる。
77) 欧州安定化メカニズム法 1 条（旧）4 項は，判決当時，次のように規定していた。「1 項に基づく保証引受けに際して，連邦政府はドイツ連邦議会予算委員会と予め協議するよう努めなければならない。予算委員会は，態度決定の権限を有する。やむを得ない事由により，協議の開催に先んじて保証が引き受けられなければならない場合に限り，予算委員会は遅滞なく事後に情報提供を受けるものとする。協議開催前に保証引受けが回避できないことは詳細に理由づけられなければならない。加えて，ドイツ連邦議会の予算委員会は，四半期ごとに，引き受けられた保証および規律に従った運用について情報の提供を受けなければならない。」
78) BVerfGE 129, 124 (186).
79) Siehe *C. Klotz*, Die Machtbalance zwischen Politik und verfassungsgerichtlicher Rechtsprechung, ZRP 2012, S. 5.
80) ドイツでも，解釈としての限界を超えている可能性を指摘するものとして，*M. Ruffert*, Die europäische Schuldenkrise vor dem Bundesverfassungsgericht, EuR 2011, S. 850f. や *C. Callies*, Der Kampf um den Euro, NVwZ 2012, S. 4 がある。また，*W. Philipp*, Verlassene Steuerzahler, ZRP 2011, S. 241 は，「本来は，文言から可能な解釈ではない」とする。Siehe auch *U. Kranenpohl*, ist Karlsruhe ›Europa‹ ausgeliefert?, ZfP n. F. Bd. 60, 2013, S. 95.

に関する判示に少数意見は付されていないし，ドイツでは，一定の「無理」を伴うことに言及するものはともかく，存外にこの「解釈」に対して正面から批判を展開するものは少ない[81]。

  (b)　ムスリム教諭スカーフ着用事件決定

　事件当時のノルトライン・ヴェストファーレン州の学校法（以下，単に学校法とする）[82] 57条4項[83]では，教員に宗教的な中立性を求め，宗教観の表明を禁じていたところ，公立学校のムスリム教諭が，職務中にスカーフ（Kopftuch）やそれに準ずる肌を隠す衣類を着用していたとして，この条項の違反を理由に解雇された事件である。

　連邦憲法裁判所は，まず，教育者の信仰，良心の自由を考慮に入れると，学校の平穏や国の中立性を害する抽象的な危険があるというだけでは，問題となる信仰等の表明が（行為者本人には）義務的であると認識されている宗教上の規律に起因すると確認可能な場合にそれを禁じることは適切ではなく，それゆえに比例原則に反するとし，むしろ十分具体的な危険が必要となるという結論がまず示される[84]。そこに至る根拠づけとして，以下のような議論を展開する。すなわち，公立学校の教員も信仰，良心の自由の享有主体であることを確認するとともに，ムスリム女性にとってスカーフの着用が宗教上義務的なものと解されていることを確認する。その上で，衣類の着用も学校法57条4項にいう

---

[81]　例外的に鋭く批判するものとして，*A. Götz u. L. Schneider*, Das Bundesverfassungsgericht als Ersatzgesetzgeber, DVBl 2012, S. 145ff. がある。また，憲法適合的解釈の限界を超えた *contra legem* な解釈と整理するものとして，*M. Pagenkopf*, Schirmt das BVerfG vor Rettungsschirmen?, NVwZ 2011, S. 1480 もある。

[82]　先のムスリム女子生徒男女合同体育授業受講免除事件で問題となった，ノルトライン・ヴェストファーレン州一般教育令に取って代わった，(州)議会制定法である。

[83]　当時の条文は以下のとおりである。
「教員は，学校内において，政治的，宗教的，および世界観に関する学校の平穏，並びに生徒および保護者に対する州の中立性を害し，もしくはこれらを乱すような，政治的，宗教的，および世界観に関連する表明，その他これらに類似する表明を行ってはならない。教員が人間の尊厳，基本法3条に基づく平等取扱，自由権，または自由で民主的な基本秩序に反対する態度をとっているとの印象を，児童，生徒および保護者に与えるような外部行為は特に慎まなければならない。ノルトライン・ヴェストファーレン州憲法7条および12条6項に基づく教育任務の実現と，キリスト教的，西洋的な，教養・文化価値または伝統の適切な表出は，第1文に反しない。第1文の中立性命令は宗教教育，宗派学校，および世界観学校には適用されない。」

[84]　BVerfGE 138, 296 (327 Rn. 80).

「表明」に該当しうることを確認しつつ、他方で、児童・生徒の消極的信仰、良心の自由や国家の宗教的中立性要求を加味して、学校の平穏や国家の中立性要求が害される危険性について、十分具体的なものを求める[85]という限定解釈がなされるべきであるという。そして、このような学校法57条4項第1文の限定解釈は可能であるし、憲法によって要請されるとして、以上のような解釈を憲法適合的解釈として位置づけている[86]。

一方、学校法57条4項第3文が、キリスト教徒・ユダヤ教徒以外を差別的に取り扱うものであり、基本法3条3項、同33条3項に違反していないかという論点については、憲法適合的解釈の限界として、文言と明確に認識可能な立法者の意思というものを挙げた[87]。そして、憲法異議の対象となっている連邦労働裁判所判決が行った、「表明（Bekundung）」と「表出（Darstellung）」を区別し、また「キリスト教的」という語から信仰的意味合いを排除した憲法適合的解釈を、立法過程に言及しながら立法者意思に反するとして拒絶し、さらには、上記のような憲法適合的解釈は規制範囲の明瞭化機能も害するという[88]。こうして、決定は、学校法57条4項第3文を、基本法3条3項、33条3項に違反して違憲であると判示した[89]。

---

[85] 本稿の主題とは直接関係ないが、スカーフの着用を理由とした、採用拒否の合憲性が争われた、2003年の第二法廷判決では、生徒の消極的信仰の自由への影響は抽象的なものに過ぎないと判断されていた（BVerfGE 108, 282 [307]。なお、少数意見は抽象的危険でも制限事由となるとしていた。Siehe BVerfGE 108, 282 [326]）にもかかわらず、これを理由として実体的な違憲判断が下されるのではなく、教員にスカーフ着用を禁止する法律の根拠を欠くという理由で違憲判断がなされた（BVerfGE 108, 282 [313]）。このため、2003年判決は抽象的な危険による禁止を容認していたとして、2015年決定はこれに抵触しているのではないかという議論（siehe z.B. *B. Rusteberg*, Kopftuchverbote als Mittel zur Abwehr nicht existenter Gefahren, JZ 2015, S. 638ff.; *M. Hong*, Berichte und Kritik, Der Staat Bd. 54, 2015, S. 420f.）もある。なお、本稿筆者は、この点について、危険の具体性に関する言及はあくまで傍論で、2003年判決はあくまで法律の留保の不充足を指摘した判決であったと見るべきではないかと考えている。Siehe *Rusteberg*, ebd., S. 639; *Hong*, ebd., S. 426f.; *C. Franzius*, Vom Kopftuch I zum Kopftuch II, Der Staat Bd. 54, 2015, S. 444. 2003年判決については、渡辺康行「判批」ドイツ憲法判例研究会編『ドイツの憲法判例Ⅲ』（信山社、2008年）123頁以下などを参照。

[86] BVerfGE 138, 296 (343, Rn. 117)．その他、上記のような限定解釈が学校法57条4項第2文とも整合的であるとも指摘している（BVerfGE 138, 296 [344, Rn. 118]）。

[87] BVerfGE 138, 296 (350, Rn. 131f.).

[88] BVerfGE 138, 296 (350, Rn. 133ff.).

[89] BVerfGE 138, 296 (352, Rn. 138). この点、2003年判決（BVerfGE 108, 282）の差戻審である、

以上のような法廷意見に対して，Schluckebier・Hermanns 両裁判官の少数意見[90]は，反対に，法廷意見による学校法 57 条 4 項第 1 文の憲法適合的解釈は，立法者意思を超えるものであり認められず，学校法 57 条 4 項第 3 文は，連邦労働裁判所が行ったように憲法適合的解釈が可能であるとして，真っ向から対立している。

　あくまで，下位法の解釈として，憲法も加味し，また違憲性を意識しながら解釈が行われたことは，最終的に具体的危険性の発生を要求する限定解釈を導いた点も含めて，我が国の堀越事件最高裁判決（最判平成 24・12・7 刑集 66 巻 12 号 1337 頁）を彷彿とさせるところがある[91]。もっとも，ここでも，裁判所内部を含めた鋭い対立が存在していることが注目される[92]。

④　まとめ

　狭義の憲法適合的解釈のいくつかの例を示したが，解釈として「無理」を伴うものが多い印象を受ける。実際に，裁判所内部においても対立が存在し，少数意見がつくことがしばしばであることも確認されたところである。もちろん，先例の選択に偏りがある可能性は否定できないわけではないが，憲法適合的解

　2004 年の連邦行政裁判所判決は，バーデン・ヴュルテンベルク州法の同様の規定を平等原則に反するものではないとしていた（BVerwGE 121, 140 [150ff.]）。

90) BVerfGE 138, 296 (359ff.) [Abweichende Meinung des Richters Schluckebier u. der Richterin Hermanns].

91)　ただし，堀越事件最高裁判決においては，違憲の可能性の意識は意図的に示されていないこと，限定解釈を施した条文の合憲性審査を行っていることという，本決定にはない特徴があり，注意しておく必要があろう。

92)　なお，評釈類で本決定の憲法適合的解釈の方法論を含めた妥当性について論じるものは少なく（ただし，どのような場合に具体的危険が認められるのか判然としない〔S. Muckel, Pauschales Kopftuchverbot an öffentlichen Schulen verletzt die Religionsfreiheit, JA 2015, S. 478 ; U. Sacksofsky, Kopftuch als Gefahr, DVBl 2015, S. 805f.〕とか，民主的立法府ではなく現場の行政による第一義的な判断を委ねる結果となった〔D. Enzensperger, Verfassungsmäßigkeit eines pauschalen Kopftuchverbots für Lehrkräfte an öffentlichen Schulen, NVwZ 2015, S. 872 : 著者はコンスタンツ大学の助手も務めた公法学者であり，市長でもある〕とかいう点を批判的に指摘するものは一定数見られる），実体的判断の面も含めて法廷意見に肯定的なもの（ここでは，中でも例えば，「いずれの点においても妥当な判断を行った」と評価する，T. Klein, Das Kopftuch im Klassenzimmer, DÖV 2015, S. 470 を挙げておく）が多数である。ただし，ジャーナリズムのレベルでは，本決定の実体的判断に否定的なものも数多く見られるようである。Siehe Sacksofsky, ebd., S. 801. 評釈の中で法廷意見に否定的なものとして，K.-H. Ladeur, Das islamische Kopftuch in der christlichen Gemeinschaftsschule, JZ 2015, S. 633ff. がある。

釈の限界は学説上も大きな論点になっているのは事実である。ここで見た先例においても，憲法適合的解釈の限界——とりわけ，立法との境界づけ——の問題について連邦憲法裁判所が自覚的であることは明らかになっており，文言や立法者の意思が，憲法適合的解釈の限界として提示されていたところである。とはいえ，限界設定の一般論に争いはないものの，まさに当該限界を超えているかどうかについて，法廷意見と少数意見が対立しているということは，この限界設定が十分に機能するものではないことを示唆する。

3 解釈方法論における位置づけ

前節で実例を見ながら，ドイツにおける憲法志向的解釈と憲法適合的解釈（狭義）の基本的な概念について確認した。いずれも「解釈（Auslegung）」という名称が与えられており，ドイツでは解釈方法論（Methodenlehre）においてどのような位置づけを与えられるのかが論じられている。もう少し具体的には，サヴィニー以来の伝統的な4つの解釈方法（文理解釈，体系的解釈，歴史的解釈，目的論的解釈）との関係性，すなわち，新たな5つ目の解釈方法として付け加えられるものなのか，あるいは従来の解釈方法に包摂されるものなのかというようなことが論じられているのである。

この点についても，憲法志向的解釈と憲法適合的解釈（狭義）に分けて説明されることが一般的である。まず，憲法志向的解釈については，これを，伝統的な解釈方法に新たなものを加えるものではなく，伝統的な解釈方法に包摂されるものだと説明される[93]。すなわち，憲法志向的解釈とは，法体系の統一性に配慮して，上位法，国法秩序において最高位に位置づけられる憲法の規範内容との整合性を心がけるというものであり，基本的には体系的解釈のうち[94]，上位法に着目した特殊な形態をとるものの一つ[95]として位置づけられる[96]。

---

93) Z.B. *C. Höpfner*, Die systemkonforme Auslegung, 2008, S. 182.
94) 体系的解釈は，本来，上位の法のみに着目するものではない。したがって，憲法の優位を前提とした法律解釈における憲法規定の考慮と，憲法の優位を前提としないものとの間には，断絶を認めることができることには注意しておく必要がある。この点を強調するものとして，*Heun*（Anm. 18), S. 97f. がある。あわせて，前掲注 **23**) も参照。
95) 上位法としては，憲法のほか，欧州連合法もあり，ドイツでは，欧州法適合的解釈，あるいは

また，法律以下の法令を憲法価値の実現を目的とする手段として捉える見解からは，広い意味での目的論的解釈の一種としても整理されることが可能である[97]。また，憲法志向的解釈とは，いわば当然行われるべきものであり，特段それをくくり出して論じる必要はないとするCanarisの指摘[98]も，以上のような説明と基本的な見解を共有しているといえよう。

　他方，憲法適合的解釈（狭義）については，どうであろうか。これについては，次のように説明されるのが一般的である。つまり，憲法適合的解釈は，従来の解釈方法に並ぶものでも，それらの一つに包摂されるものでもない。従来の解釈方法によって複数の解釈結果が得られる場合にそのうちどれを選択するかに関するルールなのである[99]。仮にこのように整理するのであれば，どのようなルールを提示しているかが問題となろう。この点，複数の解釈結果というものの中には，憲法に適合しないものと憲法に適合するものを含んでいることが前提となっており[100]，この中から，憲法に適合しないものではなく，それに適合的なものを選択しなければならないというのが，憲法適合的解釈の原則であり，そこで選択される解釈が，憲法適合的解釈ということになる。なお，この狭義の憲法適合的解釈についても，広く欧州連合法などを含んだ，上位法に適合的な解釈結果を選択すべき準則の下位分類として位置づけられており，このより広い概念を，序列適合的解釈（rangkonforme Auslegung）[101]とか体系適合的解釈（systemkonforme Auslegung）[102]などと呼ぶこともある。

　Dworkinなどのいう原理・ルール二分論に従えば，憲法志向的解釈は原理に，憲法適合的解釈はルールに位置づけられるとする論者[103]もいるが，上記

　　その一種である（欧州）指令（Richtlinie）適合的解釈（いずれも広義）なども論じられている。
96)　Siehe *Lembke*（Anm. 10），S. 29f.; *D. Schmalz*, Methodenlehre für das juristische Studium, 4. Aufl., S. 93 Rn. 254ff.
97)　Siehe *Lembke*, ebd., S. 30.
98)　*Canaris*（Anm. 53），S. 154.
99)　*Kuhlen*（Anm. 13），S. 2; *Höpfner*（Anm. 93），S, 182. Siehe auch *R. Zippelius*, Juristische Methodenlehre, 11. Aufl., 2012, S. 44.
100)　Siehe *K. Larenz u. C.-W. Canaris*, Methodenlehre der Rechtswissenschaft, 3. Aufl., 1995, S. 160.
101)　*R. Wank*, Die Auslegung von Gesetzen, 6. Aufl., 2015, S. 59.
102)　Siehe *Höpfner*（Anm. 93）.
103)　*Canaris*（Anm. 53），S. 145. Siehe auch *Kuhlen*（Anm. 13），S. 2.

のような説明が妥当だとすれば，そのように整理されることとなろう。

ところで，ここでの議論にも少し関わるが，我が国において，憲法適合的解釈（むしろ，ドイツでは憲法志向的解釈に対応）と合憲限定解釈[104]（ドイツでは，憲法適合的解釈〔狭義〕に対応）の区別について，合憲限定解釈は通常の法解釈とは異なり，若干の無理を伴うというニュアンスが付されることがある[105]。しかし，少なくともドイツにおける狭義の憲法適合的解釈の定義づけそれ自体からは，「無理」を伴うだとか，アクロバット[106]だとかいうニュアンスは見えてこない。これはどのように考えればよいのだろうか。この点，先に見た，ドイツにおける憲法適合的解釈（狭義）の先例には，解釈としての限界が裁判所内部でも争いになるような「際どい」ものも多く含まれていた。また，伝統的な解釈方法によって得られる解釈結果の中に違憲のものを含むことが前提とされているのであるから，要は，解釈対象となる法令は，可能な意味の範囲内に違憲な部分を含んでいるということになる。そうすると，そのような法令を違憲無効判断から救済するという意味を持つのであり，解釈という形をとるには，実際上，若干の無理やアクロバットな理由づけを伴わざるを得ないのではないだろうか。

先に挙げた4つの伝統的な解釈方法が，法令の意味内容へのアプローチの仕方の分類と整理することができるのに対して，法令の規定の具体的事件への適用のあり方を，法令の文言との関係も指標としながら整理することができ

---

104) ここで，合憲限定解釈としているが，ここでの「限定」には強い意味はなく，実質的違憲判断を伴うものであることを指すものであり，合憲補充（拡張）解釈も含みうる。とりわけ，一般的な用法のように，法規定の適用範囲が縮減されるのか拡張されるのかで，限定解釈と補充ないし拡張解釈を区別する場合，拡張か限定かは，規定の仕方次第でもあり，そこに重大な違いを見出すことは困難な面もあることに留意しておくべきであろう。この点については，本書第1章 3(2) も参照。
105) 例えば，高橋和之『憲法判断の方法』（有斐閣，1995年）77頁［「解釈技術を駆使して」行われるのが合憲（限定）解釈であるとする（初出，1987年）］や，宍戸常寿『憲法 解釈論の応用と展開〔第2版〕』（日本評論社，2014年）310頁［「次善三善の解釈だけれどもやむを得ず」選ばれる解釈であるという］を参照。
106) ただし，K. Stern, Das Staatsrecht der Bundesrepublik Deutschland, Bd. Ⅲ/2, 1994, S. 1148 が，連邦憲法裁判所の憲法適合的解釈をアクロバットだ（akrobatisch）というように，実際の憲法適合的解釈に対して，アクロバットであるとか無理のあるものであるという一般的な評価はなされている。Siehe z.B. *Voßkuhle* (Anm. 53), S. 185ff.

る[107]。後者の整理において，条文本来の適用範囲への適用にとどまる狭い意味での解釈か，本来の適用範囲には入らない領域について，立法者の意思や歴史的経緯などを手がかりに法令の適用範囲を広げる，欠缺補充（あるいは縮減〔Reduktion〕）などとも言われる裁判官による法の発展形成かが区別される[108]。例えば，「類推」は，日本では類推解釈などと呼ばれることがままあるが，本来適用されるべき法令規定を欠いているのであるから，解釈ではなく欠缺補充に整理されるわけである。また，文言から得られる適用範囲を縮減する場合も，ある意味では，裁判所による適用範囲の縮減であり，消極的な立法と整理することも可能で，欠缺補充に準じるものと位置づけられる[109]。このような細かい分類を踏まえると，厳密な意味では，憲法適合的「解釈」（一応は広義だが，実際に問題となるのは狭義の場合が多い）とは言えない，憲法適合的縮減や憲法適合的類推と呼ぶべき類型も存在していることが指摘されている[110]。広い意味での「解釈」手法として認められる限りは，憲法適合的縮減や憲法適合的類推と呼ぶべきものも許容されるとするのが一般的であると言える[111]が，他方，

---

107) 我が国において──一般には，この区別に対する意識を欠くまま議論がなされているとの批判を込めながら──，この点を強調するものとして，解釈にあたって「参照することがら」と「条文の適用の仕方」を分離して整理する，笹倉秀夫『法解釈講義』（東京大学出版会，2009年）第1章3頁以下がある。
108) Siehe z.B. *Larenz/Canaris* (Anm. 100), S. 187ff.; *Schmalz* (Anm. 96), S. 122 Rn. 453.
109) これは，我が国における合憲限定解釈と合憲補充（拡張）解釈の区別が相対的であるという先の指摘に通じるものがあるといえよう。
110) 前者の例として，旧破産法における破産管財人の責任軽減を導いた，BVerfGE 88, 144 (167f.)や，先に紹介した，「緊急の集会」に関する，BVerfGE 85, 69が挙げられている。他方，後者の例として，未決勾留における保釈に関して，逮捕の際の要件である逃亡や罪証隠滅のおそれが再び認められることを基本法2条2項と結びつけられた比例原則に言及することによって要求したBVerfGE 19, 342 (351f.)などが挙げられている。
　　ただし，基本的に本文のような指摘は，厳密に見ればそのような区別ができるという程度のものにとどまっており，4でみるドイツにおける議論においては，大雑把に「解釈」の中に取り込む形で議論がされているように思われる。また，ここで紹介したような厳密な整理を採用するのであれば，法の可能な意味のうち違憲なものを取り除くという，狭義の憲法適合的解釈の定義に従った場合，憲法志向的解釈はともかく，狭義の憲法適合的解釈は全てが厳密には「解釈」ではなくなるということに留意しておく必要があろう。
111) *R. Zippelius*, Verfassungskonforme Auslegung von Gesetzen, in: *C. Starck* (Hrsg.), Bundesverfassungsgericht und Grundgesetz, 1976, S. 121; *Schmalz* (Anm. 96), S. 144 Rn. 367; *Canaris* (Anm. 53), S. 155ff. もっとも，Canarisは，憲法適合的法の発展形成の許容性について明示的に認めるものは少ないという。

法令の文言に反する，反制定法 (contra legem) 解釈については立法行為であり，限界を画すると説明される[112]。これはのちに触れる，憲法適合的解釈の限界論に直結している。

4 ドイツにおける問題の現象形態と議論

2と3では，憲法適合的解釈（広義）の定義や根拠，分類論，そして，解釈方法論における整理といった点について，その概要を見てきた。本節では，ここまでの検討で，憲法適合的解釈についての大まかなイメージをつかむことができたこととして，ドイツにおいて実際にどのような点で問題とされ，どのような議論が展開されているのかを見てみよう。

(1) 立法との境界問題
① 一般的な議論の状況

一つは，憲法適合的解釈の名の下に行われる裁判所の営みが，実質的な立法となっていないかという問題が盛んに論じられている。とりわけ，狭義の憲法適合的解釈については，法令を違憲無効から救うべく行われるので，解釈の枠を超えた実質的立法になっているのではないかという問題がよく提起されることになる[113]。さらに，裁判所が解釈を通じた「整形」によって法令を違憲無効から救ってしまうことは，立法者から良き法を作ろうというインセンティブを奪うものであり，かえって立法の質を落とすという指摘[114]や，裁判所による「解釈」を通じた法令の意味内容の固定は，違憲無効の判断以上に立法者の判断権を害するものであるという批判[115]も見られる。

もっとも，上記のような問題は憲法解釈に限らず古くから問題となっている，

---

112) Canaris, ebd., S. 158f. ただし，用語法は一様ではなく，法の発展形成 (Rechtsfortbildung) と整理されれば，それは許されないなどというもの (z.B. Voßkuhle (Anm. 53), S. 197ff.) も見られる。Siehe auch Lembke (Anm. 10), S. 45.
113) z.B. Voßkuhle (Anm. 53), S. 185f. Siehe auch Lembke (Anm. 10), S. 44f.
114) z.B. Voßkuhle, ebd., S. 189. Siehe auch Lembke, ebd., S. 111.
115) z.B. H. Michel, Die verfassungskonforme Auslegung, JuS 1961, S. 279. あわせて参照，宍戸（動態）292頁。

裁判所による法の発展形成の限界という問題[116]の一環をなすものであり，裁判所と立法者の権限の境界問題と整理される。我が国においても，これもすでに示唆したように，合憲限定解釈をめぐっては，立法作用との関係でその限界が従来論じられてきたところ[117]であり，我々にとっても馴染みのある，理解しやすい問題であるということができよう。

連邦憲法裁判所も憲法適合的解釈を導入した当初からこの問題には自覚的であり[118]，憲法適合的解釈の限界づけについて言及してきた[119]。諸判決は，民事訴訟法改正による上訴制限が問題となった，1980年合同法廷（Plenum）判決[120]などを通じてまとめられ，次のような定式に整理されている。その定式とは，①憲法適合的解釈は問題となっている法令の規定の文言の枠内で行われることが必要であり，②立法者による基本的な決定に抵触するようなものであってはならないというものである[121]。これに関連して，法令の文言が明確な場合，あるいは，文言自体が明確でなくとも，立法者の意思が明確に認識できる場合には，これに反する憲法適合的解釈がそもそも排除されることも示されている[122]。

もっとも，このような限界づけが裁判所自体によって行われていることにそもそも限界を見出すことができる。また，ある「解釈」が文言の範囲内にとど

---

116) Siehe z.B. *Larenz/Canaris*（Anm. 100），S. 187-190. 法の発展形成の限界に関するドイツの議論状況については，他の文献の所在も含めて，北村幸也「ドイツ基本法と裁判と法律(1)(2)」法学論叢179巻4号（2016年）109頁以下，179巻6号（2016年）113頁以下を参照。なお，北村は，Rechtsfortentwicklungではなく Rechtsfortbildung という語を用い，これに，「法の付加形成」という訳語を与えている。訳語選択の意図については，4号113頁注12を参照。
117) 前掲注 49) ないし 51) および対応する本文を参照。
118) 2(2)①で指摘したように，連邦憲法裁判所が憲法適合的解釈を初めて行った，緊急受入法決定では，法律の目的に留意することが要求されていた（BVerfGE 2, 266 [288]）が，これは，立法者の意図を超えた裁判官による立法に陥ることを回避しようとしたものと言え，続いて紹介する，のちの判例によって形成された限界の定式とも通じるものがある。
119) 我が国において，ドイツにおける議論状況を夙に紹介したものとして，阿部・前掲注 1) 228頁以下がある。
120) BVerfGE 54, 277.
121) BVerfGE 54, 277 (299); *Schlaich/Korioth*（Anm. 26），S. 307 Rn. 449; *Larenz/Canaris*（Anm. 100），S. 161.
122) z.B. BVerfGE 54, 277 (299f.). 以上の判例における限界づけに関して，最近の例では，前述のムスリム教諭スカーフ着用事件決定における指摘として，BVerfGE 138, 296 (350 Rn. 132) なども参照。

まっているか，立法者による基本決定の抽出し，そこに特定の解釈が抵触しているかどうかなどというのは，一義的に定まるものではない[123]。以上のような事情を踏まえて，上記のような境界づけに実際上意味はないとする見解も有力に主張されている[124]。実際に，境界を超えているかどうかをめぐって，裁判所内部でも往々にして争いが生じていることについてはすでに見た[125]。

② 法理論的検討

(a) Lembke の議論

法理論的な観点から，憲法適合的解釈に対して批判を浴びせ，広い意味での憲法適合的解釈全体を葬り去ってしまおうとするのが Lembke[126] であり，興味深いので彼女の議論を紹介しておきたい。なお，Lembke の所論については，すでに毛利による詳細な紹介がある[127]ので，ここでの紹介は最低限のものとする。

まず前提として，彼女は，憲法適合的解釈と呼ばれているものを，①憲法を法内容の認識手段として用いることによって法律を解釈することを意味する，憲法適合的内容決定（verfassungskonforme Inhaltsbestimmung），②複数の可能な規範の意味の中から憲法に適合的なものを選択する，優先ルール（Vorzugsregel），③一般条項や不確定概念の具体化を憲法によりながら行う憲法志向的解釈（verfassungsorientierte Auslegung），④憲法の顧慮により法律の欠缺を補充する憲法適合的法の発展形成の 4 つに分類する[128]。

---

123) ポストモダンにおいては，文言の意味というものは偶然的・相対的なものでしかなく，規範の趣旨，立法者の意図というものも結局明白なものでなければ，その内容の特定は困難であり，通常挙げられる限界が結局意味のないものであると説明するものとして，*Lembke*（Anm. 10), S. 117ff. を参照。

124) *Voßkuhle*（Anm. 53), S. 186. Siehe auch H. *Dreier*, Grundrechtsdurchgriff contra Gesetzesbindung?, Die Verwaltung, Bd. 36, 2003, S. 111.

125) 前掲注 71) および 90)，加えてこれらに対応する本文を参照。

126) 彼女は，4(1)①に挙げたものや 4(2)①で指摘するものと多くが重複する憲法適合的解釈の難点を確認した上で，そのような難点の指摘にもかかわらず，なおも維持すべきものかどうかを判断すべく，法理論的な観点から，アプローチするのである。Siehe *Lembke*（Anm. 10), S. 135. なお，毛利・前掲注 6) 95 頁は，そこで援用される法理論がなぜ純粋法学なのかについて十分な説明がないことを批判的に指摘する。

127) 毛利・前掲注 6) 特に 95 頁以下。また，本稿の Lembke に関する記述は，多くを毛利に負っている。

128) Siehe *Lembke*（Anm. 10), S. 330.

Kelsen の純粋法学をさらに純粋化した立場[129]を採用する Lembke は，解釈の名の下に法の定立を行うことは一切許されないことだという。敷衍すると，法の内容は一つであるとして，主観的・歴史的解釈への帰依を表明する[130]彼女は，法の認識と法の定立を厳格に峻別するのである[131]。こうして，法律の欠缺を憲法の援用により補充する，④憲法適合的法の発展形成は，否定されることになる[132]。加えて，法の内容は一つなのだから，複数の意味内容の存在を前提とする，②優先ルールとしての憲法適合的解釈も否定している[133]。

　また，Lembke は，Merkl や Kelsen に依拠しながら，法の内容が相互に矛盾することは否定されるものではなく，法体系はそれを見越してその処理方法をあらかじめ決定している（「瑕疵予測：Fehlerkalkül」）と主張する[134]。基本法は，その方法として，憲法に通常の法律が違反している場合，連邦憲法裁判所がそれを憲法違反として破棄するか，立法者によって廃止されるまでは下位法は有効であるという処理方法を採用しているのだという[135]。にもかかわらず，①法秩序の統一性などという理由なき推定を持ち出して，法内容を無理に上位法に「適合」させる作用は，法定立でしかない[136]。

　最後に，憲法志向的解釈については，一般条項や不確定概念の規定は，法律による行政庁や裁判所への裁量付与，ある種の委任・授権であり，授権についても裁量行使についても基本権の拘束が生じるのは当然であり，わざわざ憲法規定の考慮を改めて述べる必要はなく，不要な概念であるという[137]。

　こうして，彼女自身が様々な作用の集合概念だと指摘する憲法適合的解釈は，少なくとも「解釈」を名乗って行うことはおよそ許されないものであると結論

---

129) Siehe *R. Christensen*, Buchbesprechung, JZ 2010, S. 86 ［具体的に 171 頁以下で法認識と法定立を分離可能とする点を指して，本文のように指摘］. Kelsen と Lembke の距離については，さしあたり，毛利・前掲注 6）95〜96 頁，98 頁における分析に委ねる。
130) *Lembke*（Anm. 10), S. 276ff.
131) Ebd., S. 172ff. u. 332f.
132) Ebd., S. 268 u. 335f. 厳密に言えば，立法者による授権が必要であるということになる（siehe ebd., S. 183）が，そのような授権は見出せないという。
133) Ebd., S. 213ff. u. 334.
134) Ebd., S. 168ff.
135) Ebd., S. 212.
136) 以上について，要約として ebd., S. 333f. も参照。
137) Ebd., S. 248f.

づけられる。毛利が指摘する[138]ように，純理論的な立場から，「憲法適合的解釈」を葬り去ってしまうことが実務とりわけ裁判所に対して有意義な示唆，あるいは統制を与えるものとは言い難い。赤子を盥の水ごと流す議論という印象を強く受けるところである。

(b) Poscher の議論

これに対して，法理論的な観点から，従来の議論，とりわけ限界論，統制論について説明を与えてくれる議論を展開するのが Poscher である[139]。文学における解釈を引き合いに出しながら，言語学上の議論にも触れつつ，彼は，法を含む言語的表現は，語用法的にその意味が決定されるのであり，発話者の意図により意味を与えられることになるのだという[140]。しかし，立法というのは集合的行為で，単一の「作者」を想定することがそもそもフィクションに過ぎず，法定立者の意図であるとか意思はそもそも存在しないのであるから認識も不能である[141]。したがって，法の意味するところを明らかにする「解釈」という作業を行うために，通常平均的に言語の発信者たちが中核的にある語に結びつける意図から生じる意味論的意味に依拠しながら，立法者の意図を措定するのだという[142]。そして，ある法にとっての典型的適用事案を背景に，限界事例や不明瞭な領域において，必要に応じて解決をなすべく，法解釈学(Rechtsdogmatik) が発展してきた。さらに，このように形成された法解釈学によって，立法者の予測を超えた場面であると認められつつ，法解釈学の手法によって事案の処理が導かれる場面もあり，これが解釈学的法の発展形成（dogmatische Rechtsfortbildung）である[143]。この解釈学的法の発展形成は，立法な

---

138) 毛利・前掲注 6) 特に 98 頁。
139) もっとも，以下に引用する文献において，Poscher は広く法解釈，あるいは憲法解釈のあり方について論じている。すなわち，憲法適合的解釈を直接の議論の対象としてはない。
140) *R. Poscher*, Rechtsdogmatik als hermeneutische Disziplin, in: *ders., J. Nolte u. H. Wolter* (Hrsg.), Die Verfassung als Aufgabe von Wissenschaft, Praxis und Öffentlichkeit, FS Schlink, 2014, S. 205.
141) Ebd., S. 207. なお，Lembke も立法者の統一的な意思というものはフィクションであるし，立法者意思とは規範的に構成されるものであり，およそ規範的なものをフィクションとするのであれば，立法者意思もフィクションであるという (*Lembke* (Anm. 10), S. 289)。しかし，彼女において，立法者意思は存在し，文言や立法資料といった手がかりを通じて認識可能なものと考えられている。Siehe *Lembke*, ebd., S. 290f.
142) *Poscher*, ebd., S. 206f.

ど他の法定立（Rechtsetzung）とは異なり，あくまでテクストの解釈として行われるという制約を受ける[144]。まず，ここでは意味論的意味による制約が考えられるところである。しかし，限界事例というのは，法律テクストの意味論的意味に疑義がある場合であるので，意味論的意味は手助けとしても，限界としても機能することは望み薄であるという[145]。そして，そもそも伝統的に解釈と法の発展形成は区別されて論じられてきたが，その差異は紙一重であり，実践においては分離不可能である[146]。こうして，結局は，法の発展形成についても，テクストがきっかけとなってそこから連想されるというのでは足りず，テクストが基準として働き，新たなテクストの創出としてではなく，すでに存在するテクストの描写として説明されることを要求するのだという[147]。それでいて，意味論的意味が限界事例において役に立たないのであれば，発話者として位置づけられる立法者の意思を措定する必要が出てくる。しかし，立法者の意思というのは認識不能であるということについてはすでに述べたとおりである。したがって，法のテクスト自体を擬人化し，テクストをフィクショナルな立法者として，あたかも合理的な意思・意図が存在しているかのように見せかける必要がある[148]。

　このように考えるのであれば，結局，裁判所による解釈にどのような制限を課していくことが可能なのかが，問題となろう。この点，発話者は，自身が込めた意図を文脈に結びつけることができて初めて合理的な発話を行ったと言えるのであるから，フィクショナルな「立法者」という話者は，解釈者によって文脈にも基づきながら合理的に再構成されることによって，想定可能なのであ

---

143) Ebd., S. 208. 憲法適合的解釈，しかもその限界問題が論じられるものは，まさに，解釈学的法の発展形成の場合に該当する場合が多いのは，先に触れたとおりである。
144) Ebd., S. 209.
145) Ebd.
146) Ebd., S. 210. ここでは，Kelsen があらゆる法実践において，あらゆる法適用が法定立と法解釈の両側面を持つことを示したのも，2つの要素の存在を説明するためのものに過ぎず，これらが明確に分離され，段階的に行われることを言ったわけではないという。2015年9月10日にフライブルク大学にて筆者が行ったインタビューでも，この点について，運転という名の下に様々な行為が同時に，意識的に分離されることなく行われる自動車の運転と同じであると比喩を用いて説明していた。
147) Ebd., S. 211f.
148) Ebd., S. 212f.

る。これは結局，解釈として示されるものに合理性が要求されるということを意味する[149]。Poscher は，この合理性の内容として，一貫性[150]，方法的合理性，正義への志向性などを挙げており，法治国的な構造や解釈（Hermeneutik）としての枠組みによって生じてくる文言の限界や，真実らしさや学問的な裏づけ——基本的には合理的仮説の体系的な構成と基礎づけ——の存在もこれに含まれるのだという[151]。

視点を変えれば，解釈としての限界は，結局，解釈が提示される共同体の法文化の中で「解釈」として受け入れられるかが解釈の限界を画するということができよう[152]。そして，以上の著述からも推測されるように，法の発展形成を含む，「解釈」の正当性，妥当性主張するにあたって大きな手助けになるのが，伝統的に用いられてきた法解釈方法[153] である。つまり，この方法論に従っていると説明づけられるかが，解釈としての妥当性を装えているかについての判断の指標となるのである[154]。

Poscher のこのような説明は，解釈作用や伝統的手法の前提の限界を解きつつ，伝統的方法の利用を装うことによって，フィクションを成立させようとするものであり，悪く言えば循環論法に陥っていることも否定できない。そして，彼の見解からは，伝統的な作法に則った「解釈」にとどまっていると裁判官が提示することが求められることになろう。他方，裁判官は批判に晒されること

---

149) 以上について，ebd., S. 213f. を参照。
150) *R. Poscher*, Der juristische Eigenstand der Verfassung, in: *A. Scherzberg, O. Can u. İ. Doğan* (Hrsg.), Verfassungstheorie und Verfassungsgebung, 2012, S. 46f. は，一貫性は政治的判断と法学的判断を分かつものであり，とりわけ政治的判断との対比が問題となる裁判所による憲法解釈の場面においては，重要な意義を持つと指摘する。なお，ここでは，憲法学による憲法解釈学（Dogmatik）の構築を通じた，法学的憲法解釈のディシプリンを構築することの重要性が説かれる。
151) *Poscher*（Anm. 140），S. 214ff.
152) 立法者がフィクションであり，解釈者により想定されるというのであれば，結局解釈に限界はないということにならないかという本稿筆者の問いに対して，Poscher は，日本において自衛隊合憲論が日本国憲法 9 条の解釈として示され，——ドイツでは解釈として捉えることは受け入れ難いが——国民の多数によってそれが受容されていることにも触れながら，結局それぞれの法文化の中で，共同体の中で解釈として受け入れられるのかというところが限界となると説明していた。
153) ちなみに，Lembke も，解釈，あるいは法認識ではなく，法定立，しかも，政治的に埋められるべき判断の自由領域（Freiraum）の残された法定立の統制にあたって，伝統的な法学の解釈方法論（Methodenlehre）が機能する可能性に言及する。Siehe *Lembke*（Anm. 10），S. 319f.
154) Siehe *Poscher*（Anm. 150），S. 33ff.

はありえても，究極的には，批判があることは織り込み済みだと開き直って，「解釈」なのであると言い張れば足りる。したがって，この理論による限界づけの効果は，多分に裁判官の職業倫理に依存しているといえよう。その意味では，Ossenbühl が，憲法適合的解釈の限界づけについて，結局は裁判官のエートスにかかっているとすること[155]との親和性も読み取ることができる。

このように Poscher は，Lembke との対比で述べると，憲法適合的解釈を葬り去ってしまうのではなく，拘束は緩やかなものに過ぎないものの，制約の契機を取り入れつつ許容するという点で最終的な到達点は大きく異なる。Poscher の議論に対しては，従来の議論の枠内にとどまっており，見るべきものは特にないという指摘も可能であろう。しかしながら，従来の限界論が示す，文言の限界といった指標がなぜ指標たりうるのか，指標としての意義はどのようなものなのかを説明してくれているという点で重要な指摘である。

(2) 通常の法令解釈と憲法判断の境界問題
① 問題の概要

憲法適合的解釈（広義）をめぐって，ドイツにおいて議論の対象となっている問題として，次に，憲法裁判所による通常法解釈と，専門裁判所による憲法解釈という，憲法裁判所と専門裁判所の権限行使の交錯問題がある。

前者の憲法裁判所による通常法解釈の問題には，憲法志向的解釈が関わることになる。憲法志向的解釈というのは，先に述べたように，体系的解釈や目的論的解釈の一種として，通常法の一般的な解釈手法の中に憲法規定の考慮が位置づけられる。この場合，第一の段階として，憲法裁判所によるものに限られないが，通常の法令解釈が憲法問題化することを意味する。そして，専門裁判所の法令解釈において十分に憲法が考慮されたかという審査が憲法裁判所によって行われうるのであり，結局，専門裁判所による通常法解釈を憲法裁判所が審査し，あるいは憲法裁判所自身による独自の通常法解釈が示されるわけである[156]。ただし，通常法解釈の権限の所在というものは，ドイツにおいて必ず

---

155) *F. Ossenbühl*, Richterrecht im Demokratischen Rechtsstaat, 1988, S. 21.
156) z.B. *K. A. Bettermann*, Die verfassungskonforme Auslegung, 1986, S. 33f. u. 46. Siehe auch *Voßkuhle*（Anm. 53), S. 196; *Kuhlen*（Anm. 13), S. 14.

しも明確ではないことには留意しておく必要があろう[157]。なお，この問題は，基本法20条3項による裁判官の法律への拘束により，あらゆる法適用の誤りが憲法問題となりかねないこと，一般的行為自由説が採用されており，自由制約が全て憲法問題となりうること，客観的価値秩序としての基本権論[158]に基づいて私法秩序を含む全法秩序が憲法の強い影響の下に置かれることが是認されていることといった事情[159]から，法秩序の「憲法化[160]」の問題と深く関連している[161]。また，技術的な側面に着目すれば，連邦憲法裁判所の「超上級審」化の問題としても現れる[162]。

続いて，後者の専門裁判所による憲法解釈の問題であるが，ここでは，特に具体的規範統制の場合に，連邦憲法裁判所への移送要件として，連邦憲法裁判所が専門裁判所に憲法適合的解釈を尽くすことを求めていること[163]などを要

---

157) すぐ後に述べる，Heck の定式などが論じられる場合などに，通常法の解釈は専門裁判所の権限に属する事項であるということがしばしば指摘される。しかし，アメリカ合衆国において，州裁判所の州法解釈に連邦裁判所が拘束されるルールのように，裁判所を厳格に拘束するものとしては機能していない。実際には，連邦憲法裁判所などによる，通常法解釈が一般化しているからこそ，議論となっているのであり，「原理」と呼んでもよい，緩やかな拘束性を持つものに過ぎないというべきであろう。
158) 客観的法秩序としての基本権論や基本権の照射効 (Ausstrahlungswirkung) と言われるものによって，憲法志向的解釈の必要性や許容性が基礎づけられるという点（siehe z.B. *Dreier* (Anm. 124), S. 112）に注意しておく必要がある。
159) 以上の三点について，例えば，*R. Alexy*, Verfassungsrecht und einfaches Recht － Verfassungsgerichtsbarkeit und Fachgerichtsbarkeit, VVDStRL, Bd. 61, 2002, S. 11; *M. Kenntner*, Das BVerfG als subsidiärer Superrevisor?, NJW 2005, S. 785f. などが指摘している。
160) 関係文献は，枚挙にいとまがないが，さしあたり，*G. F. Schuppert u. C. Bumke*, Die Konstitutionalisierung der Rechtsordnung, 2000 などを参照。
161) 関連して，法体系における憲法の優位というような理論的なものではなく，実際の憲法裁判制度こそが「法秩序の憲法化」を構造的に進行させていると強調するものとして，宍戸（動態）328頁を参照。
162) 超上級審と化してしまう問題性については，連邦憲法裁判所も当初から (siehe BVerfGE 1, 418) 自覚的であり，判決に対する憲法異議の許容性をめぐって，「Heck の定式」を提示 (BVerfGE 18, 85 [92]) して，「憲法固有の部分」の侵害があって初めて審査が可能であるという限界設定を行っている。判例による審査範囲設定の詳細な展開に関する邦語文献として，畑尻剛＝工藤達朗編『ドイツの憲法裁判〔第2版〕』（中央大学出版部，2013年）345頁以下［川又伸彦］などを参照。あわせて，原島・前掲注5）64巻5号1300～1301頁も参照。
　にもかかわらず，現状認識として，Heck の定式が限界設定に成功していないとするものとして，*Kenntner* (Anm. 159), S. 786f.［一般的行為自由説の採用によって，個別基本権への関係性という基準はあってないものだと指摘する］などがある。Siehe auch z.B. *H.-J. Papier*, Verhältnis des Bundesverfassungsgerichts zu den Fachgerichtsbarkeiten, DVBl 2009, S. 478f..

因として，専門裁判所による憲法適合的解釈が常態化していることが問題となっている[164]。とりわけ，狭義の憲法適合的解釈は，可能な意味の範囲に違憲な意味を含んでいることを意味しているのであるから，実質的には部分違憲判決と異ならない憲法判断を行っていることになる。そうすると，各種専門裁判所による，実質的な違憲判断を含む憲法判断が一般化することともなり，毛利が法の支配型憲法訴訟への変化として描き出した[165]現象が生じている。また，実質的に違憲判断がなされているということは，違憲判断の憲法裁判所による独占という原則が破られていることを意味しており，問題視されている[166]。また，様々な専門裁判所によって，区々な憲法解釈が示されるのを許すこととなり，憲法の権威の低下を招くという批判もされているところである[167]。

以上のような問題点に対する対応策として，一部の論者によって提示されているのが，実質的な違憲判断を伴う狭義の憲法適合的解釈については，連邦憲法裁判所にのみ許されることとし，他方，あくまで通常法の解釈として行われるべき憲法志向的解釈については，専門裁判所に独占させるというものである[168]。現在[169]，連邦憲法裁判所の長官を務めるVoßkuhleも，判事に就任す

---

[163] z.B. BVerfGE 22, 373 (377); 48, 40 (46); 124, 251 (260ff.) [これらは，いずれも，専門裁判所の違憲判断（移送要件充足の判断）が妥当ではないという判断にとどめ，自身の法令解釈を示すというものには至っていないと言える。しかし，とりわけ，BVerfGE 124, 251については，確かに自判には至っていないものの，立法過程にまで検討を及ぼし，立法者意思に沿った解釈を行っているかなど，実体的な判断内容にかなり入り込んで審査している印象を受ける。これは移送要件の厳格さを示すものであるとともに，具体的規範統制における移送要件審査においても，連邦憲法裁判所による通常法解釈の問題が生じていることを示している]。邦語では，毛利・前掲注3) 340〜341頁や原島・前掲注5) 64巻5号1298頁のほか，一般的な説明として畑尻＝工藤編・前掲注162) 386頁 [畑尻] などを参照。

[164] *Voßkuhle* (Anm. 53), S. 190.

[165] 毛利・前掲注3) 346頁。

[166] 憲法適合的解釈と部分違憲の同質性を指摘（この点については，*Voßkuhle* (Anm. 53), S. 181なども指摘する）し，専門裁判所による憲法適合的解釈が違憲判断の連邦憲法裁判所の違憲判断独占に反すると強調するものとして，*J. Burmeister*, Die Verfassungsorientierung der Gesetzauslegung, 1966, S. 120ff. などがある。我が国でも，部分違憲との同質性については，阿部・前掲注1) 233頁が夙に触れていた。あわせて，宍戸（動態） 290〜291頁も参照。

[167] *Voßkuhle*, ebd., S. 188.

[168] 古典的なものでは，前者については，すでに注166)でも触れたが，後者に関して，同じく*Burmeister* (Anm. 166), S. 108ff. が触れている。また，前者に関して，専門裁判所には，伝統的な解釈方法の枠内にとどまる限りでの憲法適合的解釈のみが許容されるという，*U. Seetzen*, Bindung und Grenzen der verfassungskonformen Auslegung, NJW 1976, S. 2001 もこの趣旨を述べるもの

る前に，連邦憲法裁判所は，通常法の解釈については，専門裁判所のそれに拘束されると解するべきで，専門裁判所によって示された特定の解釈結果について，その合憲違憲を判断すればよいと主張していた[170]。彼はまた，具体的規範統制における移送の要件として，憲法適合的解釈を尽くすことを求めるのではなく，違憲の可能性が一定程度認められればこれを充足すると考えて，専門裁判所における憲法判断を回避しようという主張もしている[171]。なお，同じ憲法裁判所の仕組みを採っていても，イタリアにおいては移送要件を厳格にしておらず，憲法裁判所による憲法解釈の独占が比較的徹底されていることを指摘するものも見受けられる[172]。

② **若干の検討**

①で見たように，ドイツにおいては憲法適合的解釈（広義）に関連して，専門裁判所と憲法裁判所の権限の抵触が大きな問題となっている。この問題に対しては，これも先に触れたように，狭義の憲法適合的解釈と憲法志向的解釈を分離して，それぞれを憲法裁判所と専門裁判所に振り分けることが，その対応

と整理してよいだろう。

[169] 後述のような，判事就任前の主張にもかかわらず，彼自身も参加する決定（BVerfGE 124, 251 [262]）において，従来の移送要件が厳格な形で維持されている点について，原島・前掲注5) 64巻5号1298頁などを参照。

[170] *Voßkuhle*（Anm. 53），S. 197f. ただし，このように整理しても，憲法志向的解釈にどうしても伴う憲法判断に関する限り，連邦憲法裁判所が専門裁判所に対する上級審となること（連邦憲法裁判所の「超上級審化」）は避けられないだろう。この点について，毛利・前掲注3) 345～346頁の指摘も参照。

[171] Ebd., S. 200.

[172] *Simon*（Anm. 13），S. 87. ただし，芦田淳によれば，1996年憲法裁判所判決第356号を典型として，1990年代以降，イタリアでも憲法裁判所への移送を行う前に，通常裁判所に憲法適合的解釈を要請する，憲法裁判所の姿勢は強いものになっているという。芦田淳「〈シンポジウム〉憲法適合的解釈についての比較法的検討 6. イタリア」比較法研究78号（2017年）74頁以下。なお，2016年の比較法学会シンポジウムにおいては，芦田より，「合憲性の問題を憲法裁判所に移送する前に，通常裁判官は，その問題となっている規定を憲法に反しない解釈によって解決できないか確認するあらゆる試みをしなければならない」（当日配布資料より抜粋）旨，説明があった。
　　イタリアにおける憲法裁判所への事件の移送要件，とりわけ憲法適合的解釈に関係する部分については，曽我部真裕＝田近肇編『憲法裁判所の比較研究』（信山社，2016年）36頁［田近］も参照。ここでの記述を参照すると，ドイツにおいて言われるような，先例にも拘束されず憲法適合的解釈の試みを尽くしたことが要求されるということはないようであり，ドイツほどには厳格ではないのではないかとの印象を受ける。加えて，オーストリアとの比較も含めて，畑尻＝工藤編・前掲注162) 385頁［畑尻］なども参照。

策となりうる可能性がある。その意味では、原島もいうように[173]、ドイツにおける通説が、憲法適合的解釈（広義）の分類について、憲法適合的解釈（狭義）と憲法志向的解釈の二分説を採用していることも故のないことではない。しかし、この二分説に立ちはだかるのが、憲法適合的解釈（狭義）と憲法志向的解釈の区別が理論的には可能であったとしても、実際上、事後的・回顧的に評価することはともかく、将来的に裁判所による解釈を枠づけるような形で区別することが困難だ[174]ということである。連邦憲法裁判所の判断内容に対する監督手法が基本的には存在しないという状況において、上記の抵触問題に二分説をベースに対処するというのは、致命的であると言うことすら不可能ではない。

しかし、憲法適合的解釈と憲法志向的解釈の区別を強調する議論の中には、理論的に重要な点に関係する指摘が含まれている。それは、すなわち、憲法適合的解釈が、通常法律以下の法令の統制規範として憲法が機能する場面である一方で、憲法志向的解釈とは、通常法の解釈にあたって、嚮導的な役割を憲法が果たす場面であるという指摘[175]である。問題はこれのどこが理論的に重要な指摘なのかであるが、憲法を法秩序の中でどのように位置づけるか、どのような性格を与えるかという、根本的な憲法観に関係する視点を含んでいる点が重要なのである。敷衍すれば、古くから対立的に提示される[176]、枠秩序とし

---

173) 原島・前掲注5) 64巻6号1791頁。
174) Siehe *Simon* (Anm. 13), S. 86.
175) Siehe z.B. *Dreier* (Anm. 124), S. 111ff.; *Simon*, ebd., S. 86. ただし、憲法を考慮した法解釈というのは、結局、立法目的に照らして、憲法的価値の制約が妥当な範囲にとどまるように、手段を適切に画定する作業となり、違憲判断と全く同一とは言えなくとも、重複する部分が多いという土井の指摘（本書第7章2(2)参照）を踏まえると、本文で指摘するような憲法の機能の相違もまた相対的なものに過ぎないということになるかもしれない。
176) Siehe z.B. *E.-W. Böckenförde*, Verfassungsgerichtsbarkeit, NJW 1999, S. 13 ［邦語では、E.-W. ベッケンフェルデ（初宿正典編訳）『現代国家と憲法・自由・民主制』（風行社、1999年）137～138頁 ［小山剛翻訳部分］ などを参照。Vgl. *E.-W. Böckenförde*, Geschichtliche Entwicklung und Bedeutungswandel der Verfassung, in: *ders.*, Staat, Verfassung, Demokratie, 1991, S. 42ff. ただし、この論文でBöckenförde は、憲法の意義をこの2つに限定しているわけではなく、この他にも歴史的に、君主の絶対権に対する制限としての憲法や階級間の妥協としての憲法などの意味を持っていたとしている］; *R. Wahl*, Der Vorrang der Verfassung, Der Staat Bd. 20, 1981, S. 505ff. （ライナー・ヴァール（小山剛監訳）『憲法の優位』（慶應義塾大学法学研究会、2012年）238～240頁 ［小山翻訳部分］）。邦語文献として、赤坂正浩「憲法の機能について」阪本昌成先生古稀記念論

ての憲法と実質的基本秩序としての憲法という見方である[177]。これらは，そ
れぞれ，一定枠内の立法余地は認めつつ，国家権力の制約に主眼を置く憲法観
と，全法秩序にわたる基本秩序を定めるものと位置づけつつ，そこでは立法に
よる具体化を予定し，そこに立法者の決定余地を見出す憲法観に対応する。そ
して，機能面では，権力に制限を与える機能と通常法による国家形成に方向性
を与える機能という2つの対照的な機能に対応する[178]。この2つの憲法機能
に対応させると，憲法志向的解釈における嚮導的役割を担う憲法は，通常法に
おける国家形成に方向性を与える機能を持つ基本秩序としての憲法[179]に，実
質的な違憲判断であるとも指摘される，狭義の憲法適合的解釈の場面で実質的
には統制規範として働く憲法は，権力に制限を与える機能を有した枠秩序とし
ての憲法に対応しているのである[180]。そして，法秩序の憲法化を論じる前提
として，上記のような2つの憲法の機能の存在を論じた[181] Bumke が，憲法
が通常法解釈に与える影響の程度によって，憲法適合的解釈（広義）を分類す
るのが，原島が好意的に援用する[182]，「三類型」論[183]である。Bumke の提示

　　　文集『自由の法理』（成文堂，2015 年）21 頁以下などを参照。
177) 憲法は，両側面を有していることを強調し，2つを対立的に捉えるのではなく，両者の融合・
　　調整を図ろうとする文献として，Alexy（Anm. 159）も参照。様々な憲法の機能と，それに対応し
　　た憲法規定の分類を行うものとして，A. Voßkuhle, Verfassungsstil und Verfassungsfunktion,
　　AöR 1994, S. 35 などもあわせて参照。
178) Siehe Schuppert/Bumke（Anm. 160），S. 25f.
179) 念のため付言しておくと，憲法が，基本法の照射効などにより立法を一定の方向へ方向づけ
　　ることは，立法者に一定の決定余地を認めることと矛盾しない。この点については，ベッケンフェ
　　ルデ・前掲注 176) 143〜144 頁参照。また，ここでは，憲法志向的解釈と客観的法秩序としての
　　基本権概念や基本権の照射効概念との関連性が触れられていること（siehe z.B. Dreier（Anm.
　　124），S. 112）が想起されるべきである。
180) とりわけ憲法の方向づけ効果に関して，そこでは憲法は立法者以下に構造的な自由領域を与
　　えることになる。これに関連して，Lembke は法定立を授権するとともにそこに枠づけを与える憲
　　法は，法定立の統制にあたり効果を発揮しうるという（Lembke（Anm. 10），S. 308）。しかし，同
　　時に彼女は，立法者以下に判断余地を残しているということは，そこでは政治的な自由な決定を許
　　しているのであり，憲法を持ち出したところで，法的な審査・統制を与えることには限界があると
　　指摘している点（ebd., S. 308f. u. 327）が注目される。なお，Lembke も法律の留保原則や個別基
　　本権規定，恣意排除原則を用いて，個別法定立を憲法裁判所が統制する可能性は認めている（ebd.,
　　S. 321ff.）。また，その審査に際しては，通常法の解釈と憲法解釈の差異は相対的であり，憲法裁判
　　所と専門裁判所の境界画定の問題がどうしても生じてしまうことを指摘している（ebd., S. 321）の
　　は，本稿にとっても示唆的である。
181) Schuppert/Bumke（Anm. 160），S. 25ff.

するこの三類型論は，必ずしも上記のような憲法の機能論に対応していない部分もあるように見受けられる[184]が，憲法が通常法に与える影響[185]は強弱様々でありうることを示す興味深いものであるということができよう。もっとも，彼自身示唆するように，それぞれ厳格に輪郭づけられたものではなく[186]，区別の相対性，困難性という問題からは自由ではなく，せいぜい事後的な評価に基づく分類として機能しうるものであるように思われる。それでも，事後的

---

182) 原島・前掲注5) 64巻6号1792～1793頁。
183) *C. Bumke*, Verfassungsrecht in der Rechtsprechung des Bundesverfassungsgerichtes in den Jahren 2003 bis 2011, Die Verwaltung, 2012, S. 85ff.. 詳細な紹介，検討については，原島・前掲注5) 64巻6号1792～1793頁に譲るが，憲法規範が通常法解釈に与える影響の弱いものから順番に，①すでに法律の中に構想されているが，明示されていない方向性を，憲法を手がかりにすることにより見出し，そこに解釈を方向づける「憲法志向的（orientierte）解釈」，②憲法上特定の規範理解ないし帰結が要請される場合に，そこへと解釈を方向づける「憲法要請（verfassungsrechtlich gebotene）解釈」，③憲法に適合するように法律を修正する「憲法適合的（konforme）解釈」の3つに分類する。Siehe auch *Schuppert/Bumke*（Anm. 160), S. 45ff.
184) 例えば，法律の修正までも，枠秩序としての憲法が求めるものかは難しい点もあるし，この三類型論が方向づけ機能の中の下位分類を行っているようにも見受けられる。
185) なお，前述のとおり，集合概念としての憲法適合的解釈の全てを葬り去ろうとするLembkeであるが，彼女も憲法適合的解釈の四類型全てを否定した上で，憲法が通常法の解釈・適用に与える影響について別途論じている（*Lembke*（Anm. 10), S. 270ff.)。その内容は，大要以下のとおりである。まず，Lembkeに特有の議論として，法の解釈・適用の前提となる事実の認定・評価も規範的な判断を伴うものであることを認め（なお，我が国の民事訴訟の文脈において，事実認定に法的な評価が伴うことを，裁判実務におけるその認識の欠如を批判しつつ指摘するものとして，山本克己「間接事実についての自白」法教283号（2004年）81頁がある），そこに憲法も影響を与えうる（憲法適合的事実評価）としている点である（*Lembke*, ebd., S. 272f.)。ただし，Lembkeによれば，事実認定は専門裁判所の管轄事項であることから，憲法裁判所が憲法を援用して事実認定を統制するのは，恣意性の排除など限定的な場面にとどまるという（ebd., S. 273ff.)。次に，法認識の場面における憲法の作用についてであるが，上述のとおり，主観的・歴史的解釈に帰依する彼女にとって，憲法という立法者の意思からすれば基本的に外部的なものとして位置づけられる（合憲な立法者意思推定にも否定的である）憲法を持ち出して，客観的な法律の意思などというものを導き出すことは許されるものではない。したがって，法認識の場面において憲法が出る幕はほとんどないという結論に落ち着いてしまう（ebd., S. 295)。専門裁判所による法律解釈を憲法裁判所が憲法を用いて事後的に審査することについても，各裁判所の権限の関係から限定的なものとなり，平等や恣意性が審査の基準となるが，それは平等そのものというよりは，通常の解釈手法が適切に用いられたかという点がまさに問われているのだという（ebd., S. 297f.)。最後に，法適用の段階における憲法の作用が問題となるが，この段階では，通常法律以下の法令がある事件に適用可能であるかを，憲法適合性判断を通じて確認する手段として憲法は働くのだとされる。結局，違憲性による法令の効力否定というのが法適用の場面での憲法の影響・作用のあり方なのである（ebd., S. 301f.)。
186) *Bumke*（Anm. 183), S. 85 Fn. 15も，(彼のいう)「憲法志向的解釈」について，厳格に境界づけられた概念ではないという旨述べている。

であれ，国法体系における憲法の作用のあり方を知り，分析したいのであれば重要な視点を提供してくれよう。

5　おわりに：我が国における展望

　本章——とりわけ前節——では，ドイツにおける憲法適合的解釈が，憲法論の中でどのような位置づけを与えられるものであるかを簡単に紹介した。ここまでの概観を通じて，ドイツにおいては，広義の憲法適合的解釈が，立法者，憲法裁判所，専門裁判所という3つの国家機関の権限配分をめぐる「三つ巴」の争いの「戦場」を形成していること，広い意味での法解釈の意義と限界はどこにあるのか，憲法がどのような性質，役割を担うべきものなのかという，根源的で，理論的な問題にも深く根ざす問題であることを示すことができた。これは逆に言えば，憲法やその解釈のあり方をめぐる基礎理論が，実践的・応用的な意味で表出・現象する場面が，憲法適合的解釈という問題なのだということとなろう。その意味では，ドイツにおいて，憲法適合的解釈とは，単純で技術的な解釈作法などではなく，法秩序における憲法の位置づけにも関わる，理論的重要問題として理解されているのだとまとめることができる。最後に，本節では，ドイツの議論を俯瞰することによって得られた以上のような視点が，我が国においてどのような意義を持つのかを確認して本稿を閉じることにしたい。

　日本への示唆という点でまず踏まえておかなければならないのが，両国の違憲審査制の構造の相違である。そうすると，前節での議論の順序とは前後することになるが，専門裁判所と憲法裁判所の権限の抵触問題について，司法裁判所による一元的な違憲審査制を採用している日本においては生じない問題であることが指摘できよう。もちろん，我が国においても，憲法裁判所導入論が常にくすぶり続け，最近では政治的文脈からも事前審査制の導入も含めて改めて活性化の様相を呈している[187]。そのことを想起すれば，専門裁判所（あるいは通常の司法裁判所）と憲法裁判所との権限設定の問題を引き受けることになるこ

---

187)　例えば参照，井上武史「立憲主義とテクスト」論ジュリ20号（2017年）113頁。

とを知る契機となる[188]とともに，それに対応できるすべはあるのか，あるとすればどのようなものかという立法論を行う要請も自ずから強いものとなろう。

　ところで，ドイツにおいて，専門裁判所と通常裁判所の相克という現象形態をもって表面化しているのは，憲法を国法秩序においてどのように位置づけ，どのような機能をそこに望むかという問題なのであるということを，本章は拙いながらも描き出した。日本も，憲法の国法秩序における位置づけ・機能という深層にある問題からは自由ではない。この点に関して，日本では，歴史的・政治的な事情というものも多分にあるだろうが，日本国憲法の条文の簡素さにもかかわらず，憲法の枠付規範としての側面を強調するのが一般的であり，立法等による充塡が重要な基本秩序を示すものであると考える思考は少ないように思われる。実質的な基本秩序としての憲法概念を強調することが，誤ったシグナルを送る危険性はあるが，実質的な基本秩序としての側面も持つ憲法を用いて，いかに立法者以下に対する授権と統制を与えていくべきかを真剣に論じることも必要であろう[189]。そして，その一環として，事後的な評価になるにしても，憲法規定が通常法の解釈にどの程度影響しているのかを，憲法の機能にも着目しながら分析していく作業に，日本においても取り組む意義が認められよう[190]。

---

[188]　憲法裁判所制度を採用する国家においては，とりわけ，憲法適合的解釈類似の営みをめぐって，この問題が生じていることについては，芦田・前掲注 172) 85 頁，水島玲央「〈シンポジウム〉憲法適合的解釈についての比較法的検討 7. 韓国」比較法研究 78 号（2017 年）99 頁以下を参照。水島が描く，大法院（通常裁判所の最高裁判所）が憲法裁判所の通常法解釈に必ずしも拘束されず，実際に「反抗的」な態度も見せている韓国の状況に照らせば，憲法裁判所の通常法解釈に専門裁判所が実務上は従っており，理論的な相克問題にとどまっているドイツのありようを多分に穏健なものであるということを浮き彫りにする（この点について，2017 年 2 月 21 日開催のミニシンポジウム「憲法適合的解釈の国際比較」における，毛利コメントに示唆を受けた）。他方，芦田（同上 85 頁）や奥村（奥村公輔「〈シンポジウム〉憲法適合的解釈についての比較法的検討 4. フランス」比較法研究 78 号（2017 年）60〜61 頁）は，イタリア，フランスにおける，憲法（裁判所）の優位の発生，憲法院の実際的な最高裁判所化を指摘するが，それはそれで問題がないわけではない。

[189]　この点に関して，小山剛（さしあたり，同『基本権の内容形成』（尚学社，2004 年）を参照）や篠原永明（さしあたり，同「国家による自由の秩序の実現(1)〜(3・完)」法学論叢 175 巻 6 号（2014 年）66 頁以下，176 巻 4 号（2015 年）76 頁以下，177 巻 3 号（2015 年）70 頁以下）の一連の研究を参照。

[190]　赤坂・前掲注 176) 49〜50 頁。もっとも，ドイツの判例実務も，必ずしも通常法解釈にどう憲法が作用するのかを示せていないように見受けられることについては，**2(1)②(d)**で述べた。

以上の点は，非常にマクロな議論であるが，日本における憲法適合的解釈という，もう少しミクロな点でも，ドイツでは専門裁判所と憲法裁判所の相克として現れていた問題は，我が国に示唆を与えてくれる。もう少し具体的にいうと，従来の合憲限定解釈とは区別される――むしろドイツにいう憲法志向的解釈に準じる――，憲法適合的解釈を日本において観念することの意義に関わるのである。つまり，宍戸が合憲限定解釈とは分類される憲法適合的解釈という概念を導入する理由を，単なる分類上の問題ではなく，「法令の規定が違憲か合憲かとか，処分が違憲か合憲かという形ではなくて，法令解釈の段階で憲法解釈が働く余地が，実際にこれまでも多かった。そして，そのことの良し悪しも含めて争点化して評価するための居場所として，憲法適合的解釈という概念装置を置くことの意味がある」と述べる[191]ように，狭い意味での統制規範としての憲法に限られない憲法の機能・作用を顕在化させるという意義が――宍戸にあっては，その問題性も認識した上で示されているが――，日本において「憲法適合的解釈」を導入することには伴うのである。もちろん，ドイツにおいて，通常法解釈の中に憲法を顕在化させたことによって，法秩序の憲法化が大きな問題になっていることに鑑みれば，憲法裁判所とは異なり，管轄の関係上，事案を憲法問題化する必要のない日本の裁判所において[192]，憲法を持ち出すことには抑制的でなければならないということもできよう。しかし，日本の裁判実務において，憲法のプレゼンスは非常に小さく，国法秩序の最高法規として，通常法解釈においてももう少し意識されてよいのではないか，比喩的に言えば，「憲法論の普段使い」が広まってもよいのではないかという印象を受けるところである。しかも，少なくとも憲法についての考慮が暗に行われてきたのであれば，それを顕在化させて[193]，検証の俎上に載せるべきであると

---

191) 宍戸常寿ほか編著『憲法学のゆくえ』（日本評論社，2016年）43～44頁［宍戸発言：初出，2014年］。

192) この点について，林知更「論拠としての『近代』」駒村圭吾編著『テクストとしての判決』（有斐閣，2016年）125頁［初出，2016年］などを参照。
　　加えて，独立の憲法裁判所を設けず，通常の司法裁判所に憲法判断を委ねることの意義と危険については，宍戸(現状分析)69頁も参照。

193) もっとも，憲法適合的解釈概念の導入により，あくまで通常法解釈における憲法の考慮に過ぎないとして，実質的な違憲判断が逆に隠蔽される危険があることには留意しておかなければならない。この点については，蟻川恒正「国公法二事件最高裁判決を読む(1)」法教393号（2013年）

いう宍戸の指摘は正鵠を射ているといえよう[194]）。

　次に残ったのが裁判所と立法者との間の領域画定問題である。この点については，本章でもすでに少し触れたとおり，我が国においても論じられてきたところである[195]）。これは，裁判所による法の解釈適用というものを考える以上，常につきまとう永遠の問題と言ってもよい。そして，権力分立という憲法上の原理にも密接に関係するという意味でも，重要ではあるが，厄介な問題であると言うことができる。本章がドイツにおける一応の結論として見出したのは，「解釈」の枠を超えてはいけないとしつつも，その限界設定自体に限界があることを認識しながら，裁判官のエートスを信頼して，伝統的な法解釈学的手法を通じて，合理的な説明を与えられているかを見るしかない，というものである[196]）。法認識と法定立を厳格に分離し，「憲法適合的解釈」を全面的に否定する Lembke にあっても，結局広い意味での法適用を考えると，伝統的な法解釈学的手法による統制に一定の期待を表明しているのはすでに述べた[197]）。この点，翻って我が国の様相を見ると，解釈方法論については，法学入門などの授業で申し訳程度に触れられるが，あとは法哲学の講義で触れられれば良い方であって，実定法研究者を含めた法律家が十分これを意識して，解釈論を展開しているかというとかなり疑わしいところがあるように思われる。そうすると，伝統的解釈方法論による規律というドイツの戦略を日本において展開することは多分に困難ではないのか。ポストモダンの時代において，伝統的解釈方法論の限界が認識されつつも，「伝統的」なものであることを理由とした一定の基礎づけと説明づけが可能であるドイツと異なり，我が国において今更本格導入することが適切なのかも考えなくてはならない。もっとも，先例との一貫性や，

　　88頁，本書第1章3(1)④などを参照。
194)　憲法化の弊害との関係では，一般条項や不確定概念など，法令の規律密度の低い場面や比較衡量における方向づけなどに，憲法適合的解釈の用いられる領域を一応は限定的に捉える立場も──限定が実際に機能するかは別途論じうるものの──基本的に是認できる。この点については，本書第1章3(1)④も参照。
195)　さしあたり，宍戸(現状分析) 73~74頁，赤坂・前掲注4) 340~341頁や，そこに引用される文献を参照。
196)　もっとも，ここでも，裁判所の制度的な能力，機能にも着目すべきことは当然である。この点について，宍戸(動態) 308頁以下も参照。
197)　前掲注153)。

基準としての明確性について，判例批判などを通じて求めていき，一定の統制を働かせる途を捨てる必要はないし，それはまさに憲法学説に求められている作業であろう。また，その作業においても，憲法がどのような機能を発揮する場面なのかを意識して論じることは，それが明確な区別が困難で連続的・相対的な側面があるとしても，有益であろう。

[山田哲史]

第5章

フランスにおける憲法適合的解釈
——憲法院による解釈留保付き合憲判決と国家機関によるその尊重

1 はじめに

　1958年10月4日憲法（以下，1958年憲法と表記）によって創設された憲法院（Conseil constitutionnel）は，様々な憲法上の権限を付与されており，2008年7月23日憲法改正までは特に法律等の事前の憲法適合性統制を行ってきた。すなわち，1958年憲法61条1項により，憲法附属法律（loi organique）[1]は審署（promulgation）[2]の前に，議院規則（règlement parlementaire）は施行の前に憲法院に義務的に付託され，憲法院はそれらの憲法適合性につき裁定し，また，61条2項により，通常法律[3]は審署前に，付託権者の付託に基づき，憲法院に任

---

[1]　フランスにおける loi organique は，わが国では通常「組織法律」と訳される。しかし，loi organique は，「組織」に関する法律のみを指すわけではなく，大石眞は，憲法附属法を，「国政の組織と運営に必要な規範，すなわち実質的意味の憲法に属する法規範であって，憲法典を補充する意味をもつ規範又はそれを内容とする議会制定法」と定義し，その上で，フランスの loi organique に「憲法附属法」の訳を充てている。大石眞「憲法典と憲法附属法」同『憲法秩序への展望』（有斐閣，2008年）9～12頁。筆者も大石の見解に立脚し，本稿では，loi organique に「憲法附属法律」の訳を充てる。

[2]　法律が憲法の規定に従って成立したことを認証し，それに執行力を付与する国家元首（第五共和制においては大統領）の行為。

[3]　ここで言う通常法律には，「予算法律（loi de finances）」，「社会保障財政法律（loi de financement de la Sécurité sociale）」，「計画定立法律（loi de programmation）」，「決算法律（loi de règlement）」等も含まれる。ただし，憲法院判決によれば，「憲法改正法律（loi constitutionnelle）」は，憲法院の事前統制には服さない。C. C., Décision n° 2003-469 DC du 26 mars 2003, Révision constitutionnelle relative à l'organisation décentralisée de la République, Rec., p. 293. なお，この判決に関する邦語の判例評釈として，塚本俊之「両院合同会議によって承認された憲法改正

意に付託され，憲法院は通常法律の憲法適合性について裁定してきた。この憲法院の判決には，大きく，①全部違憲（Non conformité totale）判決，②一部違憲（Non conformité partielle）判決，③合憲（conformité）判決，④留保付き合憲（Conformité‐réserve）判決という4つの種類がある。①全部違憲判決は，付託された法規範全体を違憲とする判決であり，②一部違憲判決は，付託された法規範の一部（単に1つあるいは複数の条文だけではなく，条文の文言のみの場合も含まれる）を違憲とする判決である。一方で，③合憲判決は，付託された法規範すべてを合憲とするものであるが，④留保付き合憲判決は，解釈留保（réserves d'interprétation）付き合憲判決とも呼ばれ，付託された法規範の1つもしくは複数の条文または文言について，憲法院が示した解釈に従う限りで，その法規範を合憲とするものである[4]。

ところで，解釈留保付き合憲判決は，単に法規範が合憲か違憲かという二元的な性格から脱却し，憲法院の判決をより多様な状況に適合させるものであり，法規範の憲法適合性統制を1か0に収斂させないというメリットを有している[5]。この解釈留保付き合憲判決は，単に「適合的解釈（interprétation conforme）」[6] とも呼ばれ，他国における憲法適合的解釈との類似性があると言えよう。そして，フランスの憲法院の事前統制における解釈留保付き合憲判決には多様な種類があり，解釈留保付き合憲判決は，従来学説によって大きく3つ

対する違憲審査」フランス憲法判例研究会編『フランスの憲法判例Ⅱ』（信山社，2013年）287～290頁。

4) 議院規則，憲法附属法律および通常法律の事前統制の下で形成されてきた解釈留保付き合憲判決は，すでにわが国においても紹介されている。例えば，以下の文献を参照。蛯原健介「憲法院判例における合憲解釈と政治部門の対応(1)(2・完)――憲法院と政治部門の相互作用の視点から」立命館法学259号（1998年）142～189頁，260号（1998年）585～628頁，辻信幸「フランス憲法院による法律の憲法適合的解釈に関する一考察(1)～(5)」北大法学論集58巻2号（2007年）491～530頁，58巻3号（2007年）1193～1233頁，58巻6号（2008年）2663～2679頁，59巻1号（2008年）65～112頁，60巻6号（2010年）1547～1590頁。

5) Laurent Domingo, *Leçons de contentieux constitutionnel*, ellipses, 2014, p. 147. なお，1958年憲法61条に基づく事前の憲法適合性統制においては，法規範全体が付託されるため，1つもしくは複数の条文または文言については違憲，別の1つもしくは複数の条文または文言については解釈留保付き合憲となることも多い。すなわち，ある判決が一部違憲かつ留保付き合憲となることもあるのである。

6) Alexandre Viala, « De la puissance à l'acte : la QPC et les nouveaux horizons de l'interprétation conforme », *RDP*, 2011, n° 4, p. 967.

に分類されてきた[7]。さらに、2008年7月23日憲法改正によって、原則として憲法院による合憲判断を受けていない法律（またはその条文・文言）について、事後に憲法院に付託されることが可能となった（1958年憲法61-1条）。これはQPC（question prioritaire de constitutionnalité,「合憲性優先問題」と訳される）訴訟と呼ばれるもので、このQPC訴訟は2010年3月から導入されたが、QPC判決おいても憲法院はすでに解釈留保付き合憲判決を採用している。

そこで、本稿は、まず、憲法院による解釈留保付き合憲判決が憲法院の設置された1958年以降どのように展開されてきたかを概観し（2）、事前の憲法適合性統制（DC判決）の下で形成されてきた憲法院による解釈留保付き合憲判決の学説による3分類について、それぞれがどのようなものかを具体的事例を見ながら確認する（3）。次に、事前の憲法適合性統制（DC判決）において展開されてきた解釈留保付き合憲判決の手法を法律の事後の憲法適合性統制（QPC判決）においても適用することにいかなる問題があるのか、とりわけ、憲法院の解釈留保付き合憲判決と破毀院（Cour de cassation）を頂点とする司法裁判所およびコンセイユ・デタ（Conseil d'État,「国務院」とも訳される）を頂点とする行政裁判所の法律解釈権との関係について検討する（4）。その上で、憲法院による法律の解釈留保が、憲法院自身によって、また、解釈留保が付された法律を執行する行政機関や通常裁判所（司法裁判所と行政裁判所）によって実際に尊重されているのかどうかを見ていく（5）。

2 憲法院判決史における解釈留保付き合憲判決

すでに述べたとおり、憲法院は1958年憲法によって創設され、その主要な権限は、通常法律、憲法附属法律および議院規則についての事前の憲法適合性統制であった。すなわち、通常法律はその審署前に付託権者によって付託され、憲法院は通常法律の憲法適合性を審査し（DC判決）、憲法附属法律はその審署

---

7) フランスにおけるDC判決の下で形成されてきた解釈留保付き合憲判決を体系的に分類・検討した研究書として、以下の文献がある。Thierry Di Manno, *Le juge constitutionnel et la technique des décisions « interprétatives » en France et en Italie*, Economica, 1997; Alexandre Viala, *Les réserves d'interprétation dans la jurisprudence du Conseil constitutionnel*, LGDJ, 1999.

前に必ず付託され，憲法院は憲法附属法律の憲法適合性を審査し（DC判決），そして，議院規則もその施行前に必ず付託され，憲法院が議院規則の憲法適合性を審査する（DC判決。以下，3つのDC判決を単に「DC判決」と表記）。さらに，2008年7月23日憲法改正により憲法院による法律の事後審査が導入され，憲法院は，憲法院による合憲判断を受けていない法律またはその条文・文言について，破毀院またはコンセイユ・デタの移送により付託され，事後にその法律の憲法適合性を審査する（QPC判決）。そこでまず，議院規則，憲法附属法律および通常法律の事前統制ならびに（通常）法律の事後統制において，解釈留保付き合憲判決がいつ用いられるようになったのかを見ていく[8]。ただし，憲法院による解釈留保付き合憲判決については，明示的に解釈留保がある条文・文言に付される場合（別の条文・文言についての「一部違憲判決」の場合も含む）もあれば，形式上は単なる「合憲判決」（あるいは，解釈留保が付されていない他の条文・文言についての「一部違憲判決」）でありながらも黙示的に解釈留保が条文・文言に付されていると解される場合もある。ここでは，後者のような黙示的解釈留保（réserves implicites）も含めて見ていく。

(1) 議院規則についての事前の憲法適合性審査における解釈留保付き合憲判決

まず，議院規則の事前の憲法適合性統制における解釈留保付き合憲判決は，憲法院創設後すぐに用いられた。すなわち，議院規則の事前審査における最初の解釈留保付き合憲判決は，1959年6月24日DC判決第2号[9]である。憲法院創設当初，通常法律についての違憲審査は活発ではなく，憲法院は議院規則の憲法適合性を審査することをより期待されており[10]，最初のDC判決（すなわち，DC判決第1号）も議院規則に関するものであった。このように議院規則

---

[8]　議院規則，憲法附属法律および通常法律の事前統制における解釈留保付き合憲判決の系譜については，以下を参照。辻・前掲注4）論文(2)1195～1200頁。

[9]　C. C., Décision n° 59-2 DC du 24 juin 1959, Règlement de l'Assemblée nationale, Rec., p. 58. 本判決に関する邦語の判例評釈として，勝山教子「合理化された議院制と憲法院」フランス憲法判例研究会編・前掲注3）194～197頁。

[10]　憲法院は，創設当初，制度的均衡を保障する政治的機関としての役割を期待されており，憲法37条2項および41条2項に基づく法律事項と命令事項の画定も期待されていた。詳しくは，拙著『立法手続と権力分立』（信山社，2016年）12～13頁を参照。

に関する2番目の判決ですでに解釈留保付き合憲判決が用いられたのである。ただし，この判決は形式上単に「合憲判決」である一方で，主文（Art. 2）では「次の見解の留保の下で（sous réserve des observations qui suivent）」という表現が用いられている。

(2) 通常法律についての事前の憲法適合性審査における解釈留保付き合憲判決

次に，すでに述べたとおり，憲法院創設当初は通常法律についての違憲審査は活発ではなかったが，通常法律の最初の解釈留保付き合憲判決は，1968年1月30日DC判決第35号[11]であり，通常法律に対する6件目の付託に対する判決で用いられた。これは，DC判決全体を通じて2件目の解釈留保付き合憲判決であり，要するに，前述の議院規則に関する1959年6月24日DC判決第2号の次に出された解釈留保付き合憲判決であった。ただし，この判決も形式上は「合憲判決」であるが，判決理由（Cons. 3 et 4）と主文（Art. 2）で解釈留保が付されている。この後，1971年の結社法判決[12]以降，通常法律の事前の違憲審査が活発化するにつれて，明示的および黙示的を問わず，通常法律に対する解釈留保付き合憲判決が多く出されるようになった。

しかしながら，後述するQPC判決との比較の観点からすると，通常法律について，憲法院のウェブサイトで留保付き合憲（Conformité - réserve）判決と明確に表記された最初の判決は，2010年10月7日DC判決第613号[13]であり，2018年9月6日現在，489件の通常法律に関するDC判決のうち，留保付き合憲（Conformité - réserve）判決と明確に表記されたもの（一部違憲かつ留保付き合憲判決も含む）は21件のみである。したがって，通常法律に関する多くの解釈

---

11) C. C., Décision n° 68-35 DC du 30 janvier 1968, *Loi relative aux évaluations servant de base à certains impôts directs locaux*, Rec., p. 19.
12) C. C., Décision n° 71-44 DC du 16 juillet 1971, *Loi complétant les dispositions des articles 5 et 7 de la loi du 1er juillet 1901 relative au contrat d'association*, Rec., p. 29. 本判決について，詳しくは，山元一「〔判例評釈〕憲法院の人権保障機関へのメタモルフォーゼ——憲法院結社の自由判決（1971年7月16日）」同『現代フランス憲法理論』（信山社，2014年）371〜378頁を参照。憲法院の政治的機関から人権保障機関への変貌に関してはわが国において多くの文献があるが，例えば，山元一「フランスにおける憲法裁判と民主主義」同書295〜312頁。
13) C. C., Décision n° 2010-613 DC du 7 octobre 2010, *Loi interdisant la dissimulation du visage dans l'espace public*, Rec., p. 276.

留保付き合憲判決は，形式上は単なる合憲判決（あるいは，他の条文・文言についての一部違憲判決）であり，判決理由や主文で解釈留保が明示的または黙示的に付されているのである。

(3) 憲法附属法律についての事前の憲法適合性審査における解釈留保付き合憲判決

一方，憲法附属法律の事前統制においては，解釈留保付き合憲判決が出されるのは遅く，憲法附属法律の事前審査における最初の解釈留保付き合憲判決は，1987年6月26日DC判決第228号[14]であった。これは，DC判決を通じて，36番目の解釈留保付き合憲判決であった。ただし，この判決は，ある条文が憲法附属法律事項ではなく（通常）法律事項であるという留保の下で合憲とする判決（Conformité - déclassement organique）であり，形式上は留保付き合憲判決とは区別されるが，一般に解釈留保付き合憲判決の1つと解される。このように，憲法附属法律に対する解釈留保付き合憲判決については，その登場は遅れたが，本判決以後は，憲法附属法律について「Conformité - déclassement organique」を含めて多くの解釈留保付き合憲判決が出されている。

(4) QPC判決における解釈留保付き合憲判決

最後に，すでに述べたとおり，2008年7月23日憲法改正によって，（通常）法律施行後に憲法院による法律の事後の憲法適合性審査が可能となり，2010年3月からQPC判決が下されるようになった。QPC判決における最初の解釈留保付き合憲判決は，2010年6月18日QPC判決第8号[15]であり，QPC判決を通して6件目の判決で登場した。それ以降，QPC判決においても，数多くの明示的および黙示的な解釈留保付き合憲判決が出されており[16]，2018年9

---

14) C. C., Décision n° 87-228 DC du 26 juin 1987, *Loi organique relative à la situation des magistrats nommés à des fonctions du premier grade, Rec.*, p. 38.
15) C. C., Décision n° 2010-8 QPC du 18 juin 2010, *Époux L., Rec.*, p. 117.
16) ただし，次の点に注意しなければならない。すなわち，事後の憲法適合性統制（QPC判決）においても，1つ以上の条文または文言が付託されることがあり，事前の憲法適合性統制（DC判決）と同様に，付託された法律の条文または文言のすべてが違憲となれば全部違憲，その一部が違憲となれば一部違憲となる。したがって，事前の憲法適合性統制に関して前掲注5）で見たように，事後の憲法適合性統制においても，ある判決が一部違憲かつ留保付き合憲となることもあるのである。このような一部違憲かつ留保付き合憲判決として，例えば，以下を参照。C. C., Décision n° 2012-

月6日現在，644件のQPC判決のうち，憲法院のウェブサイトで解釈留保付き合憲判決と明確に表記されているもの（一部違憲かつ留保付き合憲判決も含む）は100件である[17]。

3　学説における解釈留保付き合憲判決の分類

このように，解釈留保付き合憲判決は，DC判決の下で登場し，QPC判決においても用いられている。次に，このようなDC判決の下で登場し多くの事例で用いられた解釈留保付き合憲判決について，学説はどのように分類しているかについて見ていく。DC判決で用いられてきた解釈留保付き合憲判決は，多くの学説によれば大きく3つに分類されている。

(1)　中和的解釈

まず，解釈留保の第一の類型は，「中和的解釈 (interprétation neutralisante)」または「中和的留保 (réserves neutralisantes)」と呼ばれるものである。これは，フランスにおける憲法訴訟研究の第一人者であるドミニク・ルソーによれば，憲法院が，提訴された法律の規定から法的効力を取り除くこと，あるいは，憲法に反するような解釈を排除すること[18]，と定義される。この中和的解釈は，さらに2つに分類される。

①　積極的中和的解釈

まず，中和的解釈の第一類型は，憲法院が法律の規定について一定の解釈を強制するもの[19]である。これは，「積極的中和的解釈 (interprétation neutralisante positive)」とも呼ばれるもので，すなわち，憲法院は，法律の規定につい

---

282 QPC du 23 novembre 2012, *Association France Nature Environnement et autre*, *Rec.*, p. 596.

[17]　一方で，全部または一部違憲判決でありながら，即無効となるわけではなく，無効となる期日を決めて，立法者に改正の猶予を与える将来効判決が下されることもある。これは「過渡的留保 (réserve transitoire)」と呼ばれるが，無効となる期間に留保を付すだけであり，解釈に留保を付するものではないため，解釈留保付き合憲判決とは異なる。このような過渡的留保付き違憲判決として，例えば，以下を参照。C. C., Décision nº 2014-404 QPC du 20 juin 2014, *Époux M.*, *JO*, 22 juin 2014, p. 10315, texte nº 35.

[18]　Dominique Rousseau, *Droit du contentieux constitutionnel*, 10ᵉ éd., LGDJ, 2013, p. 156.

[19]　Thierry Di Manno, *supra* note (7), pp. 199 et s.

ていくつかの解釈があるとき，憲法に適合する解釈のみを選択するのであり，したがって，法律の規定について憲法に適合する唯一の解釈のみが憲法院によって確定され，審署された法律の規定はこの意味で解釈されなければならない[20]，というものである。

　この「積極的中和的解釈」が用いられた例として，1997年4月22日DC判決第389号[21]が挙げられる。問題となった規定は，一定の要件の下において，外国人に一時滞在許可証が法上当然に（de plein droit）交付されることを定めていた。そして，その規定は，(1)一時滞在許可証の交付において，一夫多妻の状態にある外国人を排除する旨を定めていた。また，当該規定は，(2)フランス人の子供の外国人の父親または母親への一時滞在許可証の交付には，(i)子供が16歳以下であること，(ii)子供がフランスに居住していること，(iii)一時滞在許可証の要求者が子供の生活必需品を実効的に提供すること，という3つの要件を課していた。

　憲法院は，(1)一時滞在許可証の交付において，一夫多妻の状態にある外国人を排除する規定については，「フランスにおいて一夫多妻の状態で生活している外国人にしか適用されない」ものと解釈されなければならないという解釈留保を付し，その上で，「この解釈留保の下で，立法者は……憲法的効力を有するいかなる原理も権利も侵害していない」と判示した（Cons. 37）。また，憲法院は，(2)(iii)一時滞在許可証の要求者が子供の生活必需品を実効的に提供するという要件を定めた規定については，「この規定を適用するためには，その収入を考慮してフランスに居住する子供の扶養を確保するために必要措置を採った外国人の父親または母親は，その子供の生活必需品を実効的に提供しているものと解釈されなければならない」という解釈留保を付し，その上で，「他のすべての解釈は，通常の家族生活を送る当事者の権利を侵害する。この留保の下で，この規定は憲法に適合すると見なされなければならない」と判示

20）　Laurent Domingo, *supra* note (5), pp. 147-148.

21）　C. C., Décision n° 97-389 DC du 22 avril 1997, *Loi portant diverses dispositions relatives à l'immigration, Rec.*, p. 45. 本判決に関する邦語の判例評釈として，光信一宏「ドブレ法の憲法適合性——宿泊証明書判決」フランス憲法判例研究会編『フランスの憲法判例』（信山社，2002年）73～78頁。

した（Cons. 39）。このように，憲法院は，憲法に適合する解釈のみを示し，憲法院の示した解釈に従う限りで当該規定を合憲としたのである。

② 消極的中和的解釈

次に，中和的解釈の第二類型は，憲法院が法律の規定について一定の解釈を禁止するもの[22]である。これは，「消極的中和的解釈（interprétation neutralisante négative）」とも呼ばれるもので，すなわち，憲法院は，法律の規定についていくつかの解釈がありうるとき，憲法に違反する解釈のみを排除するのであって，したがって，他のすべての解釈が憲法に違反しているわけではなく，憲法院が示す憲法に違反する解釈以外であれば，いくつかの解釈は成り立ちうる[23]，というものである。

この「消極的中和的解釈」が用いられた例として，2003年3月13日DC判決第467号[24]が挙げられる。問題となった規定は，定められた目的のためにしか，司法警察活動の枠組みにおいて収集された個人情報の行政目的での照会を認めないと規定し，そのような照会は，「フランス国籍の獲得ならびに外国人の入国および滞在に関する資格の交付・更新の請求の審理のために」認められると規定していた。

憲法院は，この規定は，フランス国籍の獲得が法律に基づいて法上当然に認められるときであるにもかかわらずフランス国籍の獲得を検討したり，滞在資格の更新が法律に基づいて法上当然に認められるときまたは通常の家族生活を送る各人の権利の尊重によって要請されるときであるにもかかわらず滞在資格の更新を検討したりするために，照会を行うことができる規定として解釈されてはならないという解釈留保を付した（Cons. 35）。すなわち，憲法院は，憲法に違反する特定の解釈を排除し，そのような解釈を採らない限りにおいて，当該規定を合憲としたのである。

---

22) Thierry Di Manno, *supra* note（7），pp. 208 et s.
23) Laurent Domingo, *supra* note（5），p. 148.
24) C. C., Décision n° 2003-467 DC du 13 mars 2003, *Loi pour la sécurité intérieure, Rec.*, p. 211. 本判決に関する邦語の判例評釈として，高作正博「国内の安全に関する法律」フランス憲法判例研究会編・前掲注3）113〜116頁。

③ 小　括

このように，中和的解釈には，(1)憲法に適合する解釈を確定し，それを強制する「積極的中和的解釈」と，(2)憲法に違反する解釈を確定し，その解釈のみを排除する「消極的中和的解釈」とがある。

(2) 建設的解釈

次に，解釈留保の第二の類型は，「建設的解釈（interprétation constructive)」または「建設的留保（réserves constructives)」と呼ばれるものである。これは，ドミニク・ルソーによれば，憲法院が，法律の憲法適合性を導く規定を法律に付け加えること，つまり，法律に明記された以上の意味を法律の規定に与えること[25]，と定義される。この建設的解釈も，さらに２つの類型に分けられる。

① 付加的建設的解釈

まず，建設的解釈の第一類型は，憲法院が，法律の規定を憲法に適合させるために，その規定に欠けている規範内容を法律に付け加えることを目的とするもの[26]である。これは，「付加的建設的解釈（interprétation constructive additive）」または「付加的解釈的判決（décisions interprétatives additives)」とも呼ばれるもので，すなわち，憲法院は，法律の規定を憲法に適合させるために，法律の中に現れていない必要な定義・規範内容を解釈によって法律の規定にもたらし，したがって，法律の規定は，憲法院によってその内容に付け加えられる解釈を伴ってしか確定されない[27]，というものである。

この「付加的建設的解釈」が用いられた例として，前述の1997年4月22日DC判決第389号が挙げられる。問題となった規定は，警察機関が不正規（違法）状態にある（en situation irrégulière）外国人から旅券または渡航証明書を没収することができる旨と，その代わりに，書類の没収日と書類がどのようにして返還されるかを明記した受領書が交付される旨を定めていた。しかし，当該規定は，そのような外国人が旅券または渡航証明書の返還請求を行うことができるのか，受領書が交付されると基本的権利および自由は保障されないのか，

---

25) Dominique Rousseau, *supra* note (18), p. 157.
26) Thierry Di Manno, *supra* note (7), pp. 231 et s.
27) Laurent Domingo, *supra* note (5), p. 148.

どういった態様で没収が行われるのかについては何も定めていなかった。

憲法院は，(1)出国のために没収書類の返還請求があれば，書類は本人がフランスを離れる場所において返還されなければならない，(2)受領書が交付されたとしても，そのような外国人にも，滞在の適法性の要件を満たす場合に限り認められるものを除き，基本的権利および自由は保障される，(3)書類の没収は，行政裁判官の統制の下で，厳格に行われなければならない，という3つの解釈留保を付した上で，当該規定を合憲とした (Cons. 12)。すなわち，憲法院は，法律の条文にはない定義・規範内容を解釈により付加し，その付加された解釈に従う限りで当該規定を合憲としたのである。

② 代替的建設的解釈

次に，建設的解釈の第二類型は，憲法院が，法律の規定から憲法に反する規範内容を除去し，その代わりに憲法に適合する規範内容を新たに付け加えることを目的とするもの[28]である。これは，「代替的建設的解釈 (interprétation constructive substitutive)」または「代替的解釈的判決 (décisions interprétatives substitutives)」とも呼ばれるもので，すなわち，憲法院は，法律の規定の解釈が憲法違反に至りうる可能性があるとき，憲法適合性を確保するために法律の規定について他の解釈を採り，したがって，憲法院は，法律に現れている定義に代替する定義を解釈によって法律にもたらす[29]，というものである。

この「代替的建設的解釈」が用いられた例として，1993年8月11日DC判決第326号[30]が挙げられる。問題となった規定は，警察留置は「最も適切な期限内で (dans les meilleurs délais)」警察官から検察官に通知されることを規定していた。1958年憲法66条は司法機関 (autorité judiciaire) が身体的自由の守護者であることを定めているが，この点，「最も適切な期限内で」という言葉の意味が不明確であり，身体的自由を守護する検察官にどのくらいの期限内に警察留置が通知されるのかが明らかでなく，憲法に違反する可能性があった。これについて，憲法院は，「最も適切な期限内で」という条文上の定義に代わ

---

28) Thierry Di Manno, *supra* note (7), pp. 259 et s.
29) Laurent Domingo, *supra* note (5), p. 149.
30) C. C., Décision nº 93-326 DC du 11 août 1993, *Loi modifiant la loi nº 93-2 du 4 janvier 1993 portant réforme du code de procédure pénale, Rec.*, p. 217.

って，解釈によって「可能な限り最も短い期限内で (dans le plus bref délai possible)」という定義を付すという解釈留保によって，当該規定を合憲とした (Cons. 3)。すなわち，憲法院は，法律の条文で定義されている内容が憲法に違反するおそれがあるとして，その法律上の定義に代わって，憲法に適合する定義・規範内容を解釈によって法律に代替的に付加することで，当該規定を合憲としたのである。

③ 小　括

このように，建設的解釈には，(1)法律が必要な定義や規範内容を定めていないときに憲法に適合する定義や規範内容を解釈によって定める「付加的建設的解釈」と，(2)法律の規定が憲法に違反すると思われる定義や規範内容を定めているときに，その代わりに憲法に適合する定義や規範内容を解釈によって定める「代替的建設的解釈」とがある。

(3) 指令的解釈

最後に，解釈留保の第三の類型は，「指令的解釈 (interprétation directive)」または「指令的留保 (réserves directives)」と呼ばれる。これは，ドミニク・ルソーによれば，憲法院が，法適用機関のために，憲法に適合する法適用方式を定め，その方式を明確にすること[31]と定義される。法適用機関は，行政機関と裁判機関に分けられるため，この指令的解釈は憲法院の指令がどちらに向けられているかによって2つに分類される。

① 行政機関への指令的解釈

指令的解釈の第一類型は，憲法院の指令が法律を執行する行政機関に宛てられるものである。行政機関に対する指令的解釈が用いられた例として，2009年7月16日DC判決第584号[32]が挙げられる。問題となった規定は，公務員

---

31) Dominique Rousseau, *supra* note (18), p. 157. なお，憲法院の指令の内容が(1)抽象的であるか，(2)具体的であるかによって，指令的解釈を，抽象的指令的解釈と具体的指令的解釈とに分類する見解もある。Thierry Di Manno, *supra* note (7), pp. 293 et s. また，すべての解釈留保は指令的解釈としての性格を有しているとする見解もある。Alexandre Viala, *supra* note (7). 辻信幸は，このような見解を「一元論とでもいうべき説」と評している。辻・前掲注 4) 論文(1)502頁。

32) C. C., Décision n° 2009-584 DC du 16 juillet 2009, *Loi portant réforme de l'hôpital et relative aux patients, à la santé et aux territoires*, Rec., p. 140.

の性質を有していない人物が公施設法人 (établissement public)[33] の施設長の常設職に任命されることを認めるものであった。

　憲法院は，この規定に関して，二重の解釈留保の下で合憲とした。1つの留保は，執行権はこのような常設職への候補者の平等アクセスを保障する準則を定め，彼らの素質が審査される態様を明確にしなければならない，というものであり，もう1つの留保は，当該行政機関は，その任務を果たす当事者の能力に基づいて任命の決定を行わなければならない，というものであった (Cons. 12)。このように，憲法院は，行政機関に対する指令的解釈を行い，その解釈に行政機関が従う限りにおいて合憲としたのである。

② 裁判所への指令的解釈

　指令的解釈の第二類型は，憲法院の指令が法律を適用する裁判機関に宛てられるものである。フランスの裁判機関は，大きく分けて，破毀院を頂点とする司法裁判所と，コンセイユ・デタを頂点とする行政裁判所がある[34]。ここでは，司法裁判所への指令的解釈および行政裁判所への指令的解釈の例をそれぞれ取り上げよう。

(a) 司法裁判所に対する指令的解釈

　まず，司法裁判所に対する指令的解釈が用いられた例として，1999年6月16日DC判決第411号[35] が挙げられる。問題となった規定は，違警罪 (contravention)[36] の累犯を軽罪 (délit)[37] で処罰することを規定していた。

---

33) 法人格を付与され，公役務活動をその限定された目的の範囲内で管理することを任務とする，地方公共団体とは別の公法上の存在。参照，Raymond Guillien, Jean Vincent 編著（中村紘一＝新倉修＝今関源成監訳）『フランス法律用語辞典〔第3版〕』(三省堂，2012年) 187～188頁。
34) フランスの主な裁判機関については，クリストフ・シャブロ（阿部智洋訳）「フランスにおける裁判官の専門化」日仏公法セミナー編『公共空間における裁判権──フランスのまなざし』(有信堂高文社，2007年) 191～196頁を参照。
35) C. C., Décision n° 99-411 DC du 16 juin 1999, *Loi portant diverses mesures relatives à la sécurité routière et aux infractions sur les agents des exploitants de réseau de transport public de voyageurs, Rec.*, p. 75. 本判決に関する邦語の判例評釈として，石川裕一郎「無罪の推定・刑罰の一身専属性・犯罪の主観的要素──交通安全法判決」フランス憲法判例研究会編・前掲注 **21**) 218～224頁。
36) 重罪 (crime) と軽罪に次ぐ最も軽い犯罪。違警罪の刑罰は，罰金刑，一定の権利剝奪刑または権利制限刑，補充刑および損害賠償制裁である。罰金刑の最高額は，自然人については3000ユーロである。参照，Guillien, Vincent 編著・前掲注 **33**) 120～121頁。

これに対して，憲法院は，「ある罪質決定は，軽罪の領域においては，その犯罪の客観的要素の他に，故意によるか否かという主観的要素を含まなければならない」とした上で (Cons. 16)，当該規定には，「犯罪の主観的要素について明確な規定が欠けているので，『重罪または軽罪を犯す意思がなければ，重罪または軽罪はない』という文言を有する刑法典 121-3 条の一般規定を適用するのは裁判官である」という解釈留保の下，当該規定を合憲とした (Cons. 17)。要するに，司法裁判官 (juge judiciaire) に刑法典 121-3 条に従ってこの規定を適用せよという指令的解釈を示し，その解釈に司法裁判官が従って当該規定を運用する限りにおいて当該規定を合憲としたのである。

(b) 行政裁判所への指令的解釈

次に，行政裁判所に対する指令的解釈が用いられた例として，2000 年 12 月 7 日 DC 判決第 436 号[38]が挙げられる。問題となった都市計画法典の条項は，地域都市計画 (plans locaux d'urbanisme)[39] の作成においては一般準則 (règles générales) と都市計画法典所定の目的 (objectifs) を達成することを可能にする行政地役 (servitudes d'utilisation des sols) を定めなければならない旨を規定し，一方で地方公共団体に結果債務 (obligation de résultat)[40] を負わせないように規定していた。というのも，この結果債務を地方公共団体に負わせると，地方公共団体の自治権を定める 1958 年憲法 34 条および 72 条の諸規定に違反するおそれがあったからである。

---

37) 重罪に次ぐ犯罪。自然人について科される軽罪の刑罰は，上限を 10 年とする拘禁刑，3750 ユーロ以上の罰金刑，日数罰金，市民意識啓発研修，公益奉仕労働，権利剥奪刑または権利制限刑，補充刑および損害賠償制裁である。なお，最も重い犯罪である重罪の刑罰は，自然人については，無期もしくは有期の懲役または禁固，罰金および補充刑である。重罪には，普通法上の犯罪と政治犯罪がある。参照，Guillien, Vincent 編著・前掲注 33) 146 頁および 133 頁。

38) C. C., Décision n° 2000-436 DC du 7 décembre 2000, *Loi relative à la solidarité et au renouvellement urbains*, Rec., p. 176. 本判決に関する邦語の判例評釈として，飯島淳子「『理由の性質ないし価値への考慮』の法理」フランス憲法判例研究会編・前掲注 3) 241～246 頁。

39) 1 つまたは複数の市町村規模で作成される市町村空間の重要な計画化文書。(建築可能または建築禁止) 区域ごとの土地の用途，維持または設置すべき交通路，保全すべき景観および環境，許可建築物に関する規則などを定める。参照，Guillien, Vincent 編著・前掲注 33) 321 頁。

40) 債務者が特定の結果について義務を負う債務。このような債務が存在すると，債権者は，フォート (faute) の証明をしなくとも，約束された結果が達成されていないことを証明しさえすれば，その債務者の責任を問うことができる。参照，Guillien, Vincent 編著・前掲注 33) 295 頁。

憲法院は，都市計画法典所定の目的の実現のための措置を地域都市計画に記載することは，地域都市計画起草者のみに課せられるとした上で，行政裁判官（juge administratif）が地域都市計画により定められる準則と都市計画法典の諸規定との整合性単純統制（simple contrôle de compatibilité）を行使するという解釈留保の下で，当該条項を合憲とした（Cons. 13）。すなわち，憲法院は，行政裁判官に対して両者の調整をするようにこの条項を適用せよという指令的解釈を示し，この解釈に行政裁判官が従って当該条項を適用する限りにおいて当該条項を合憲としたのである。

③ 小　括

このように，指令的解釈には，(1)行政機関に法適用方式を示すものと，(2)裁判機関（司法裁判所と行政裁判所）に法適用方式を示すものとがある。

4　DC 判決における解釈留保付き合憲判決と QPC 判決における解釈留保付き合憲判決

以上見てきたように，DC 判決の下で用いられてきた憲法院による解釈留保付き合憲判決は，学説によれば大きく 3 つの類型に分類されるが，次に，この 3 分類が QPC 判決においても用いられているか，また，QPC 判決において憲法院が解釈留保付き合憲判決の手法を用いることに固有の問題があるかを見ていく。

(1)　QPC 判決における 3 つの解釈留保の踏襲

まず，QPC 判決において，DC 判決の下で形成された解釈留保の 3 分類の手法が踏襲されているかどうかであるが，QPC 訴訟の制度施行後約 8 年半が経過しているが，3 つの類型の解釈留保付き合憲判決は QPC 判決においてすでに用いられている[41]。

---

41) 詳しくは以下を参照。Mathieu Disant, *Droit de la question prioritaire de constitutionnalité*, Lamy, 2011, pp. 333-334.

(2) QPC 判決における解釈留保付き合憲判決の問題点

次に，QPC 訴訟において憲法院が解釈留保付き合憲判決の手法を用いることに固有の問題はあるのか，換言すれば，DC 判決（特に（通常）法律の事前の憲法適合性統制）と QPC 判決（（通常）法律の事後の憲法適合性統制）それぞれにおける解釈留保付き合憲判決の類似性と特殊性[42]とは何かを検討していく。

① 裁判所による解釈を欠いた法律規定の場合

まず，憲法院が司法裁判官または行政裁判官による解釈を欠いた法律の規定を QPC 訴訟に付託されるとき，解釈留保の方法は根本的に変化せず，DC 判決（法律の憲法適合性の事前統制）の場合と同じ[43]ということになる。すわなち，施行された法律であっても，それについての司法裁判官または行政裁判官の解釈が付されていない以上，憲法院が解釈留保付き合憲判決を用いても，司法裁判官および行政裁判官の法律解釈権を侵害することはありえない。

② 裁判所による解釈を付与された法律規定の場合

次に，憲法院が司法裁判官または行政裁判官によって解釈された法律の規定が QPC 訴訟に付託されるときには，問題が生じる。つまり，憲法院が解釈留保付き合憲判決の手法を用いると，憲法院が憲法に適合するように法律解釈を行うことになり，司法裁判官および行政裁判官の法律解釈権を侵害するのではないか，ということである。

(a) QPC における憲法院と破毀院およびコンセイユ・デタ

その前提問題として，QPC 訴訟における憲法院と破毀院およびコンセイユ・デタとの関係について見ておこう。

QPC 訴訟において憲法院に付託される法律またはその条文・文言は，DC 判決において合憲判断を受けていないものか，それ以前に別の QPC 判決で合憲判断を受けていないもののみに原則として限られる[44]。そこで，法律（またはその条文・文言）がすでに施行され，司法裁判官または行政裁判官がその法律

---

42) 以下を参照。Mathieu Disant, *supra* note (41), pp. 330-331.
43) Alexandre Viala, *supra* note (6), pp. 970-979.
44) 憲法院に関する憲法附属法律の効力を有する 1958 年 11 月 7 日オルドナンス第 1067 号（以下，「1958 年オルドナンス」と表記）23-2 条。ただし，同条によれば，事情の変更があれば，すでに合憲判断を受けた法律またはその条文・文言も，QPC の対象となる。

(またはその条文・文言)に解釈を付しているときには、まず、QPC訴訟において憲法院が審査するのは、議会が制定した法律の規定か、司法裁判官または行政裁判官が法律の規定にすでに付した解釈か、という問題が生じる[45]。この点、QPC訴訟については、訴訟当事者からQPCの提起を受けた司法または行政の下級裁判所が直接QPCを憲法院に付託するわけではない。すなわち、まず司法または行政の下級裁判所は提起されているQPCが事後審査手続の受理要件に該当するかどうかを審査し、受理要件に該当すると判断すればQPCを破毀院またはコンセイユ・デタに移送し、次に、破毀院またはコンセイユ・デタが、付託要件の審査を行った後、最終的にQPCを憲法院に付託する。すなわち、憲法院にQPCが付託されるためには、司法または行政の下級裁判所と破毀院またはコンセイユ・デタの2段階の審査を経なければならないのである[46]。そこで、QPC訴訟導入当初は、破毀院でのQPCの憲法院への付託審査の際に、提起されているQPCが破毀院の法律解釈を対象とするものであったとき、破毀院はそのようなQPCの憲法院への付託を拒否していた (2010年5月19日の3つの破毀院判決[47])。しかし、その後、破毀院は自身の法律解釈の憲法適合性が問題となるときにも、QPCを憲法院に移送し、2010年10月6日QPC判決第39号[48]において、憲法院は、「議会が制定した法内容」ではなく、「裁判所が解釈した法内容」を審査対象とすると判示した。一方、行政裁判所で提起されるQPCについても、コンセイユ・デタは自身の法律解釈の憲法適合性が問題となるときにもQPCを憲法院に移送し、2010年10月14日QPC判決第52号[49]において、憲法院は、同様に、「裁判所が解釈した法内容」を審査対象と

---

45) フランスでQPC訴訟が導入されてから、いわゆる「法律解釈権論争」が起こった。これについて、詳しくは以下の文献を参照。井上武史「フランス憲法院への事後審査制導入の影響——通常裁判所の法解釈に対する違憲審査」曽我部真裕 = 田近肇編『憲法裁判所の比較研究——フランス・イタリア・スペイン・ベルギーの憲法裁判』(信山社, 2016年) 133〜151頁。
46) 1958年オルドナンス23-1条, 23-2条, 23-3条, 23-4条および23-7条。ただし、破毀院またはコンセイユ・デタにおいて直接QPCを提起することも可能であり、この場合、QPCの憲法院への付託については、破毀院またはコンセイユ・デタによる1度の審査のみである (1958年オルドナンス23-5条および23-7条)。
47) Cass. QPC, 19 mai 2010, n° 09-83328; n° 09-87307; n° 09-82582. その後も2つの事例で、破毀院は、破毀院の法律解釈を対象とするQPCの憲法院への付託を拒否した。Cass. QPC, 31 mai 2010, n° 09-87578; Cass. QPC, 9 juillet 2010, n° 10-40010.
48) C. C., Décision n° 2010-39 QPC du 6 octobre 2010, *Mmes Isabelle D. et Isabelle B., Rec.*, p. 264.

すると判示した。

このような憲法適合性統制のあり方は，法律の事後審査の質を確保すると言われている。というのも，憲法院・憲法裁判官は，司法裁判官および行政裁判官によって付与された法律の正統解釈，すなわち，生ける法を統制することができるからである。すなわち，憲法院の事前統制における判決およびロジックは，極めて抽象的で簡潔であるが，ドミニク・ルソーによれば，憲法院が司法裁判官および行政裁判官によって付与された法律解釈を統制することで，「憲法裁判官の統制は，生ける法律（loi vivante），すなわち，議会的法律（loi parlementaire）ではなく判例的法律（loi juridictionnelle）を認識するために，極めて抽象的なロジックから抜け出す」[50]ことができるからである。

(b) **通常裁判官の法律解釈に対する憲法院の解釈留保**

それでは，このように憲法院が「判例的法律」の QPC 訴訟において司法裁判官および行政裁判官による法律解釈の憲法適合性統制を行うことは，解釈留保付き合憲判決とどのような関係にあるのであろうか。まず，憲法院が「裁判官が解釈した法内容」に対して違憲判決を下すことは，司法裁判官および行政裁判官の法律解釈を否定することになる。すなわち，問題となった法律（またはその条文・文言）だけでなく，その解釈までも廃止される[51]。反対に，憲法院が「裁判官が解釈した法内容」に対して合憲判決を下すことは，当該法律（またはその条文・文言）だけでなく，司法裁判官および行政裁判官の法律解釈をも肯定することになる。いずれにせよ，QPC 訴訟において憲法院が司法裁判官および行政裁判官の法律解釈の憲法適合性を審査することは，フランスの多元的裁判制度において，憲法院が理論上の最高裁判所（méta-Cour suprême）になりうることを意味する[52]。すなわち，憲法院は，「法律の監視者〔引用者注：司法裁判官および行政裁判官〕を監視する憲法上の監視者（gardien constitutionnel qui garde le gardien de la loi）」[53]となる。

---

49) C. C., Décision n° 2010-52 QPC du 14 octobre 2010, *Compagnie agricole de la Crau, Rec.*, p. 283.
50) Dominique Rousseau, «L'art italien au Conseil constitutionnel: les décisions des 6 et 14 octobre 2010», *Gaz. Pal.*, 2010, n° 293-294, pp. 12-15.
51) Mathieu Disant, *supra* note (41), p. 346.
52) Alexandre Viala, *supra* note (6), p. 995.

一方，憲法院が QPC 訴訟において司法裁判官および行政裁判官が解釈を付した法律（またはその条文・文言）に解釈留保付き合憲判決を下すことはいかなる意味を有するのか。それは，憲法院が司法裁判官および行政裁判官の法律解釈とは異なる解釈留保を付して法律（またはその条文・文言）を合憲とすることである。というのも，もし憲法院が司法裁判官および行政裁判官の解釈と同じ解釈留保を付して法律（またはその条文・文言）を合憲とすれば，それは司法裁判官および行政裁判官の法律解釈を単に合憲とするのと同じだからである。したがって，憲法院が「判例的法律」に解釈留保付き合憲判決を下すことは，「議会的法律」（またはその条文・文言）に対する従来の司法裁判官および行政裁判官の解釈が廃止され，それに別の新しい解釈が付されることを意味し，さらに，司法裁判官および行政裁判官（および他の公の機関）はその憲法院による別の新しい法律解釈に従わなければならないことをも意味する[54]。とまれ，憲法院が「判例的法律」の QPC 訴訟において解釈留保付き合憲判決の手法を用いることも，憲法院がフランスの多元的裁判制度において理論上の最高裁判所になりうることに資するのである。

5　憲法院による法律の解釈留保の国家機関による尊重

　憲法院は，1958 年憲法 61 条 2 項によって（通常）法律の審署前に法律の憲法適合性を裁定するが，そこでは憲法の解釈が行われる。憲法院は憲法裁判官（juge constitutionnel）であるから，憲法を解釈することがその任務である。しかし，61 条 2 項に基づく法律の事前の憲法適合性統制において，憲法院が法律に解釈留保を付して合憲とすることは，憲法院による法律解釈を意味する。すなわち，法律を解釈するのは通常裁判所（破毀院を頂点とする司法裁判所とコンセイユ・デタを頂点とする行政裁判所を包含する用語）であるにもかかわらず，憲法院は，法律の審署前に，言い換えれば，通常裁判官（juge ordinaire）（司法裁判官と行政裁判官を包含する用語）が民事訴訟・刑事訴訟・行政訴訟において法

---

53)　Alexandre Viala, *supra* note (6), p. 995.
54)　Dominique Rousseau, *supra* note (18), p. 268.

律を解釈する前に，法律の解釈を行うのである。ここでは，このような憲法院による法律の解釈たる解釈留保付き合憲判決が，憲法院自身によって，および，法律を執行・適用する行政機関と通常裁判所によって実際に尊重されているのかを検討する。

(1) 憲法院自身による解釈留保の尊重

憲法院がある法律の規定に付した解釈留保は，その規定が改正されたときや，その規定の対象や射程と類似した別の規定が制定されたときに，憲法院自身によって尊重されるのか。すなわち，憲法院は自身が法律に付した解釈事項にその後も拘束されるのかが問題となる。

① 憲法院の憲法解釈の権威

憲法院は，憲法を解釈することが第一の任務である。憲法院が示した法律への解釈留保が憲法院自身によって尊重されているかどうかを検討する前提問題として，憲法院がその判決理由の中で示した憲法解釈が憲法院によって尊重されているかどうかを検討しなくてはならない。というのも，1958年憲法62条3項（2008年7月23日改正以前は2項）は「憲法院判決（décisions）はいかなる不服申立てにもなじまない。憲法院判決は，公権力ならびにすべての行政および司法機関を拘束する」と定めており，憲法院判決が憲法院自身をも拘束するのかどうかが自明ではないからである。特に，憲法院の判決は判決理由（motif）と主文（dispositif）から構成されるが，憲法院が判決理由において自身で示した憲法解釈に拘束されるのかは明らかではない。実際，憲法院が憲法適合性統制において参照する規範である憲法適合性ブロック（bloc de constitutionnalité）には，憲法院の憲法解釈は含まれていない。そこで，判決理由において憲法院によって解釈された事項の権威，すなわち，憲法院判決の既解釈力（autorité de la chose interprétée）[55]が問題となるのである。

---

[55] 既解釈力は，既判力（autorité de la chose jugée）と明確に区別される。既解釈力は，もともとは，欧州人権裁判所の判決の効力の議論に由来するものであり，欧州人権裁判所の元副長官であった Walter-Jean Ganshof van der Meersch 教授によって用いられた言葉である。詳しくは，以下の文献を参照。Walter-Jean Ganshof van der Meersch, « La garantie des droits de l'homme et la Cour européenne de Strasbourg », *JT*, 1982, pp. 102-115.

この点，憲法院は，その憲法解釈への既解釈力を認める一般的・明示的な定式化をこれまでの判決の中で行ってきてはいない。しかし憲法院は，すでに示されてきた憲法解釈を別の判決において尊重する姿勢を示してきている[56]。すなわち，憲法院は，自身の憲法解釈に対する既解釈力を認めているのである。

また，憲法院は毎年，『憲法院判例年次分析表（table analytique annuelle de la jurisprudence du Conseil constitutionnel）』を公表しているが，2004年以来，「以前の諸判決の射程（Portée des précédentes décisions）」というタイトルの下で「既解釈力」という項目を立てている。この年次分析表は，憲法院がその判例を一般に周知させるために用いられるだけでなく，憲法院裁判官が判決を起草するために用いられているので，この「既解釈力」の項目は，憲法院の訴訟活動における憲法解釈の既解釈力原則の浸透を証明しており，さらに，憲法院が公権力および行政機関・司法機関にもこの既解釈力の原則を普及させようとする意図を示している[57]。実際，他の国家機関は，憲法院が示した判決だけでなく，憲法解釈をも尊重する姿勢を見せている。

② 憲法院の解釈留保の権威

このように憲法院の憲法解釈には，憲法院自身（さらには他の国家機関）への既解釈力があるが，憲法院による法律への解釈留保，すなわち，憲法院による法律解釈には，憲法院自身への既解釈力があるのか。換言すれば，憲法院がある法律規定について示した解釈留保は，その規定が改正されたとき，あるいは，その規定と類似の目的や射程を有する別の（法律の）規定が制定されたとき，そのような規定が憲法院に付託されれば，憲法院は以前に示した解釈留保に拘束されるのであろうか。

この問題について，憲法院は，解釈留保の既解釈力を認める一般的・明示的な定式化を行ってこなかったが，以下の2つの判決において自身の解釈留保の既解釈力を認めた。

まず，2004年12月2日DC判決第506号[58]は，1958年憲法62条3項（旧

---

[56] Mathieu Disant, *L'autorité de la chose interprétée par le Conseil constitutionnel*, LGDJ, 2010, p. 567.
[57] Mathieu Disant, *supra* note (56), pp. 567-568.
[58] C. C., Décision n° 2004-506 DC du 2 décembre 2004, *Loi de simplification du droit, Rec.*, p. 211.

2項)が憲法院判決に付与している権威は解釈留保にまで及ぶことを明示した。すなわち, 付託者たる国民議会議員および元老院議員は, 当該法律規定が2003年6月26日DC判決第473号[59]の判決理由18において示された解釈留保に違反していると主張し, かつ, その解釈留保が帯びている権威の性質, 根拠および射程を明確にすることを求めたのに対して, 憲法院は, その解釈留保を解釈した上で (Cons. 17-19), 法律規定に関して憲法院により表明された解釈留保は「憲法62条が憲法院判決に付与している権威を帯びている」という一般的定式の下で, 当該法律規定はその解釈留保に違反していないと判示したのである (Cons. 22)[60]。

次に, 2008年7月24日DC判決第567号[61]では, 前記の2つの判決, すなわち, 2003年6月26日DC判決第473号および2004年12月2日DC判決第506号で問題となった規定と類似の4つの規定について, 付託者たる国会議員は憲法院の解釈留保に違反していると主張したが, 憲法院は4つの規定について異なる判断をした。すなわち, 憲法院は, 3つの規定については解釈留保違反を認めなかった一方で (Cons. 3-4 et 8-9), 1つの規定については解釈留保違反を認めたのである (Cons. 13-14)。したがって, 後者に関して憲法院は, ある法律の規定について, それと類似した規定についての解釈留保に違反しているかどうかを審査した上で, 解釈留保違反があるとして違憲と判断したのである。

③ 小 括

憲法院によって解釈された事項には(i)憲法解釈事項と(ii)法律への解釈留保

---

[59] C. C., Décision n° 2003-473 DC du 26 juin 2003, *Loi habilitant le Gouvernement à simplifier le droit*, Rec., p. 382.

[60] なお, 当該法律規定はオルドナンス (ordonnance。1958年憲法38条によって認められている法律の授権・追認に基づく特別の政令) により生じているが, コンセイユ・デタ行政部はオルドナンス案の審査の際に2003年6月26日DC判決第473号において示された解釈留保が満たされていると判断した。また, 当該オルドナンスに関する行政訴訟 (オルドナンスは命令的性質を有するため) において, コンセイユ・デタ訴訟部もこの解釈留保が満たされていると判断した。C. E., 29 octobre 2004, *Sueur et autres*, n° 269814, Rec., p. 391. このような憲法院の解釈留保についての行政機関および通常裁判所による尊重については後述。

[61] C. C., Décision n° 2008-567 DC du 24 juillet 2008, *Loi relative aux contrats de partenariat*, Rec., p. 341.

による法律解釈事項があるが，いずれも憲法院によって尊重されており，憲法による解釈事項には既解釈力がある。憲法院は，以前に示された法律への解釈留保に照らして，類似の規定を審査し，解釈留保違反があるかどうかを判断する。実際，憲法院は，解釈留保に違反するとして違憲判決を下した。

(2) 行政機関による憲法院の解釈留保の尊重

次に，憲法院によって示された法律への解釈留保は，行政機関によっても尊重されるのかが問題となる。すでに見たように，行政機関を名宛人とする解釈留保もあることから，たとえ憲法院が行政機関に対してこれこれのように法律を解釈するように指示したとしても，その法律を執行する行政機関が憲法院の解釈留保を尊重しなければ，憲法院による法律の解釈留保には何の実効性もなくなる。それでは実際に，行政機関はどのように憲法院の解釈留保を尊重しているのか。

① 執行命令制定におけるコンセイユ・デタ行政部による憲法院の解釈留保の尊重

一般に法律は行政機関によって執行される。法律はそのまま執行されることもあるが，多くの場合，法律を執行するための執行命令が行政機関によって制定される。フランスにおいては，法律の執行命令はデクレ（décret）[62]によってなされ，法律の執行のためのデクレは，「コンセイユ・デタの議を経たデクレ（décret en Conseil d'État）」である。このコンセイユ・デタの議を経たデクレは，デクレ案をコンセイユ・デタ行政部へ諮問した[63]後に制定されるデクレである。したがって，憲法院による解釈留保の付された法律を執行するためのデクレを制定する際には，第一義的にはデクレ案を起草する大臣やその省庁が憲法院の解釈留保を尊重しなければならないが，コンセイユ・デタ行政部が憲法院の解釈留保を考慮する最も重要な役割を担うことになる[64]。

---

[62] フランスにおけるデクレの形式的分類に関して，詳しくは，拙著・前掲注 10) 102 頁を参照。
[63] 法令案に関するコンセイユ・デタ行政部への諮問について，詳しくは，拙著・前掲注 10) 45～85 頁を参照。
[64] 実際，コンセイユ・デタ行政部は，命令制定において政府との共同行為者（coauteur）とされている。詳しくは，拙著・前掲注 10) 62～74 頁を参照。なお，コンセイユ・デタ行政部は，憲法院による法律の解釈留保のみならず，憲法院の憲法解釈も考慮に入れており，憲法院判例を参照しながら，政府提出法律案の憲法適合性を審査している。詳しくは，拙稿「フランスにおける憲法解

コンセイユ・デタ行政部によって憲法院の解釈留保が尊重された具体例として，憲法院による解釈留保が示された 2003 年 11 月 20 日 DC 判決第 484 号[65]を受けて成立した法律の適用態様を定めるデクレ案についての 2004 年 9 月 7 日コンセイユ・デタ意見が挙げられる。コンセイユ・デタ行政部は，「憲法 62 条の諸規定に照らして，内閣（gouvernement）は，他の公権力や裁判機関と同様に，法律の憲法適合性について裁定する憲法院判決における憲法院によって表明された解釈留保によって拘束される」ことを示した上で，自身に付託されたデクレ案に対して憲法院によって表明された解釈留保を考慮した意見を答申した[66]。

② 法律の直接執行における憲法院の解釈留保の尊重

すでに述べたとおり，執行命令を制定せずに行政機関が法律を直接執行する場合がある。憲法院が解釈留保を付した法律を直接執行する際には，当該法律を所管する大臣やその省庁が憲法院の解釈留保を尊重する責任を負うことになる。しかし，法律に付された憲法院の解釈留保の射程に疑義が生じることもある。大臣は法律問題についていつでもコンセイユ・デタ行政部に任意に諮問することができるので（行政裁判法典 L. 112-2 条），コンセイユ・デタ行政部は，憲法院による解釈留保の射程に関して大臣に意見を答申する任務を担う。

③ 小　　括

憲法院が解釈留保を付した法律に関して，行政機関が執行命令を通じてその法律を執行する場合にも，直接その法律を執行する場合にも，大臣やその省庁が憲法院の解釈留保を尊重する責任を負うが，実際にはコンセイユ・デタ行政部が大臣や省庁に憲法院の解釈留保を尊重することを促す重要な機関となる。

　釈機関としてのコンセイユ・デタ行政部」レファレンス 783 号（2016 年）98～100 頁を参照。
[65] C. C., Décision nº 2003-484 DC du 20 novembre 2003, *Loi relative à la maîtrise de l'immigration, au séjour des étrangers en France et à la nationalité*, Rec., p. 438.
[66] Mathieu Disant, *supra* note (56), p. 647. 以下も参照。Xavier Samuel, «Les réserves d'interprétation émises par le Conseil constitutionnel», exposé présenté à l'occasion de l'accueil des nouveaux membres de la Cour de cassation au Conseil constitutionnel, 26 janvier 2007, pp. 20-21 (http://www.conseil-constitutionnel.fr/conseil-constitutionnel/root/bank_mm/pdf/Conseil/reserves.pdf); Conseil d'État, *Rapport public 2005*, Études & Documents Nº 56, La documentation Française, 2005, pp. 51-52.

(3) 通常裁判所による憲法院の解釈留保の尊重

　法律の解釈権限は通常裁判官に帰属する。したがって，行政機関に宛てられた法律の解釈留保であれ，通常裁判所に宛てられた法律の解釈留保であれ，通常裁判官が最終的に憲法院による法律の解釈留保を尊重する任務を負うことになる。ここでは，法律の解釈権限を有する通常裁判所によってどのように憲法院の解釈留保が尊重されているのかを見ていく[67]。

① 法律と法律への解釈留保の一体化

　通常裁判官は，通常訴訟（民刑事訴訟と行政訴訟を包含する用語）での法律規定の適用・解釈における憲法院による憲法解釈の保障者である。というのも，通常裁判官は法律の憲法適合性を統制することはできないが，通常訴訟において，憲法院の憲法解釈の下で憲法院が合憲と判断した法律規定を適用・解釈するからである[68]。

　同様に，通常裁判官は，憲法院によって表明された法律の解釈留保の保障者である。通常裁判官は，憲法院による解釈留保を解釈された法律テキストへと同化させることで，法律と憲法院による法律の解釈留保とが一体化した規範を適用するのである[69]。通常裁判官を構成する司法裁判官と行政裁判官はいずれもすでにこの規範的一体性（unité normative）を確立している[70]。この規範的一体性は，憲法院による法律の解釈留保（適合的解釈）は法律テキストそのものとして訴訟において適用されることを意味する。

---

[67]　これに関する研究業績は多い。ルイ・ファボルー（Louis Favoreu）が多くの業績を残しているが，それ以外の者の主要な研究業績として，以下の文献を参照。Thierry Di Manno, «L'influence des réserves d'interprétation du Conseil constitutionnel», *in* Guillaume Drago, Bastien François et Nicolas Molfessis (dir.), *La légitimité de la jurisprudence du Conseil constitutionnel*, Economica, 1999, pp. 189-272; Inès Monteillet, «L'influence à l'égard des juridictions ordinaires des réserves d'interprétation formulées par le Conseil constitutionnel dans ses décisions», *Gaz. Pal.*, 31 mai-1er juin 2002, n° spécial droit public, doctrine, pp. 3-8; Mathilde Boulet, «La problématique de l'application des réserves d'interprétation du Conseil constitutionnel», *Tribune de droit public*, 2005, n° 17, pp. 5-39.

[68]　Mathieu Disant, *supra* note (56), p. 632.

[69]　Mathieu Disant, *supra* note (56), p. 632.

[70]　司法裁判官および行政裁判官が法律と憲法院による解釈留保（適合的解釈）を一体化させていった経緯について，詳しくは，以下を参照。Mathieu Disant, *supra* note (56), pp. 632-642.

② 通常裁判所による憲法院の解釈留保の適用の具体例

このように通常裁判所は憲法院の解釈留保（適合的解釈）を法律テキストそのものとして訴訟において適用しているが，そのような事例はあまりにも多い。したがってここでは，司法裁判所および行政裁判所が憲法院の解釈留保を適用した具体例をそれぞれ1つずつ見ていこう。

(a) 司法裁判所による憲法院の解釈留保の適用事例

憲法院は，1999年6月16日DC判決第411号[71]において，スピード超過の自動コントロールに関する金銭的責任の推定規定に関して，証言拒否を理由とするフォート（反規範的態度）[72]を根拠としてコントロールされる車の車体証の保持者に課せられる金銭的責任を推定するという解釈留保を付したが，ブールジュ控訴院はこの憲法院の解釈留保をそのまま適用した[73]。

(b) 行政裁判所による憲法院の解釈留保の適用事例

憲法院は，1987年1月23日DC判決第225号[74]において，公立病院においてフルタイムで勤務する正規の臨床医が，同じ病院で（非常勤の）独立医としての活動（activité libérale）も行うことを認める規定に関して，独立医師活動を行う臨床医が公立病院に支払う使用料は，独立医師活動の用に供された医療機器および施設の使用のみならず，公立病院により宛てがわれたスタッフに係る費用に相当すべきサービスに対するものであるという解釈留保を付した（Cons. 23）。コンセイユ・デタ訴訟部は，この使用料についての病院および大学センターの一部をなす地域圏病院センターと他の公立病院との間に存在する差異に関して，憲法院の解釈留保を適用して，政府がこの2つのカテゴリーの施設に応じて異なる金額で一定の独立医師活動についての使用料を定めていることが平等原則に違反していると判断した[75]。

---

71) C. C., Décision nº 99-411 DC du 16 juin 1999, *Loi portant diverses mesures relatives à la sécurité routière et aux infractions sur les agents des exploitants de réseau de transport public de voyageurs*, Rec., p. 75.

72) 刑法上のフォートとは，故意によらない軽罪の主観的要素を指す。参照，Guillien, Vincent編著・前掲注33) 198頁。

73) Cour d'appel de Bourges, 26 octobre 2000, nº 491, Publié par le Service de documentation et d'études de la Cour de cassation.

74) C. C., Décision nº 86-225 DC du 23 janvier 1987, *Loi portant diverses mesures d'ordre social*, Rec., p. 13.

③ 通常裁判所による憲法院の解釈留保の解釈の必要性

　憲法院による解釈留保は，法律の憲法適合的解釈である。通常裁判官は，その法律の適合的解釈と法律テキストそのものとを一体化させて，適用する。しかし，憲法院の適合的解釈は，必ずしもその射程が明らかであるわけではない。したがって，法律を解釈する権限を有する通常裁判官は，法律テキストと一体化している適合的解釈をも解釈する必要がある。一方で，憲法院は，解釈留保の正統的解釈（interprétation authentique）を引き出し，通常訴訟においてそれを正しく適用させるいかなる権限も有しない。それゆえ，通常裁判官のみが，憲法院の適合的解釈の射程を確定することができる[76]。

　憲法院による解釈留保の存在は，憲法院判決の文言そのもの，特に，その判決理由および（または）主文において憲法院が明示的に言及しているときに明らかになる。今日では，憲法院が判決理由および（または）主文においてこのように明示的に解釈留保の存在を示すことが一般的である[77]。しかし，解釈留保は，必ずしも判決理由や主文において明示されるわけではなく，一定の解釈留保が黙示的に判決理由において示されることもある[78]。したがって，通常裁判官は，明示的に解釈留保が示されているときにその射程を確定する必要があるだけでなく，黙示的に解釈留保が示されているときには，まずその解釈留保を発見し，その上でその解釈留保の射程を確定しなければならない。

　しかし，通常裁判官は，憲法院の解釈留保・適合的解釈を拡大解釈することには否定的である。例えば，憲法院は，1989年12月29日 DC 判決第268号[79]において，解釈留保を示したが，その解釈留保が示された法律の規定が司法裁判所において争われたとき，ヴェルサイユ控訴院は，憲法院による法律の解釈留保の拡大解釈に立脚する控訴を棄却した[80]。

---

75) C. E., 8 mars 1989, n° 94277, Inédit.
76) Mathieu Disant, *supra* note (56), pp. 670-671.
77) **2(2)** で見たように，通常法律について，憲法院のウェブサイトで留保付き合憲（Conformité - réserve）判決と明確に表記された最初の判決は2010年10月7日 DC 判決第613号である。しかし，それ以前から，単なる「合憲判決」あるいは「一部違憲判決」であっても，判決理由および主文で解釈留保が明示されることが一般的になりつつあった。
78) Mathieu Disant, *supra* note (56), p. 671.
79) C. C., Décision n° 89-268 DC du 29 décembre 1989, *Loi de finances pour 1990, Rec.*, p. 110.
80) Cour d'appel de Versailles, 1ère ch., 9 janvier 2003, *Société L'Anstalt*, n° 2001-5552, Publié par

④ 小　括

このように，通常裁判所は，憲法院の解釈留保と法律テキストを一体化させて，その一体化した規範を通常訴訟で適用する。しかし，通常裁判所は，必ずしも憲法院の解釈留保の射程を（解釈留保を解釈することなしに）そのまま確定できるわけではなく，憲法院の解釈留保を解釈して，その射程を確定しなければならない。

6　おわりに

以上，フランスにおける憲法適合的解釈としての憲法院の解釈留保付き合憲判決に関する諸論点について見てきた。まずは，そのまとめを行った上で，日本法への示唆を検討し，今後の課題を指摘してみたい。

(1)　まとめ

本稿では，まず，第五共和制において法律の憲法適合性を統制する憲法院が，1958年憲法61条の事前審査の下で解釈留保付き合憲判決の手法を展開し，2008年7月23日憲法改正によって導入され，2010年3月より実施された憲法61-1条に基づく法律の事後審査の下でもこの手法がすでに多く用いられていることを見た(2)。次に，事前統制の下で展開された解釈留保付き合憲判決の手法は，憲法に適合する特定の解釈を強制または憲法に違反する特定の解釈を禁止する中和的解釈，規範の内容が欠けているときに憲法に適合する解釈を補完または規範の内容に問題があるときに憲法に適合する解釈により代替させる建設的解釈，憲法に適合する特定の解釈を採るように行政機関や通常裁判所に指示する指令的解釈の3つに分類されることを確認した(3)。その上で，このような3つの解釈留保の手法が事後統制の下でも用いられていることを確認し，通常裁判所が解釈を行っていない法律規定が事後審査に付されたときには，憲法院は事前統制においてと同様に解釈留保を付すことができるが，通常裁判所がすでに解釈を行った法律規定が事後審査に付されたときには，憲法院が解

---

le Service de documentation et d'études de la Cour de cassation.

釈留保を付すことは通常裁判所の法律解釈権限との関連で問題になるが，憲法院が理論上の最高裁判所となることに資することを指摘した（4）。最後に，憲法院による法律の解釈留保は，憲法院自身や，解釈留保が付された法律を執行・適用する行政機関や通常裁判所によって尊重されており，とりわけ通常裁判所が通常訴訟において憲法院の解釈留保と法律テキストとを一体化させて適用していることを確認した（5）。

(2) 日本法への示唆

日本法への示唆に富むのは，憲法院が示している解釈留保の手法である。

① フランスにおける中和的解釈と日本における合憲限定解釈

高橋和之は，合憲限定解釈には「法文の意味を合憲的なものへと画定する類型」と「法文のもちうる違憲的（あるいは違憲の疑いのある）意味を画定する類型」があるとし，前者を「合憲部分画定型」の合憲解釈，後者を「違憲部分画定型」の合憲解釈と呼んでいる[81]。フランスにおける解釈留保付き合憲判決のうち，中和的解釈については，一定の解釈を強制する「積極的中和的解釈」は「合憲部分画定型」の合憲限定解釈として理解することができ，一定の解釈を禁止する「消極的中和的解釈」は「違憲部分画定型」の合憲限定解釈として理解することができる。フランスにおける中和的解釈の事例をさらに個別・具体的に検討することは，日本における合憲限定解釈の類型化をより精緻化することに役に立つのではないかと考えられる。

② フランスにおける建設的解釈と日本における合憲補充（拡張）解釈

次に，すでに見たように，フランスにおける建設的解釈は，さらに「付加的建設的解釈」と「代替的建設的解釈」に分類される。この建設的解釈は，日本における合憲補充（拡張）解釈に類似しているが，日本において合憲補充（拡張）解釈の類型化についてはあまり検討されていない。フランスにおける建設的解釈の事例をさらに個別・具体的に検討することによって，日本における合憲補充（拡張）解釈の類型化を可能にすることができるのではないかと考えら

---

[81] 高橋和之「憲法判断回避の準則」芦部信喜編『講座 憲法訴訟（第 2 巻）』（有斐閣，1987 年）23 頁。なお，高橋が指摘する合憲限定解釈の限界については，同『体系 憲法訴訟』（岩波書店，2017 年）208 頁以下を参照。

れる。

(3) 今後の課題

　わが国においては，フランスのような多元的裁判制度は採られていないため，最高裁判所が法律の憲法適合的解釈（あるいは，単に合憲限定解釈や合憲補充（拡張）解釈）を行った際に，法律の解釈権限に関する問題は生じない。しかし，最高裁判所の憲法適合的解釈を伴った法律規定を行政機関がいかに執行するかという問題は，フランスと類似性を有する。わが国においては裁判所による法律の事前審査が存在しないため，最高裁判所によって憲法適合的解釈がなされるのは，すべてすでに施行されている法律規定に対してであるが，行政機関は最高裁判所の示した憲法適合的解釈に従って機械的に法律規定を執行できるとは限らない。すなわち，行政機関は，憲法適合的解釈を解釈し，その射程を確定して，法律規定を執行しなければならない場合もあるであろう。最高裁判所が行った憲法適合的解釈を伴った法律規定を行政機関がいかに適切に執行していくのか，それを検討する必要があるのではないか。このような課題を提示することでひとまず筆を擱くことにする。

［奥村公輔］

第**6**章

一部違憲判決と救済

1 はじめに

　本書は，憲法適合的解釈を扱うものであるが，本章は，違憲判断の方法としての一部違憲判決の手法について考察する。

　このことにはいくつかの理由がある。

　第一に，本書の他の部分で検討されているような，憲法適合的解釈・合憲解釈（以下，広い意味で前者の語を用いる）をめぐって展開される，合憲限定解釈かあるいは合憲補充（拡張）解釈かといったような文理解釈の論理は，一部違憲の場合においても，共通するところがある。なにを出発点として限定すると考えるのか，あるいは拡張すると考えるのかという問題は，なにを出発点としてどの一部を無効と考えるかという問題と，論理として共通するところがあるのである。この問題は，立法作為か不作為かという問題を考える際に出てくる問題とも同根である（たとえば，ハンセン病の立法は，それ自体としては，立法不作為として論じられることがあるが，自由権を制限する立法を制定する行為は間違いなく立法作為のはずである[1]）。本書の研究の緩やかな共通の方向性として，この種の問題は，文理解釈の技術上のみの問題ではなく，事柄のより本質的な性質，すなわち，制度が前提になるのか，制度が存在しているのか，財政出動が必要か，

1）　この種の問題については，初宿正典ほか『憲法 Cases and Materials 憲法訴訟』（有斐閣，2007年）346～347頁参照。また，ハンセン病地裁判決・熊本地判平成 13・5・11 判時 1748 号 30 頁の評釈である土井真一「判批」平成 13 年度重判解（有斐閣，2002 年）26 頁も参照。

救済の内容が一義的に特定されるのか否か，立法者の合理的意思をどう考えるか，といったことによって，むしろ決定されるのではないかと示唆されることになっていると思われる[2]が，いずれにせよ，そこには問題の共通性がある。

　第二に，それ故に，元来救済ということに強い関心を有している本書の研究の将来の方向性としては，憲法適合的解釈から，一部違憲を含む救済の問題へと，議論が展開していくことが期待される。本稿は，比較法研究としての広がりをもたないが，その方向性を示すものでもある。

　第三に，結論として法令は合憲と判断されることになる憲法適合的解釈と，法令の一部を違憲無効と判断する一部違憲判決の手法は，もちろん異なるものであるが，実際の裁判官の立場に立って考えてみた場合，どちらを選択するか，微妙な場合がある。憲法適合的解釈が尽きたところにあるものの一つが一部違憲ともいえよう[3]。この意味でも，両者をあわせて検討の対象とすることには理由がある[4]。

　なお，この問題を考える際には，権利があるという以上は救済があるという建前の重要性を確認しておきたい。ギリギリまで救済の可能性を探るという方向性が重要であろう。ただ，救済が一義的に定まらない場合などには，立法不作為の違憲確認判決などにとどめ，立法その他の対応を待つほかない場合もあろう。しかし，そのような場合も，そのようなことが認められるための条件を限定的に特定することが重要である。また，この点に関連して，本稿では，一

---

[2]　この点については，後述の2(4)④における国籍法違憲判決についての分析，とくに脚注38)〜40) 参照。そこでも述べるように，本章は，一部違憲の場合で，判例が，文理的な解釈操作を拠りどころにしているようにみえる場合があるとしても，事案をよく検討する必要があろうと考えている。立法者の合理的な意思を忖度するといっても，実際の立法者はそれと異なる行動をとったから訴訟になっている以上，突き詰めて考えれば，最後は，立法者はどう行動すべきであったのかという規範的な判断として構成せざるをえない。

[3]　Eric S. Fish, *Constitutional Avoidance as Interpretation and as Remedy*, 114 MICH. L. REV. 1275 (2016) は，合憲限定解釈（Constitutional Avoidance をさしあたりこう訳すが，「限定」する場合に限られるわけではない）を表題のとおり，解釈である場合と救済である場合に分け（bifurcate），救済として位置づけられる場合は，法律を違憲と判断した上でその法律を合憲とするために創造的に再解釈するものとして位置づけ直そうとする（at 1279）ものであって，本章の観点からも興味深い。関連して本書第7章251頁，259〜264頁参照。

[4]　このような観点から本章はアメリカでの議論に散発的に言及するが，本格的には本書第2章参照。

部違憲の判決を受けて，行政権の判断で救済が実現できる可能性にも留意して検討を行いたい（後述 2(1)ほか）。

いずれにせよ，一部違憲の判断の手法は，最高裁の法令違憲判決[5]の中で近年頻用されている。近年の（あるいは我が国の）最高裁の違憲判決を特徴付けているのは，平等重視の傾向と[6] 立法事実の変遷論[7]と一部違憲[8]の手法だといってもよいくらいである。

本稿では，ひとまず，一部違憲の手法をとった最高裁判決を（必要に応じて下級審判決にも触れつつ）概観しながら検討する（2）。その際，意味上の一部違憲と文言上の一部違憲の区分にも留意する。また，判決後に採られた対応にも留意したい（法改正が行われなかったらどうなったかもその都度考えてみたい）。この概観と検討の中では，もちろん当該事案・判決の分析が行われるのであるが，本章では，そのこと自体よりも，類似のあるいは，ある程度異なっている将来の事案において，当該判決からどのような救済の可能性が導き出されうるのかということに中心的な関心と注意を払いたい。その後，そのような分析と検討を踏まえて，ありうる今後の事例についての検討を試みることとする（3）。本章は，堅牢な解釈論の手法を一歩一歩積み重ねたというよりは，種々の可能性を雑多に検討したというものに過ぎないものになることを恐れるが，一部違憲の手法について，具体例によりつつ，可能性を探りたい[9]。

---

[5] 最高裁が現に妥当している法令を法令として違憲とした判決は，尊属殺違憲判決・最大判昭和48・4・4刑集 27 巻 3 号 265 頁（以下「尊属殺」と略称することがある），薬事法距離制限規定違憲判決・最大判昭和50・4・30民集29巻4号572頁（「薬事法」），衆議院議員定数是正訴訟・最大判昭和51・4・14民集30巻3号223頁（「衆議院Ⅰ」），衆議院議員定数是正訴訟・最大判昭和60・7・17民集39巻5号1100頁（「衆議院Ⅱ」），森林法違憲判決・最大判昭和62・4・22民集41巻3号408頁（「森林法」），郵便法違憲判決・最大判平成14・9・11民集56巻7号1439頁（「郵便法」），在外日本国民選挙権判決・最大判平成17・9・14民集59巻7号2087頁（「在外」），国籍法違憲判決・最大判平成20・6・4民集62巻6号1367頁（「国籍法」），婚外子相続分違憲決定・最大決平成25・9・4民集67巻6号1320頁（「相続分」），再婚禁止期間違憲判決・最大判平成27・12・16民集69巻8号2427頁（「再婚禁止期間」）の10判決。
[6] 尊属殺，衆議院ⅠⅡ，国籍法，相続分，再婚禁止期間，微妙ではあるが在外。
[7] 衆議院ⅠⅡ，在外，国籍法，相続分，再婚禁止期間。
[8] 郵便法，在外，国籍法，相続分，再婚禁止期間。
[9] 筆者は，近年の法令の一部違憲判決について，「にわかに走り出した最高裁判例に，学説がやや後追いの状態におかれているところ」があると述べたことがあるが（毛利透ほか『憲法Ⅰ 総論・統治〔第2版〕』（有斐閣，2017年）353頁［松本哲治］），本稿は，判例に追いつくためのささ

なお，法令の一部違憲の語は，講学上のものであるが，通常，法典中の特定の関連条文の，意味または文言の一部を違憲無効とするものをいう。もっとも，法典の中で条文をどのように分けて書くかが相当に法技術的な問題であることを考慮に入れると，法典全体ではなくて，法典の一部の条文を違憲とすることと，法令の一部違憲（とりわけ，文言上の一部違憲）との相違は，相当程度に相対的でありうる。このような観点からは，尊属殺，薬事法，衆議院Ⅰ，衆議院Ⅱ，森林法も，それぞれ刑法200条，薬事法6条2項・4項（26条2項），森林法186条，公職選挙法別表第一等々の個別の条文（別表を条文というのかはともかく）の全体を違憲無効としたものではあるが，ある意味では一部違憲だといえることになる。本稿では通常の意味での一部違憲をまず念頭に置くが，必要に応じてここでみたような意味での一部違憲（つまり通常の法令違憲判決であるが，法典の一部の条文を違憲としたもの）についても，とりわけ違憲判決の効力論との関係で，考察の対象とする。実のところ，この一部違憲の定義の問題（法典の一部である，ある条文が違憲になることと，ある条文の意味や文言の一部が違憲になることとを区別することにどれほどの意味があるのかという問題）も，立法不作為とは何かという問題，合憲限定・拡張とは何かという問題と同根で，上に示唆したようにこの研究にとって，本質的な問題であると思われるのだが，すでに述べたように，さしあたり，一部違憲とは，法典中の特定の（ただし特定とはいえ複数でありうる）条文の，意味または文言の一部を違憲無効とするものと考えた上で，話を進めることとする[10]。

2　先例の概観と検討

(1)　違憲判決の効力論についての確認

はじめに，一部違憲判決と違憲判決の効力論について簡単に確認しておきたい。

やかな試みの一つである。
10)　法令全部違憲・一部違憲（意味・文言）・適用違憲の詳細な類型化の必要につき，土井真一「憲法判断の在り方——違憲審査の範囲及び違憲判断の方法を中心に」ジュリ1400号（2010年）54頁参照。

まず，違憲判決の効力論の一般論であるが，憲法訴訟論の有力な理解によれば，違憲判決は，法令の全部違憲であっても，当該部分を法令集から削除する効果はもたず，しかし，内閣はこれを誠実に執行する義務を解除されると考えられる。すなわち，最高裁判所で現に妥当している法律が違憲とされた最初の例である，刑法 200 条に関する尊属殺判決を契機として行われた議論の結果，最高裁判所によって法令違憲とされた法律について，内閣が「誠実に執行……する」（憲 73 条 1 号）義務を負うのは背理であって，そのような法律は一般的に執行されないという結果になるとされてきた。いわゆる強い一般的効力を否定しつつ，弱い一般的効力を認める立場である[11]。この考え方によれば，刑法 200 条について，内閣は誠実執行義務を解除される結果，検察官は[12]，通常は，刑法 199 条で訴追すべきことになる[13]。

さて，以上のことは，一部違憲であっても，また，本来的には，適用違憲判決でも観念できる[14]。

法典の中のいくつかの条文が法令違憲とされた例であるが，実際，薬事法判決の直後から，問題の条項は行政の許可実務において直ちに適用されなくなり[15]，国会によってすみやかに廃止された[16]。許可制の一条件が無効とされた後，残りの法令が適用されたのである。

そして，直近の法令違憲判決である再婚禁止期間の事案では，意味上の一部違憲判決の後，違憲とされた 100 日を超える禁止期間は適用されなくなり，判

---

[11] 佐藤幸治『日本国憲法論』（成文堂，2011 年）667 頁。この立場は，当初から我が国に，「一般的」「客観的」審査志向が強いことに配慮したものである。実質的には一般的効力があるといってもいいのかもしれない。最高裁判所裁判事務処理規則 14 条に，違憲判決の要旨の官報による公告，内閣・国会へ裁判書正本の送付が定められているのは，このような観点から理解されるべきである。ただし，この考え方では，判決後に国会が立法的対応をしない場合には，法律は法令集には残っているのであるから，内閣は，場合によっては，当該法律を再度執行するという判断をすることがありうる。また，後にみるように，憲法判例には変更の可能性があることに注意が必要である。
[12] このように，実際に誠実に執行するのは内閣ではない場合が通例であるが，以下では適宜簡略に記述する。
[13] 一般的遡及効については，恩赦による対応が採られた。本稿では遡及効の問題には十分立ち入ることができない。
[14] 土井・前掲注 10) 53 頁注 21。本書 238 頁注 93) 参照。
[15] 「厚生省は，大法廷判決の当日，直ちに各都道府県に対して，適正配置条例の適用を停止するように指示」した（山田隆司『戦後史で読む憲法判例』（日本評論社，2016 年）170 頁）。
[16] 薬事法の一部を改正する法律（昭和 50 年法律 37 号）。

決翌日から，その限りで条件を満たす婚姻届は受理されることとなった[17]。

　薬事法の事例は，許可制の事例であるので，一般的禁止の一部が無効になれば，自由が回復すると考えることもできよう。しかし，婚姻は，そう単純ではない。婚姻には，様々な制度的・積極的な効果が付されているからである。

　いずれにせよ，このように，最高裁判所が，刑法 200 条，薬事法 6 条 2 項・4 項といったような，ある特定の条文を丸ごと違憲としたような場合（ただしその条文も法典の一部ではあり，残余の部分の作用を観念できる）も，再婚禁止期間判決のように，法令の意味上の一部を違憲としたような場合（あるいは法令の文言の一部を違憲としたような場合）も，法律のその他の部分は従前どおり内閣の誠実執行義務の対象になっており，違憲とされた部分については誠実執行義務は解除されるので，内閣は，残余の部分だけで法律を執行することができると考えられているようである。しかし，そうであるとすると，内閣による対応がどのようなものでありうるかについては，これまで考えられているよりも一定の広がりがありうるのではないかと思われる。このことについては，とくに，在外選挙権や精神的理由での投票不能のケースを素材に後に検討する[18]。

(2)　郵便法違憲判決・最大判平成 14・9・11 民集 56 巻 7 号 1439 頁

　続いて，以下では，一部違憲判決とされる先例を順次確認する[19]。

　最高裁判所で現に妥当している法律が違憲とされた 6 例目が，郵便法 68 条・73 条の規定のうち，特別送達郵便物について，郵便業務従事者の故意または過失による不法行為に基づき損害が生じた場合に，国の損害賠償責任を免除し，または制限している部分は違憲無効としたこの判決である。最高裁初の意味上の一部違憲判決とされる[20]。

---

17)　朝日新聞平成 27 年 12 月 17 日付朝刊など。
18)　後述(3)③および 3(2)参照。
19)　このテーマでの重要な先行業績として，宍戸常寿「憲法理論の再創造(7) 第二部憲法理論史：憲法理論六〇年の軌跡と課題⑦　司法審査――『部分無効の法理』をめぐって」法時 81 巻 1 号 (2009 年) 76 頁参照。
20)　市川正人「判批」法教 269 号 (2003 年) 57 頁。最高裁の「客観審査」「一般審査」傾向が適用違憲ではなく法令違憲判断を志向させたという事情と，合憲限定解釈を行うのは不可能な事案であったことが指摘されている。

判決後，判決の趣旨に従った郵便法の改正がすみやかになされ，特別送達郵便についてだけではなく，多数意見が言及した書留郵便全般についても，損害賠償の範囲の拡大がなされた。

この判決で問題になった責任制限や損害賠償請求権者の限定に関する条文には，故意・重過失・軽過失・特別送達といった文言は用いられておらず，最高裁の判決手法が，文言上の一部違憲ではなく，意味上の一部違憲であるとされる。この点については次項の①で検討する。

もし，法改正が行われなかったらどうなったか[21]。仮に，同種の事案の当事者から訴訟を提起されれば，国が敗訴したであろう。訴訟を提起されずに，損害賠償の請求を受けた場合，国（判決時点では郵政事業庁で，判決の約半年後の平成15年4月に公社が発足。現在は日本郵便株式会社）は，支払に応じることは可能であったということになろう（郵便法による制限は，国家賠償法の例外で，例外が無効であれば国家賠償法の原則が適用される，という論理）。

(3) 在外日本国民選挙権判決・最大判平成17・9・14民集59巻7号2087頁
① 意味上の一部違憲・文言上の一部違憲

次に，7つ目の法令違憲判決になる，公職選挙法附則8項の規定のうち，在外選挙制度の対象となる選挙を当分の間両議院の比例代表選出議員の選挙に限定する部分を違憲とした在外日本国民選挙権訴訟について考えてみる。

問題となった，附則8項は，「当分の間，この法律の適用については，第30条の3第2項中『一以上の投票区』とあるのは『投票区』と，第30条の6第2項，第30条の7第1項，第49条の2第1項及び附則第6項の規定により読み替えて適用される第30条の7第1項中『衆議院議員又は参議院議員の選挙』とあるのは『衆議院（比例代表選出）議員又は参議院（比例代表選出）議員の選挙』と，第42条第1項中『登録されていない者』とあるのは『登録されていない者（衆議院比例代表選出議員又は参議院比例代表選出議員の選挙以外の選挙については，選挙人名簿に登録されていない者）』と，第194条第1項，

---

21) なお，郵便法に関しては，遡及効をめぐって興味深い裁判例の展開があったが，ここでは立ち入らない。毛利ほか・前掲注9）364〜365頁［松本］参照。

第195条及び第247条中『選挙運動（専ら第49条の2（(在外投票)）の規定による投票に関してする選挙運動で，国外においてするものを除く。)』とあるのは『選挙運動』とする。」という内容のものであった。

判決は，これについて，「公職選挙法附則8項の規定のうち，在外選挙制度の対象となる選挙を当分の間両議院の比例代表選出議員の選挙に限定する部分」は違憲であるとした。

その後，判決の趣旨に従った公職選挙法の改正が，すみやかになされた。その内容は，この附則8項を削除するだけのものであった[22]。

この判決は，意味上の一部違憲[23]なのであろうか。判決文と，附則8項の文言を読む限りでは，「第30条の6第2項，第30条の7第1項，第49条の2第1項及び附則第6項の規定により読み替えて適用される第30条の7第1項中『衆議院議員又は参議院議員の選挙』とあるのは『衆議院（比例代表選出）議員又は参議院（比例代表選出）議員の選挙』と，第42条第1項中『登録されていない者』とあるのは『登録されていない者（衆議院比例代表選出議員又は参議院比例代表選出議員の選挙以外の選挙については，選挙人名簿に登録されていない者）』と」との文言についての一部違憲と考えることもできるように思われる。

ある判決を意味上の一部違憲判決と捉えるべきか，文言上の一部違憲判決と捉えるべきかの論点については，この区別がなんのためになされるのかを考える必要がある。この区別自体は，講学上のものである。最高裁自身が区別しているわけではない。この区別に意義があるとすれば，立法の一部を無効とする際に，そもそも立法府が採用している文言によって，無効とする部分としない部分とが区分できるのか，できないのか，ということを区別する点にあろう。区分できる方が，裁判所が恣意的に区分を導入しているのではないといいやすいということではなかろうか。

しかし，そうだとすると，その区分が，当該条文の文言に準拠してはいなくても，立法者が他の箇所で用いている法概念（たとえば，上にみた郵便法の事案

---

[22] 平成18年法律62号。
[23] 佐藤・前掲注11) 657頁。

における「重過失」の概念）である場合との差異はかなり相対的である。また，郵便法のように意味で切り分けて一部無効の判断ができるのであるから，文言を無効にすることによって裁判所の恣意を排除することができるといってみても，それはせいぜいそのような傾向があるとか，裁判所としては，そのように判断を示すことによって，恣意を排していると主張することが合理的でありえようということであって，決定的な性質の問題ではないことに留意が必要であろう。

　文言上の一部違憲を，条文中の文言を消し線で消せるような場合と限定すれば，両者ははっきりと区別できる。もっとも，その場合も，はっきりとした意味上の一部違憲と，文言上の一部違憲の差異は相対的なものともいいうる。判決方法等の限定に結びつくわけではないので，この点については，議論の意義を踏まえてた上での議論をすべきであろう。説明として，意味と文言を区別することはよいとして，文言だから許されるが意味だから許されないというわけでもない以上，この区分に拘泥しすぎるのは，適切ではないのかもしれない[24]。

②　附則によって適用を限定したという事案の特殊性

　この判決の事案については特殊な事情がある。上に挙げた文言が，違憲無効だということになると，「在外選挙制度の対象となる選挙を当分の間両議院の比例代表選出議員の選挙に限定する」ことが行われなくなる結果，公職選挙法本文に用意されている全面的な在外選挙制度が適用可能なものと考えられることになるのである。まさにそれ故に，判決は地位確認という主文の結論に至っている[25]。

　権利行使のために積極的な制度構築が必要な選挙権について，公職選挙法の本文では全面的に制度形成が行われ，附則でその一部が停止されていたという

---

24)　「分ける意味は……ほとんどない」（長谷部恭男ほか「〈座談会〉日本国憲法研究(13) 違憲審査制と最高裁の活性化」論ジュリ2号（2012年）189頁［長谷部発言］）。この問題も，後述の国籍法の**(4)⑤**での分析と重なることになる。

25)　そうであるが故に，このような法律が全くない場合にはどうするのかということが議論の対象になり（杉原則彦「判解」最判解民事篇平成17年603頁，674～676頁），在外国民審査についてはこのような法律がないということから訴えが却下された。後者については後述**3(3)**参照。松本哲治「在外日本国民選挙権訴訟判決の射程——在外日本国民最高裁判所裁判官国民審査権訴訟第一審判決を中心に」大石眞先生還暦記念『憲法改革の理念と展開（下）』（信山社，2012年）325頁も参照。

この事案のような状況は，極めて特殊なものである。一般論としては，全く同様の状況が，今後度々生じるとは考えがたい（ただし，後にみるよう[26]に精神的理由での投票不能の事案なども同様に理解できうるところがあるように思われる）。その意味で，この判決は，確認判決による選挙権についての事前救済を認めたという極めて画期的なものではあるが，そのままでの射程は意外に短いのかもしれない（本事案のような特殊な事情がない場合[27]は，通常は立法不作為の違憲確認が限界か？）。

しかし，事案は特殊であろうが，この論理そのものは，特殊ではない。法律の条文の一部が無効とされれば，残余の部分の規定だけを適用すればよいという論理は，すでにみた，薬事法判決や再婚禁止期間判決に対する行政的な対応においても前提とされていたところである。

異なっているのは，薬事法判決との比較でいえば，距離制限規定が，上にみたように，消極的な権利である職業選択の自由に対する禁止規定（一般的禁止の部分的解除のための条件を付加する規定）であったのに対し，公職選挙法附則8項が，積極的に形成された制度の施行を停止するものであった点である。

③ **もし，法改正のないままに**選挙が行われたらどうなるのか

では，在外判決で，公職選挙法の改正がないままに，次の総選挙ないしは通常選挙が実施されることになっていたら，どうなったのであろうか。ここでは，便宜上，まず，行政限りでの対応の可能性について考えてみよう。

薬事法判決について，判決の翌日から，距離制限に反した許可申請に許可が可能だったと考えるのであれば，在外日本国民選挙権訴訟の事案の場合，仮に，公職選挙法が改正されなくても，「公職選挙法附則8項の規定のうち，在外選挙制度の対象となる選挙を当分の間両議院の比例代表選出議員の選挙に限定する部分」について，内閣が誠実執行義務を解除され，残余の部分だけで執行できると考えうることになる。そうすると，行政機関がその気になれば，全面的な在外投票制度の実施は可能であったと考えるのが，実は一番素直である。

論理の問題として考えると，この結論を排除できない。しかし，これは，裁

---

[26] 後述 3(2) 参照。
[27] 注25）の場合については，そのような理解がありうることになろう。

判所に，消極的立法権を認めるよりもさらにインパクトのある権限行使を認めることになっているのではないかとの懸念も否定できない。もっとも，これは，事案の特殊性（積極的な制度構築を伴っているのに，附則でその施行の一部が止められていた）によるもので，立法府の判断はいわば事前に示されているのであるから，問題ないと考えることもできなくはない。

あるいは，もう一つの考え方としては，実際に選挙事務を実施しようとすれば，相当規模の予算が必要になる。これが，行政限りでの施行を不可能にしているとみることもできるかもしれない。しかし，予備費から支出することは通常は可能なはずである。

このように考えてくると，積極的な制度構築が必要な場合であっても，残余の法律によってその内容が明らかにされているのであれば，予算的な制約を除けば，法令の一部違憲の場合であっても，行政限りでの救済の実現は，可能な場合があるとみるべき場合が残りうる。このことについて，留意しておくことが必要であろう。

④ 裁判的救済の可能性

では次に，裁判所によるさらに踏み込んだ救済についてはどう考えるべきであろうか。

言うまでもないが，本判決のような判決の後には，公職選挙法の改正がなされることが望ましいし，実際にもそうであった。しかし，もし改正がないまま選挙の実施となった場合，裁判所はどう対応することが可能なのであろうか。権利の救済という観点からは考えておく必要のある問題である。

薬事法判決であれば，仮に再び不許可処分があれば（これはやや考えにくいが，仮に，である），再び取消判決が下されるだけのことである。

これに対して，在外の場合，そもそも判決は確認判決であるので，具体的な行為を行政に命じているわけではない。そして，（すでにみたように，そうではない行政の対応を不可能と決めつけるべきではないが）公職選挙法の改正がなければ，通常は，行政は法律どおり，従前同様に，部分的な在外選挙で対応しようとすることが十分考えられる。

このときに，どのような裁判的救済が考えられるであろうか。

最低限考えられるのは，事後的な賠償，その次に考えられるのは選挙無効訴

訟である。

　しかし，事前に違法性が確認判決で確定している選挙が，選挙権は行使できなければ意味がないと判示した判決の下で，実施できるということでよいのであろうか[28]。

　一つの可能性としては差止めが考えられないわけではない。しかし，アメリカ法でも，そこまではいかないであろう[29]。

　確認判決に対する立法府の対応がなにもなされないという事態が，そもそも想定外というべきなのだろうか。

　あるいは，選挙についての判決による救済ということに関しては，公職選挙法42条[30]の方式が参考になろうか。しかし，部分的な在外選挙が行われているときに，全面的な在外選挙を求めるという場面を考えると，救済方法として当てはまっている感じはしないところである。

　ただ，この事案の特殊性によるとはいえ，行政権さえその気になれば救済が可能であると考えることができるのだとすると，予算的制約の問題が事実上も理論上もクリアできるのであれば，その対応を命じる救済が裁判所にできると考えるべきなのかもしれない[31]。

---

[28] 公職選挙法別表第一（1975〔昭和50〕年改正前）を違憲とした衆議院Ⅰ，公職選挙法別表第一（昭和50年改正後）を違憲とした衆議院Ⅱについて，在外日本国民選挙権訴訟を前提に考えれば，事前の救済を考えてみる必要があるのではないかという点については，松本哲治「投票価値の平等と事前の救済」阪本昌成先生古稀記念論文集『自由の法理』（成文堂，2015年）393頁参照。

[29] アメリカ法の対応は，「①次の選挙はこれまでの区割によって行うことを許すが，新議会は選挙法の改正のみを行う権限を有するものとし，改正後直ちに選挙をやり直すことを命ずる；②新しい選挙区割が制定されるまでは，選挙区を分かたず全州を一選挙区として選挙を行うものとする；③裁判所が自ら選挙区割を定め，新しい選挙区割を定める法律が制定されるまでは，これによって選挙を行うものとする」とまとめられ，「原則として③によるべし」とされている（田中英夫『英米法研究1 法形成過程』（東京大学出版会，1987年）212頁）が，差止めは想定されていない。

　また，本稿執筆のための準備の過程でミシガン州立大学法科大学院（Michigan State University College of Law）で，憲法担当の教授陣等にインタビューも行ったが，一般論として，事前に選挙の施行を差し止める救済は難しいであろうというのが，共通の見解であった。インジャンクションは，「憲法上の権利を侵害せずに選挙を行え」が限界で，憲法上の権利を侵害するから選挙の施行を差し止めるというのは限界を超えるというのである。

[30] 公職選挙法42条（選挙人名簿又は在外選挙人名簿の登録と投票）は，「選挙人名簿又は在外選挙人名簿に登録されていない者は，投票をすることができない。ただし，選挙人名簿に登録されるべき旨の決定書又は確定判決書を所持し，選挙の当日投票所に至る者があるときは，投票管理者は，その者に投票をさせなければならない」（1項）と規定する。

⑤ 裁判的救済が可能でないのであれば，逆に……

　逆に，以上のような判決は考えられないとする場合，つまり，選挙に関しては事前の確認訴訟で地位を認める判決が精一杯であるという場合，それ以上の具体的救済が想定されていないのであれば，このような地位確認判決を認めるについての条件を，あまり厳密に考える必要がないということになりはしないだろうか。地位確認判決をある種の対話型の判決として理解することになるのかもしれない[32]。いずれにせよ，本判決と国籍法判決の理解をあわせて行うことで，具体的な事例でどのような救済が可能になるか，後ほど考えてみたい。

　なお，在外最判を先例として争われ，実体的に違憲との判断が示された裁判例がいくつかあるが，受刑者の選挙権制限に関する訴訟[33]は，国賠訴訟であって，救済方法を考える上では参考にならない。

　また，成年被後見人の選挙権制限が問題になった訴訟では，法的な制限について，「原告が，次回の衆議院議員の選挙及び参議院議員の選挙において投票をすることができる地位にあることを確認する」との判決主文での救済がなされている[34]。これも厳密には意味上の一部違憲であろう。違憲とされたのは，「公職選挙法11条1項1号のうち，成年被後見人は選挙権を有しないとした部分」であるが，1号には，「成年被後見人」とあり，これが1項柱書で，「次に掲げる者は，選挙権及び被選挙権を有しない」とされていたのである。

　この事例についてであれば，法改正がなければ，上にみた，公職選挙法42条による救済を，相対的には考えやすいようにも思われるが，同条が典型的に想定している場合とはいいがたいように思われる[35]。

---

31) この関係では，千葉勝美元最高裁判事が，退官後，裁判所が定数配分を行った上での再選挙実施命令を認める立場を明らかにしていることが注目される（千葉勝美『違憲審査──その焦点の定め方』(有斐閣，2017年) 41〜42頁)。
32) 対話的違憲審査の理論については，佐々木雅寿『対話的違憲審査の理論』(三省堂，2013年) 参照。衆議院の選挙区割りに関する最大判平成27・11・25民集69巻7号2035頁における千葉裁判官の補足意見は，「司法部と立法府とのそれぞれの機能，役割を踏まえた緊張感を伴う相互作用が行われているといえよう。国家機構の基本となる選挙制度の大改革を目指し，両者の間で，いわば実効性のあるキャッチボールが続いている状況にあり，司法部としては，選挙を無効とする等の対応を採るのではなく，この相互作用が早期に実りある成果を生むようにしっかりと見守っていくことが求められるところであろう」という。また，佐藤・前掲注11) 660頁も参照。
33) 大阪高判平成25・9・27判時2234号29頁。
34) 東京地判平成25・3・14判時2178号3頁。

(4) 国籍法違憲判決・最大判平成20・6・4民集62巻6号1367頁

① 判決と法改正

次に，8例目の法令違憲判決は，国籍法3条1項の規定が，日本国民である父の非嫡出子について，父母の婚姻により嫡出子たる身分を取得した者に限り日本国籍の取得を認めていることによって，同じく日本国民である父から認知された子でありながら父母が法律上の婚姻をしていない非嫡出子は，その余の同項所定の要件を満たしても日本国籍を取得することができないという区別を生じさせていることを違憲としたものである。

判決は，上の違憲判断を前提に，さらに，父母の婚姻により嫡出子たる身分を取得したことという部分を除いた同項所定の要件が満たされる場合に，届出により日本国籍を取得することが認められるとして，国籍を確認する救済を与えた。

その後，判決の趣旨に従った（「第3条……第1項中『父母の婚姻及びその認知により嫡出子たる身分を取得した』を『父又は母が認知した』に改める」）国籍法3条の改正がなされるとともに，あわせて，同条の虚偽届出について，1年以下の懲役または20万円以下の罰金が定められた（国籍20条）。そして，改正法の附則に，①従前の届出をした者で，改正法によれば国籍を取得できるはずだったものについては，改正法の施行日から3年以内に限り，法務大臣に届け出ることによって，届出の時に国籍を取得する（改正法附則2条1項・3項），②ただし，2003（平成15）年1月1日以後に従前の届出をしているときは，当該従前の届出の時に遡って日本の国籍を取得する（同条3項ただし書），③最高裁判決後に従前の届出をした者については，法務大臣に対して反対の意思を表示した場合を除き，改正法の施行日に改正法附則2条1項の届出をしたものとみなして，同項および同条3項ただし書の規定を適用する（改正法附則3条1項）などの経

---

35) なお，公職選挙法19条1項で選挙人名簿は永久選挙人名簿とされているが，「市町村の選挙管理委員会は，選挙人名簿に登録されている者が第11条第1項若しくは第252条若しくは政治資金規正法第28条の規定により選挙権を有しなくなつたこと又は当該市町村の区域内に住所を有しなくなつたことを知つた場合には，直ちに選挙人名簿にその旨の表示をしなければならない。」（同法27条1項）と規定し，名簿から削除はされない。これらの「表示」に間違いがある場合も，同法24条の選挙人名簿の登録についての異議の申出および同法25条の訴訟の手続によるべきであるとすれば，裁判上の救済はそちらの途によるべきだということになるのであろうか。

過規定が置かれた。

　この判決について検討することは，一部違憲判決と救済について考える上で，非常に得るところが大きいと思われる。一言で言えば，文言についての文理的な解釈操作に拘泥するよりも，より事案の本質に即した，裁判所の役割が究明されるべきである。

②　多数意見の救済の論理

　この判決については，多数意見が国籍確認請求を認容するために用いた論理が，なにより注目される。

　そこでは，まず，「国籍法3条1項が日本国籍の取得について過剰な要件を課したことにより本件区別が生じたからといって，本件区別による違憲の状態を解消するために同項の規定自体を全部無効として，準正のあった子（以下『準正子』という。）の届出による日本国籍の取得をもすべて否定すること」が，「血統主義を補完するために出生後の国籍取得の制度を設けた同法の趣旨を没却するものであり，立法者の合理的意思として想定し難いものであって，採り得ない解釈である」として退けられる。

　そして，「憲法14条1項に基づく平等取扱いの要請と国籍法の採用した基本的な原則である父母両系血統主義とを踏まえれば，日本国民である父と日本国民でない母との間に出生し，父から出生後に認知されたにとどまる子についても，血統主義を基調として出生後における日本国籍の取得を認めた同法3条1項の規定の趣旨・内容を等しく及ぼすほかはない」として，「このような子についても，父母の婚姻により嫡出子たる身分を取得したことという部分を除いた同項所定の要件が満たされる場合に，届出により日本国籍を取得することが認められるものとすることによって，同項及び同法の合憲的で合理的な解釈が可能となるものということができ，この解釈は，本件区別による不合理な差別的取扱いを受けている者に対して直接的な救済のみちを開くという観点からも，相当性を有するものというべきである」とされる。

　このような解釈は，「同項の規定の趣旨及び目的に沿うものであり，この解釈をもって，裁判所が法律にない新たな国籍取得の要件を創設するものであって国会の本来的な機能である立法作用を行うものとして許されないと評価することは，国籍取得の要件に関する他の立法上の合理的な選択肢の存在の可能性

を考慮したとしても，当を得ない」として正当化されている[36]。

　ここでポイントになっているのは，①「父母の婚姻により嫡出子たる身分を取得したこと」を過剰な要件として位置づける理解，②全部無効という解決を，制度・法律の「趣旨を没却する」が故に，「立法者の合理的意思として想定し難い」として退ける論理，③憲法上の要請と法律の基本的原則を踏まえた国籍取得の認容を，「合憲的で合理的な解釈」として，「不合理な差別的取扱いを受けている者に対して直接的な救済のみちを開くという観点」から正当化する論理である。①過剰な要件の無効化，②立法者の合理的意思の忖度，③直接的な救済の3点セットである。

③　藤田意見，甲斐中・堀籠反対意見との対立

　このような多数意見が，「日本国籍を付与する旨の規定を満たさない場合には，国籍法の規定との関係では，立法の不存在ないし立法不作為の状態が存在するにすぎないのである」とする甲斐中・堀籠反対意見に対峙して示されていることは確認しておく必要がある。そしてさらに，多数意見は藤田意見とも，異なる理解であることも確認される必要がある。藤田意見は，この関係では反対意見とその理解を共有しており，「同項に準正要件が置かれていることによって違憲の結果が生じているのは，多数意見がいうように同条が『過剰な』要件を設けているからではなく，むしろいわば『不十分な』要件しか置いていないからというべきなのであって，同項の合理的解釈によって違憲状態を解消しようとするならば，それは『過剰な』部分を除くことによってではなく，『不十分な』部分を補充することによってでなければならないのである」とするのである。

---

[36] この論理の先例は，命令についての事案であるが，「施行令1条の2第3号の規定は，婚姻外懐胎児童を児童扶養手当の支給対象児童として取り上げた上，認知された児童をそこから除外するとの明確な立法的判断を示していると解することができる。そして，このうち認知された児童を児童扶養手当の支給対象から除外するという判断が違憲，違法なものと評価される場合に，同号の規定全体を不可分一体のものとして無効とすることなく，その除外部分のみを無効とすることとしても，いまだ何らの立法的判断がされていない部分につき裁判所が新たに立法を行うことと同視されるものとはいえない。したがって，本件括弧書を無効として本件処分を取り消すことが，裁判所が立法作用を行うものとして許されないということはできない」と判断した最判平成14・1・31民集56巻1号246頁である。国籍法判決の調査官解説である森英明「判解」最判解民事篇平成20年度304〜305頁もこの判決に言及している。

第 6 章　一部違憲判決と救済　195

　もっとも，藤田意見は，「立法府が既に一定の立法政策に立った判断を下しており，また，その判断が示している基本的な方向に沿って考えるならば，未だ具体的な立法がされていない部分においても合理的な選択の余地は極めて限られていると考えられる場合において，著しく不合理な差別を受けている者を個別的な訴訟の範囲内で救済するために，立法府が既に示している基本的判断に抵触しない範囲で，司法権が現行法の合理的拡張解釈により違憲状態の解消を目指すことは，全く許されないことではない」とし，「これらの線引きが，その一つ一つを取ってみた場合にはそれなりに立法政策上の合理性を持つものであったとしても，その交錯の上に上記のような境遇に置かれている者が個別的な訴訟事件を通して救済を求めている場合に，先に見たように，考え得る立法府の合理的意思をも忖度しつつ，法解釈の方法として一般的にはその可能性を否定されていない現行法規の拡張解釈という手法によってこれに応えることは，むしろ司法の責務というべきであって，立法権を簒奪する越権行為であるというには当たらない」として，多数意見と同じ結論をとるのである。

④　多数意見の解釈はどれほど説得的か？

　本判決は，極めて画期的な判決であり，一部違憲という違憲判断方法について考える上で，非常に重要である。平等は，元々相対的概念であり，平等違反自体からは救済が特定されない。その平等違反を，国籍付与という国家の主権的な権限の関わる権利利益付与の局面で問題にし，国籍を確認する結論を認めたことの画期性は，どれほど強調しても強調しすぎることはない[37]。

　ただ，その際に考えさせられるのは，なによりも，多数意見と藤田意見の対立についてである。

　多数意見は，①過剰な要件の無効化，という論理を持ち出すことによって，相対的な概念である平等について，国籍を確認するという画期的な救済をもたらした。しかし，これは私の個人的な思い込みかもしれないことを恐れるが，一々読み返しても，この点についての多数意見の説明に，あるいは多数意見に

---

[37]　森・前掲注 36) 300 頁も，「問題とされた規定のうち権利利益を制限する作用を有する部分を違憲無効とした場合に当該権利利益を認める明文の規定のない本件について，一部違憲の手法により当該権利利益を認めて X の具体的な救済を直接図っており，この点において従来の最高裁判所による法令の一部違憲の判断と異なる特徴を有する」とする。

属する裁判官の補足意見[38]）に，藤田意見[39]）や甲斐中・堀籠反対意見のそれを上回る説得力を見いだしえないのである。多数意見の「過剰な要件」という解釈は，たしかに全くの恣意的な解釈とは思われないが，国籍法という法律の解釈としてみた場合，筆者には，「不十分な要件」との解釈も十分説得的，少なくともどちらも同程度に説得的だと思われるのである。

　これはしかし，結局，本章で何度か示唆してきたように，拡張か限定か，作為か不作為かといった問題と同根で，ある程度真剣な争いが生じるような事案については，少なくとも似通ったレベルの解釈論を構築して，水掛け論に持ち込みうるということなのであろう。上にみたように，従来の最高裁判所による法令の一部違憲の判断と異なる特徴をもつ，画期的な救済を導き出しうる判決手法の成否について，このような文理的な点を，もちろんおよそ考えなくてい

---

[38]） 今井補足意見は，「このような国籍法の定める国籍取得の仕組みを見ると，同法は，法的な意味での日本国民の血統が認められる場合，すなわち法律上の父又は母が日本国民である場合には，国籍取得を認めることを大原則とし，2条はこの原則を無条件で貫き，3条においては，これに父母の婚姻により嫡出子たる身分を取得したことという要件（以下『準正要件』という。）を付加しているということができる。このような国籍法の仕組みからすれば，3条は，血統主義の原則を認めつつ，準正要件を備えない者を除外した規定といわざるを得ない。この点について，反対意見は，3条1項は出生後に日本国民である父から認知された子のうち準正子のみに届出による国籍取得を認めたにすぎず，非準正子の国籍取得については単にこれを認める規定を設けていないという立法不作為の状態が存在するにすぎない旨いうが，国会が同項の規定を設けて準正子のみに届出による国籍取得を認めることとしたことにより，反面において，非準正子にはこれを認めないこととする積極的な立法裁量権を行使したことは明らかである」とする（那須・涌井両裁判官はこれに同調し，近藤裁判官も単独の補足意見でこれに，「全面的に賛同」している）。しかし，この説明によって，次注の藤田意見の説明が反駁されているとは思えない。伝統的な法律家は，法律解釈の問題自体としてであれば，藤田意見の説明を標準的なものと受け止めるのではないか。しかし，ここではそのことについては問わなくてもよい。藤田意見がより説得的とは言えない，という意見があっても構わない。今井補足意見の方がより説得的であろうか，を問うているのである。

[39]） 藤田意見は，上に引用した部分に先行する部分で，「現行国籍法の基本構造を見ると，子の国籍の取得については出生時において父又は母が日本国民であることを大原則とし（2条），日本国籍を有しない者が日本国籍を取得するのは帰化によることを原則とするが（4条），同法3条1項に定める一定の要件を満たした者については，特に届出という手続によって国籍を取得することができることとされているものというべきである。したがって，同項が準正要件を定めているのは，準正子でありかつ同項の定めるその他の要件を満たす者についてはこれを特に国籍取得の上で優遇する趣旨なのであって，殊更に非準正子を排除しようという趣旨ではない。言い換えれば，非準正子が届出という手続によって国籍を取得できないこととなっているのは，同項があるからではなく，同法2条及び4条の必然的結果というべきなのであって，同法3条1項の準正要件があるために憲法上看過し得ない差別が生じているのも，いわば，同項の反射的効果にすぎないというべきである」という。

いというべきではないが，しかし同時に決定的な争点とすべきでもない。そうでないと，同様の観念の操作ができれば，本来国籍法判決と同様の救済を与えるべきでない場合に救済を与えてしまうことになるし，本質的には国籍法判決と同種の扱いをすべき場合に，同様の操作ができないことから救済を否定することになりかねない[40]。

実際，藤田意見と多数意見は，②立法者の合理的意思の忖度，③直接的な救済という点については，ほぼ理解を共通にしている。

多数意見のような「過剰な要件」の無効化という処理をしても，立法権の簒奪に当たらないと評価できるのは，そのような事情があるほか，泉判事の補足意見が指摘するような，国籍法3条1項の廃止や，婚姻要件を拡大することが憲法や条約に適合するとは思われないとの事情[41]，同項所定のその他の要件が

---

[40] Eric S. Fish, *Choosing Constitutional Remedies*, 63 UCLA L. REV. 322 (2016) は，違憲判決の救済の与え方について，「編集的抑制（Editorial Restraint）」と「目的保持（Purpose Preservation）」の2つの考え方があるとする。前者は，裁判官が法律を編集しないほどよいとする（合憲限定解釈が一番穏やかで，適用違憲や法令違憲はより「編集」的で，法律に文言を加えるのが最悪ということになる）もので，後者は，制定法の意図した目的を最もよく増進する救済を採るべきだとするものである（at 325）。Fish は，前者の措定する救済の階層秩序は批判的な検討に耐えないもので，制定法に文言を加えるか取り除くかは，もっぱら法律をどのように書くかに依存している恣意的な区別だと論じる（at 327）。傾聴すべき指摘であると思う。なお，彼のいう「編集的抑制」の手法を採用しているとされるのは，イギリスで，「目的保持」の手法を採用しており，合衆国法もこれを採用すべきだとされているのは，本書第3章の扱うカナダである。

[41] 泉補足意見は，「国籍法3条1項の主旨は日本国民の子で同法2条の適用対象とならないものに対し日本国籍を付与することにあり，『父母の婚姻』はそのための一条件にすぎないから，その部分が違憲であるとしても，上記主旨はできる限り生かすのが，立法意思に沿うものというべきである。また，上記のような国籍法3条1項の適用は，『すべての児童は，国籍を取得する権利を有する』ことを規定した市民的及び政治的権利に関する国際規約24条3項や児童の権利に関する条約7条1項の趣旨にも適合するものである」としている。ただしこれには留保が付されている。「上記のような国籍法3条1項の適用は，国会の立法意思として，『父母の婚姻』の部分を除いたままでは同項を存続させないであろうというがい然性が明白である場合には，許されないと解される。国籍法3条1項から『父母の婚姻』の部分を除くことに代わる選択肢として，まず，同条全体を廃止することが考えられるが，この選択肢は，日本国民である父に生後認知された非嫡出子を現行法以上に差別するものであり，すべての児童が出生や父母の性別により差別されないことを規定した市民的及び政治的権利に関する国際規約24条及び児童の権利に関する条約2条を遵守すべき日本の国会が，この選択肢を採用することは考えられない。次に，国籍法2条の適用対象となっている日本国民である母の非嫡出子及び胎児認知された非嫡出子についても，『父母の婚姻』という要件を新たに課すという選択肢が考えられるが，この選択肢は，非嫡出子一般をその出生により不当に差別するもので，憲法の平等原則に違反するから，国会がこの選択肢を採用することも考えられない」というのである。

合理的な指標になりうること，不利益が著しいこと，国賠では救済にならないこと[42]，すでに最判平成 14・11・22 判時 1808 号 55 頁の亀山・梶谷・滝井の 3 裁判官の補足意見が，国籍法 3 条 1 項の合憲性に疑問を呈しているのに国会がこれに反応していないため，多数意見のような解釈ができないと不合理な状態が解消されない恐れがあること[43]などが総合的に考慮された上でのことと受け止めるべきである。国籍を付与するという意味では授権的・権利創設的な規定の問題ではあるが，認容判決が直接的に財政出動をもたらすものでもないということも念頭に置いておく必要がある。このような視点こそが，一部違憲の手法を今後の事例に用いる際に，留意されるべき点ではないかと思われる。

なお，もう 1 つ重要なのは，過剰な要件として無効化した結果，救済の範囲が広がりすぎないかという問題への対応である。ここではある種のねじれが生じていて，拡張解釈を採用した藤田意見は，そもそも，たとえば非準正子にのみ居住要件を課すというようなことは違憲になると考えている[44]。これに対して，多数意見に参加して，個別意見を書いた裁判官は，立法的な対応が多様でありうると考えている場合があるようである[45]。この点についても，本来的に

---

[42] 森・前掲注 36) 306 頁。
[43] 森・前掲注 36) 322 頁注 50。
[44] 藤田意見は，「立法政策としては，なお，非準正子の中でも特に我が国に一定期間居住している者に限りそれを認める（いわゆる『居住要件』の付加）といったような選択の余地がある，という反論が考えられるが，しかし，我が国との密接な結び付きという理由から準正子とそうでない者とを区別すること自体に合理性がない，という前提に立つ以上，何故に非準正子にのみ居住要件が必要なのか，という問題が再度生じることとなり，その合理的説明は困難であるように思われる」として区別の論理として否定的である。
[45] 今井補足意見（那須・涌井同調）は，「非準正子についても国籍を付与するということになれば，国会において，国籍付与の要件として，準正要件に代えて例えば日本国内における一定期間の居住等の他の要件を定めることもできたのに，その裁量権を奪うことになるとする議論もあり得ないではない」とはしているが，「そうであっても，裁判所がそのような要件を定めていない国籍法 3 条 1 項の合憲的解釈として，非準正子について国籍取得を認めたからといって，今後，国会がその裁量権を行使して，日本国民を父とする生後認知子の国籍取得につき，準正要件に代えて，憲法に適合する要件を定める新たな立法をすることが何ら妨げられるものでないことは，いうまでもないところであり，上記のような解釈を採ることが国会の立法裁量権を奪うことになるものではない」と結論している。
　近藤補足意見も，「多数意見は，国籍法 3 条 1 項の定める要件のうち準正要件を除いた他の要件のみをもって国籍の取得を認めるのであるが，これはあくまでも現行の国籍法を憲法に適合するように解釈した結果なのであって，国籍法を改正することによって他の要件を付加することが憲法に違反するということを意味するものではない。立法政策上の判断によって準正要件に代わる他の要

は，藤田意見の筋が通っているというべきで，選択肢が複数あるのに，立法に先んじて裁判所が決め打ちをするのであれば，一旦確認された国籍の変更はできない以上，国会が対応しないと救済ができない状態が継続するとか，影響は狭い範囲にとどまる（さしあたりはすでに届出をしている当事者に限られる[46]）というような説明が必要であろう。

⑤　国籍法判決は，文言上の一部違憲か，意味上の一部違憲か

「文言」[47]か「意味」[48]か，見解の分かれるところであり，上にみた意味では，この判決を受けた改正法が，「第3条……第1項中『父母の婚姻及びその認知により嫡出子たる身分を取得した』を『父又は母が認知した』に改める」となっていることからすれば，極めて厳密には「意味」ということになろうが，すでに述べたように，議論の意味を考える必要がある[49]。

件を付加することは，それが憲法に適合している限り許されることは当然である」とし，「国籍法を改正することによって我が国との密接な結び付きの指標となるべき他の要件を設けることは，それが立法目的との間に合理的関連性を有するのであれば，立法政策上の裁量権の行使として許されることになる。例えば，日本国民である父が出生後に認知したことに加えて，出生地が本邦内であること，あるいは本邦内において一定期間居住していることを国籍取得の要件とすることは，諸外国の立法例にも見られるところであり，政策上の当否の点は別として，将来に向けての選択肢にはなり得るところであろう」とする。

　泉補足意見も「『日本で生まれたこと』，『一定期間以上日本に住所を有すること』，『日本国民と生計を一にすること』など，日本社会との密接な結合関係を証するための新たな要件を課するという選択肢が考えられるが，この選択肢は，基本的に法律上の親子関係により日本社会との結合関係を判断するという国籍法の血統主義とは別の観点から要件を付加するもので，国会がこの選択肢を採用するがい然性が高いということもできない」として，この選択肢を違憲としては排除していない。

46）　森・前掲注 36）312 頁。
47）　宍戸・前掲注 19）80 頁，佐藤・前掲注 11）657 頁。ただし，宍戸常寿「司法審査」辻村みよ子＝長谷部恭男編『憲法理論の再創造』（日本評論社，2011 年）206 頁注 33 も参照。
48）　長谷部恭男『憲法の境界』（羽鳥書店，2009 年）71 頁。もっとも，同・前掲注 24）のコメントも参照。
49）　なお，本判決は違憲判決なのであって，したがって，伝統的な分類で言えば合憲限定解釈を施した判決ではないことは明らかであると思われるが，多数意見は「解釈」という表現を，救済の検討のところでも頻用するし，今井補足意見（那須・涌井同調）も，「多数意見は，裁判所が違憲立法審査権を行使して国籍法3条1項を憲法に適合するように解釈した結果，非準正子についても準正子と同様に同項により国籍取得を認められるべきであるとするものであって，同法の定める要件を超えて新たな立法をしたとの非難は当たらない」との説明を行っており，また，近藤補足意見も，「これはあくまでも現行の国籍法を憲法に適合するように解釈した結果なのであって，国籍法を改正することによって他の要件を付加することが憲法に違反するということを意味するものではない」という。

⑥ 判決への行政的対応の可能性

さてここで，違憲判決後，国籍法改正までの間に，最高裁判決で国籍の確認が認められた当事者と同じ範疇に属する者[50]からの届出があった場合，行政が，直ちに国籍の発生を前提とした対応をすることは，認められるのか。

ちなみに，この判決の場合，裁判所が国籍を確認するという救済を与えているので，同種の事案が裁判所で争われた場合に救済が与えられることは自明である（届出は必要）。在外日本国民選挙権訴訟のように，判決があっても法律が改正されずに，選挙が迫ってくるというような事案を考える余地はない（立法不作為の違憲確認判決ならこの問題が起こる）。

では，改めて，行政限りでの対応についてはどうか。父母の婚姻により嫡出子たる身分を取得したことという部分を除いた国籍法3条1項所定の要件が満たされる場合に，届出により日本国籍を取得することが認められるという判決の救済の論理からすれば，これも拒む余地はないように思われる。むしろ，制度構築や予算的裏付けが不要である分，在外選挙の実施よりも問題は少なそうである。違憲判断と，合理的な立法者の意思を忖度した判決の救済の論理がある以上，当然といえば当然なのかもしれない。

そうすると，やはりこの問題は，法令の一部違憲の場合の行政限りでの救済の可否は，救済内容の法令自体による特定性と，予算と，違憲判決がどこまで救済方法を特定しているかということによることになりえよう。

⑦ 立法者の合理的意思の事前提示の可能性

なお，国籍法判決では，合理的な立法者の意思が忖度されているが，一部違憲の判断に対して，あらかじめ対応を立法者が示すことも考えられる。この点についてはアメリカでは，判例上，法律に置かれた可分性条項が必ずしも決定的ではないことが知られている[51]。いわゆるオバマケアの合憲性が争われた

　このことは，一部違憲と憲法適合的解釈の接近という本章の関心からは，興味深い。Fish, *supra* note 3 は，一定の場合に，合憲限定解釈を，違憲だという判示と法律の創造的な再解釈との組み合わせであるという理解に転換せしめようという論考であるが，その説明は，実は，我が国の国籍法判決に最もよく当てはまるもののようにも思われる。

50) 本判決の当事者は，日本国内に居住する，すでに届出を行っていた者であったが，この点については，新たに，日本国内に居住していない者からの届出があるということも考えられよう。

51) 可分性と国籍法判決，アメリカでの可分性をめぐる議論の展開については，山﨑皓介「アメリ

National Federation of Independent Business v. Sebelius, 567 U. S. 519; 132 S. Ct. 2566 (2012) において，個人加入義務付けはロバーツ法廷意見で課税であるとの論理により辛うじて合憲とされたが，メディケイド拡大条項は補助金打ち切りによる州への強制となる部分が違憲とされ，後者から前者が可分とされて，オバマケアはとりあえず生き残った。可分性は，今日なおホットイッシューである。

(5) 婚外子相続分違憲決定・最大決平成25・9・4民集67巻6号1320頁

　民法900条4号ただし書の規定のうち嫡出でない子の相続分を嫡出子の相続分の2分の1とする部分を，遅くとも平成13年7月当時において，憲法14条1項に違反していたものとしたものである。「民法900条4号ただし書の規定のうち嫡出でない子の相続分を嫡出子の相続分の2分の1とする部分」についての文言上の一部違憲判決であった。この判決を受けての法改正は平成25年法律94号（平25・12・11）の「民法の一部を改正する法律」で，「民法（明治29年法律第89号）の一部を次のように改正する。／第900条第4号ただし書中『，嫡出でない子の相続分は，嫡出である子の相続分の2分の1とし』を削る。」というものであった。

　なお，同法の附則は，「この法律は，公布の日から施行する」（1項）としつつ，「この法律による改正後の第900条の規定は，平成25年9月5日以後に開始した相続について適用する」（2項）としており，この立法自体には遡及効が認められている（違憲判決に一般的将来効を認めたのと同じ結果になっている。判決日以前については判決の示した論理に拠るのであろう。そのことを法律で示すという方法はとられていない）。

　さらにその後，「民法及び家事事件手続法の一部を改正する法律」（平成30年法律72号）により，残された配偶者の生活に配慮する等の観点からの改正が行われた。

カにおける可分性の法理について」北大法政ジャーナル21 = 22号（2015年）137頁以下参照。

(6) 再婚禁止期間違憲判決・最大判平成 27・12・16 民集 69 巻 8 号 2427 頁

　法令違憲判決，意味上の一部違憲判決の最新のものとして，女性について 6 か月の再婚禁止期間を定める民法 733 条 1 項の規定のうち 100 日超過部分が，平成 20 年当時において，憲法 14 条 1 項に違反するとともに，憲法 24 条 2 項にも違反するに至っていたとした再婚禁止期間違憲判決がある。この判決後，ただちに制限が戸籍実務で適用されないものとして取り扱われ，その後すみやかに法改正が行われた[52]。法改正がなければ受理の義務づけも可能であろう。

(7) 小　　括

　一部違憲判決の手法を考える際には，もちろん，憲法および法律の文理解釈は重要であるが，制度的な手当ての必要性・状況，想定される立法者の合理的意思，救済の一義性[53]，救済の必要性（権利については救済があるのが原理原則），財政的な影響についても総合的な考慮が必要である。文理解釈だけを決定的とみるべきでない。

　また，行政の判断による対応の可能性についても，相当の踏み込んだ救済の可能性があるとともに，裁判所による救済の具体的方法の限界を考えることが，（地位）確認判決の意義を再考することにもなりうる。

3　具体例による可能性と射程の検討

(1) はじめに

　以下では，ここまでの先例の分析・検討を踏まえて，一部違憲の手法による救済の可能性がありうる事例（下級審の裁判例があるほか，紛争が予想される事例も含める）について，考察する。

---

52) 前掲注 17) 参照。法改正は，民法の一部を改正する法律（平成 28 年法律 71 号）。
53) ここでは抽象的権利についての議論も参考になるであろう。典型的な抽象的権利説の主張者が，「この『権利』の一般的な実現のためには，法律による具体化が必要である」とするのと同時に，「国家がこの種の法律を制定しない場合，その立法不作為により損害〔傍点原文〕を受けた者による国家賠償請求訴訟の対象となる」（佐藤・前掲注 11) 366 頁）とされるのは，後者の場合，救済方法が金銭賠償に特定されるからである。

(2) 精神的理由での投票不能・最判平成 18・7・13 訟月 53 巻 5 号 1622 頁

① 本判決の事案は立法行為についての国家賠償請求

この判決では,「国民が精神的原因によって投票所において選挙権を行使することができない場合についても」,在外最判の基準が当てはまるとされたが,判決は,「精神的原因による投票困難者については,その精神的原因が多種多様」であるなどとして,国家賠償請求は退けた。ただし,泉裁判官の補足意見は,「在宅障害者については,投票所において投票を行うことが極めて困難な状態にあるか否かの認定」が「簡単ではないという程度のことでは……選挙の公正を確保しつつ選挙権の行使を認めることが事実上不可能ないし著しく困難であると認められる事由があるとは到底いうことができない」として,「投票所において投票を行うことが極めて困難な状態にある在宅障害者に対して,郵便等による不在者投票を行うことを認めず,在宅のまま投票をすることができるその他の方法も講じていない公職選挙法は,憲法の平等な選挙権の保障の要求に反する状態にある」とした。当事者が,確認判決による救済を求めていないことについては,この事案の提訴が,在外最判の前であったことも影響していよう。

② 郵便投票の利用を前提とする確認による救済の可能性

公職選挙法は,「選挙人は,選挙の当日,自ら投票所に行き,投票をしなければならない」(44条1項)とするとともに,「選挙人で身体に重度の障害があるもの(身体障害者福祉法(昭和24年法律第283号)第4条に規定する身体障害者,戦傷病者特別援護法(昭和38年法律第168号)第2条第1項に規定する戦傷病者又は介護保険法(平成9年法律第123号)第7条第3項に規定する要介護者であるもので,政令で定めるものをいう。)の投票については,前条第1項及び前項の規定によるほか,政令で定めるところにより,第42条第1項ただし書,第44条,第45条,第46条第1項から第3項まで,第48条及び第50条の規定にかかわらず,その現在する場所において投票用紙に投票の記載をし,これを郵便又は民間事業者による信書の送達に関する法律(平成14年法律第99号)第2条第6項に規定する一般信書便事業者,同条第9項に規定する特定信書便事業者若しくは同法第3条第4号に規定する外国信書便事業者による同法第2条第2項に規定する信書便(以下『郵便等』という。)に

より送付する方法により行わせることができる」(49条2項)と規定する。

　確認訴訟による場合,精神的原因[54]によって投票所において選挙権を行使することができない者について,精神的障害者も公選法49条2項の方法を利用できる地位にあることの確認ということが考えられようか。

　この結論を認めるとしても,解釈にいろいろなパターンがありえそうである。「身体に」に「及び精神」という文言を付加して,「身体及び精神に」とする拡張解釈(?)も考えられるし,「身体に」の文言を違憲無効として,およそ重度の障害がある者すべてを対象とする一部違憲の手法も考えられる[55]。前者について拡張解釈と述べたが,元々,44条1項の投票所での投票義務がある以上,この義務の範囲を縮減しているのだと考えれば,限定解釈ということにもなりうる[56]。

　しかしこのようにみてくると,やはり,国籍法判決についての検討の箇所でみたように,このような文理解釈の操作が決定的な問題だと考えることには疑問を覚える。投票の機会をできるだけ確保しようということが立法者の意図であるはずだと前提の下で,これらの中で実際的に適切な救済を選択するという視点から考えれば十分であるように思われる。

　なお,ここで興味深いのは,「及び精神」を付加するにせよ,「身体に」を削除するにせよ,元々用意されている郵便投票の方法を用いる場合を限定している条件を一部違憲により無効にすると考える場合,その論理構造が,在外選挙制度と在外最判で問題になった附則の規定の関係に類似していることである。

---

54) 泉補足意見が,「公職選挙法は,49条2項でいわゆる郵便等による不在者投票の制度を設けているが,その適用対象を身体障害者,戦傷病者又は要介護者の中のごく一部のものに限定しており,障害者基本法2条所定の障害者(身体障害,知的障害又は精神障害があるため,継続的に日常生活又は社会生活に相当な制限を受ける者)又は介護保険法7条3項所定の要介護者であって,歩行・外出が極めて困難なもの一般を,郵便等による不在者投票の適用対象とはしておらず,上記の憲法の趣旨にかなうものとはいいがたい面を有している。歩行・外出が極めて困難な障害者又は要介護者に対して,投票所や不在者投票管理者の管理する投票記載場所における投票しか認めないとするのは,事実上その選挙権の行使を制限するに等しいのである」と指摘するように,公職選挙法49条2項の問題は精神的原因による投票困難の場合に限られないが,ひとまず,精神的原因による場合について検討する。
55) この場合,括弧内でなされていた障害の程度の限定をどうするのかという問題は残る。
56) 本稿は,一部違憲の手法について検討するものであるが,とりあえず条件を満たしている者について救済する適用違憲の方法の採用もありえよう。

積極的な制度形成が権利の実現には必要であるが，その形成はすでに済んでいて，法律のある規定によってその適用が妨げられている[57]。在外の事案は特殊であると述べたが，たしかにそうであるとしても，実際には応用可能性は皆無ではない[58]。

③ 郵便投票に救済方法を特定してしまって構わないか？

また，ここでもう一つの問題がある。泉補足意見が，「投票所において投票を行うことが極めて困難な状態にある在宅障害者に対して，郵便等による不在者投票を行うことを認めず，在宅のまま投票をすることができるその他の方法も講じていない公職選挙法」に問題があると言っているように，実は，問題の解決方法は，郵便等による不在者投票を認めることだけではないのである。在宅のまま投票をすることができるその他の方法があればよいのである。たしかに，救済方法が一義的に決まらないことは，地位を確認する判決による救済にはなじみにくいであろう。ただ，単に複数の可能性があるということから，違憲だと確認するにとどめてよいのかどうかは，慎重に考える必要がある。複数の可能性があるといっても，与えられた立法の状況を前提にすれば，どの方法

---

[57] 成年被後見人の選挙権制限について確認での救済が可能であった（前掲注34））のも，似たところがある。受刑者のケース（前掲注33））は国賠であったが，もし，確認訴訟で考えるとしたら，ムートネスなどの問題はありえようが，基本的には同様に考えることになろう。

なお，報道によれば，投票所での投票の代筆をヘルパー等に認めず，投票所の職員にのみ認める（平成25年改正後の公職選挙法48条2項（「投票管理者は，投票立会人の意見を聴いて，投票所の事務に従事する者のうちから当該選挙人の投票を補助すべき者二人を定め，その一人に投票の記載をする場所において投票用紙に当該選挙人が指示する公職の候補者（公職の候補者たる参議院名簿登載者を含む。）一人の氏名，一の衆議院名簿届出政党等の名称若しくは略称又は一の参議院名簿届出政党等の名称若しくは略称を記載させ，他の一人をこれに立ち会わせなければならない。」））ことについても違憲とする訴訟の提起があったとのことである（毎日新聞平成29年3月17日付朝刊など）。

代筆については，東京地判平成14・11・28訟月49巻8号2213頁は，公職選挙法が，郵便投票で自書以外の投票方法を認めていなかったことによって，自書のできない重篤なALS患者が投票できなかったことについて，国賠請求は退けつつ，違憲と判示した（この訴訟は在外日本国民選挙権訴訟判決以前のもの）。この判決を受けて，公職選挙法が改正され，郵便投票でも自書によらない投票が認められている（49条3項）。

[58] 以上とは別に，身体と精神で差別だと構成することは有益であろうか。どちらも廃止ということにはならないのかもしれないが（国籍法判決的な意味で，合理的な立法者であれば投票を可能にするはずだということ？），在外最判は，主として平等の問題について判断したものとはいいがたい。

を選択するのが合理的と考えられるか，決められる場合もあるであろう。それも無理であれば，その場合は，不作為の違憲確認ということになろうか。

④ **証明書，投票用紙の交付を裁判上請求することも考えられるか。**
行政が違憲判決に対応するのは比較的簡単？

不作為の違憲確認によるべきかどうかは，以上のほか，そもそも地位を確認する判決がどのような意味をもつかにもよる。公職選挙法施行令は，「法第49条第2項に規定する選挙人」についての郵便等投票証明書の交付の申請と交付（59条の3第1項および4項），郵便等による不在者投票における投票用紙および投票用封筒の請求および交付（59条の4第1項および4項）について定める。地位を確認する判決があれば，行政機関は，この交付をすることができるであろう。そうだとすれば，そもそも，この用紙等の交付を求める裁判も可能ではなかろうか。もしそうであれば，不作為の違法確認のような方法は迂遠ではなかろうか。

(3) 在外国民審査・東京地判平成23・4・26判時2136号13頁

① 判　　決

最高裁判所裁判官の国民審査について在外投票が認められていない。最高裁判所裁判官国民審査法は，「審査は，全都道府県の区域を通じて，これを行う」（3条），「衆議院議員の選挙権を有する者は，審査権を有する」（4条），「審査には，公職選挙法（昭和25年法律第100号）に規定する選挙人名簿で衆議院議員総選挙について用いられるものを用いる」（8条）と規定しているが，これについて判決は，「原告らが本件各確認請求において確認を求める『次回の国民審査において，在外選挙人名簿に登録されていることに基づいて投票をすることができる地位』は，国会において，在外国民につき在外選挙人名簿に登録されていることに基づいて審査の投票を行うことを認める旨の立法を新たに行わなければ，存在しない法的地位である」という。「同法4条の規定は，その文言や，同条とは別に同法8条の規定が設けられていることに照らし，審査権を有する者の範囲につき定めたものにとどまり，そのような者に審査の投票，すなわち審査権の行使をどのような枠組みにおいて認めるかにつき定めたものではない」のであって，「同法3条及び8条の規定が違憲無効であるとされた場

合において，同法4条の規定を根拠として，在外国民である原告らが『次回の国民審査において，在外選挙人名簿に登録されていることに基づいて投票をすることができる』ということはできない」というのである。以上を前提に，判決は，「本件各確認請求に係る紛争は，法令の適用によって終局的に解決できるものということができないものというべきであるから，裁判所法3条1項にいう法律上の争訟には当たらないものといわざるを得ない」とした[59]。

② 地位確認判決は本当に不可能か？

たしかに，国会議員の選挙についての全面的な在外投票制度が公職選挙法で規定されているとはいっても，国民審査について，同様に扱わないことは違憲だというだけで，在外国民審査が執行できるかというと，かなり疑問で，不作為の違憲確認で来いという趣旨だと思われる判決の考え方も分からないではない。

しかし，最高裁判所裁判官国民審査法8条が同法4条にもかかわらず選挙人名簿に限定している点が無効とはいえないか。同法8条の選挙人名簿には，在外選挙人名簿も含まれるとの合憲拡張解釈は許されないか。在外の確認判決の，法改正がない場合の意味を考える必要があろう。

(4) 夫婦同氏・最大判平成27・12・16民集69巻8号2586頁

本判決の事案は国賠で，そもそも合憲判断は事案の解決に不必要なものであったが，もし実体的に違憲と考えるべきだとした場合，どのような救済になるか。直接の救済であれば，氏を定めない婚姻届の受理の義務付けということになろうか。その場合，民法750条の無効が理由中で示されることになる。これは一部無効の問題ではないが，制度の中の一条項の問題であって，もし，一部を無効として，残余の制度の利用を許すということであれば，本質的には同種の問題である。

ここでこの問題を複雑にしているのは，戸籍をどうするのかである。おそら

---

[59] この判決の立場には種々の疑問があるが，それについては松本・前掲注25）および同「投票させない方がマシ!?」宍戸常寿編著『憲法演習ノート』（弘文堂，2015年）321頁参照。以下では一部違憲による救済の可能性に関する点のみ論ずる。なお，その後，確認訴訟が改めて行われている。朝日新聞2018年4月13日朝刊。

く，民法750条を無効だというだけでは，戸籍制度の対応は不可能で，立法的・制度的な対応が必要となる。そのために対話的な手法を考えてもいいが，しかし，それはともかく，戸籍をどうしたらいいか分からないから結婚は認められないとすることは，夫婦同氏強制が違憲であるとの前提に立った場合，本末転倒な議論となっている[60]。同性婚を法律婚としないことが違憲な場合（アメリカではすでに連邦憲法上そうである[61]），やはり受理を義務づけることになるべきはずのものである。

(5) 男女差別・地方公務員災害補償法・大阪地判平成 25・11・25 判時 2216 号 122 頁[62]

同法は，「遺族補償年金を受けることができる遺族は，職員の配偶者（婚姻の届出をしていないが，職員の死亡の当時事実上婚姻関係と同様の事情にあつた者を含む。以下同じ。），子，父母，孫，祖父母及び兄弟姉妹であつて，職員の死亡の当時その収入によつて生計を維持していたものとする。ただし，妻（婚姻の届出をしていないが，事実上婚姻関係と同様の事情にあつた者を含む。次条において同じ。）以外の者にあつては，職員の死亡の当時次に掲げる要件に該当した場合に限るものとする」（32条1項柱書）とした上で，「夫（婚姻の届出をしていないが，事実上婚姻関係と同様の事情にあつた者を含む。以下同じ。），父母又は祖父母については，60歳以上であること」（同項1号）と規定する[63]。判決は，「地公災法32条1項ただし書1号が，遺族補償年金の受給要件として，配偶者のうち夫についてのみ『60歳以上』（同法附則7条の2第2項により，当分の間『55歳以上』）との要件（本件年齢要件）を付加していること」を「本件区別」と捉えた上で，「遺族補償年金の第一順位の受給権者である配偶者のうち，夫についてのみ60歳以上（当分の間55歳以上）との本件年齢要件を定める地公災法32条1項ただし書及び同法附則7条の2第2項の

---

60) シンポジウム等で，登記制度を理由に財産法解釈を歪めるようなものであるとの指摘を頂いた。
61) Obergefell v. Hodges, 135 S. Ct. 2584 (2015).
62) その後，高裁，最高裁の合憲判決が出た（大阪高判平成27・6・19訟月62巻4号558頁，最判平成29・3・21判時2341号65頁）。以下では違憲と考える場合の救済方法としての一部違憲について考える。
63) なお，同法36条および37条により遺族補償一時金は支給される。

規定は，憲法 14 条 1 項に違反する不合理な差別的取扱いとして違憲・無効である」として，「地公災法 32 条 1 項ただし書 1 号及び同法附則 7 条の 2 第 2 項を根拠としてなされた，原告に対する遺族補償年金の不支給処分は，違法な処分であるから取り消すべきであり，原告が遺族補償年金の受給権者に該当しないとしてなされた，原告に対する遺族特別支給金，遺族特別援護金及び遺族特別給付金の各不支給処分も，いずれも違法なものとして取消しを免れない」と判断した。

判決は詳述しないが，夫について 60（55）歳以上であることを要求していることが過剰な要件であって，その部分を一部違憲としていると考えることができようか。文言を切り出すことは難しく，一部違憲で考えるのであれば，意味上の一部違憲ということになろう。

この判断については，区別が差別に該当するとしたら，年齢制限なしに支給されることが当然視されているということになるのであろう。ただ，この場合，妻についても 60 歳を要件とすることは排除できるのであろうか。社会保障的要素もある事案については，国籍法の場合に比べても，立法者の合理的意思を支給することにあると想定することは当然には難しい。これらの取扱いは，支給要件を緩和すれば，予算の総額が同じである限りは，個々の給付を切り下げる必要があることにも留意する必要がある[64]。

(6) 社会保障・併給禁止・児童扶養手当法 4 条 2 項 2 号

裁判例はないが，社会保障の分野で他にも問題になりうる事例をみておこう[65]。併給制限について，様々な例があるが，最近問題が指摘されていたものとして，平成 26 年法律 28 号改正前児童扶養手当法 4 条 2 項 2 号の「父又は母の死亡について支給される公的年金給付を受けることができるとき。ただし，

---

[64] もっとも，Fish, *supra* note 40 は，社会保障立法に対する平等原則違反の訴訟で過小包摂が問題になる場合，包摂されていないグループが包摂されているグループより実質的に小さければ，立法者は包摂を意図するはずだと想定できるとし（at 370），また，その種の事案では，立法者に支出を強制することが，予算化されている支出を妨げることに比べて，立法権のより悪質な侵害になるわけではないと指摘する（at 381）。

[65] 関連して，松本和彦『事例問題から考える憲法』（有斐閣，2018 年）66 頁以下〔初出：同「演習 憲法」法教 390 号（2013 年）128 頁以下〕参照。

その全額につきその支給が停止されているときを除く」との規定があった。これについては，「父子家庭にも児童扶養手当が支給されることとなり，市役所に申請したが，子ども2人が遺族厚生年金を受給しているため，児童扶養手当は支給されないとの説明を受けた。遺族厚生年金は2人合わせて月額約1万8000円であり，児童扶養手当の月額約4万7000円に比べて低額である。ついては，年金受給額が児童扶養手当よりも低額である場合には，①給付される年金額が一定額以下の場合は，児童扶養手当も併給できるようにする，②給付される年金額と児童扶養手当額との差額を支給する，③受給者が年金の給付か児童扶養手当の給付かを任意に選択できるようにする，等の改善策を講じてほしい」との申出に対する総務省行政評価局からの通知がある[66]。

平成26年法律28号改正前児童扶養手当法4条2項2号が違憲無効とすれば，併給が認められる。その際，意味上の一部違憲の手法を用いれば，上の①②③を裁判所が選択することも可能となろうか（なお，平成26年法律28号による改正後は②の手法が採られることとなった）。

もっとも，ここでも財源の問題が厄介である。厚生労働省年金局は，「①新たに多額の国庫負担が必要となり，厳しい財政状況の中で財源確保をどうするか，②現在の遺族基礎年金は，年収850万円までの所得者であっても支給対象としているが，父子家庭にも支給する場合，この所得基準自体が高すぎるのではないか，仮に，この基準を引き下げて給付対象を絞り込んだ場合には，現在遺族年金を受給している母子家庭の生活にも影響しかねないことにも配慮が必要，③平成25年には新年金制度の法律を成立させ，全ての人が同じ制度に加入し，将来的に誰もが7万円以上の年金を受け取れる仕組みを導入することとしているが，遺族給付の在り方は重要な論点の一つであり，その姿について根本から議論していく必要がある」と考え，「男女間における遺族年金の不均衡を是正するに当たっては，新制度の具体的制度設計を進める中でしっかりと国民的議論を行い，検討していくべきものである」との見解であったところである[67]。

---

66) 「遺族年金と児童扶養手当の併給制限の見直しについて（通知）」総務省行政評価局長平成24年2月28日（総評相第43号）。
67) 前掲注66）の通知に引用。

(7) 寡婦控除

　最後に寡婦控除の問題を取り上げる。

　所得税法は，「居住者が寡婦又は寡夫である場合には，その者のその年分の総所得金額，退職所得金額又は山林所得金額から 27 万円を控除する」（81 条 1 項）と定める。ここにいう寡婦とは，「イ　夫と死別し，若しくは夫と離婚した後婚姻をしていない者又は夫の生死の明らかでない者で政令で定めるもののうち，扶養親族その他その者と生計を一にする親族で政令で定めるものを有するもの」「ロ　イに掲げる者のほか，夫と死別した後婚姻をしていない者又は夫の生死の明らかでない者で政令で定めるもののうち，第 70 条（純損失の繰越控除）及び第 71 条（雑損失の繰越控除）の規定を適用しないで計算した場合における第 22 条（課税標準）に規定する総所得金額，退職所得金額及び山林所得金額の合計額（以下この条において『合計所得金額』という。）が 500 万円以下であるもの」のことである（同法 2 条 1 項 30 号）[68]。これらの規定は，法律婚を経由しているかそうでないかによって，控除の対象を区別している点に批判がある[69]。非婚母子家庭差別であるというのである[70]。夫がいない女性ではなく，「夫と死別し，若しくは夫と離婚した後婚姻をしていない者」に限定している点が違憲無効だということは可能であろうか。仮にそうだとすれば，やはりこれも意味上の一部違憲ということになろう。ここでも，控除という形ではあるが，財源の問題があるし，寡婦控除を全廃するあるいは，拡大するのであれば減額するという可能性があるという問題がある。

---

[68]　「所得税法第 2 条第 1 項第 30 号イに掲げる者（同項第 34 号に規定する扶養親族である子を有するものに限る。）に該当し，かつ，同項第 30 号の合計所得金額が 500 万円以下である場合」はさらに特別寡婦控除として 8 万円が控除される（租税特別措置法 41 条の 17）。

[69]　所得税法の規定は，同法上の寡婦控除にのみ関わるが，寡婦の定義は，多くの場合，そのまま，保育料，各種保険料，公営住宅の家賃等の減免の際に用いられており，影響する範囲は大きい。

[70]　子どものいるケースについては，婚外子相続分違憲決定の射程に捉えることも不可能ではなかろう。ただし，相続分の場合のように，被相続人の子どもは平等だということから出発できない難点がある。

4 おわりに

　一部違憲の手法は，裁判所がその気になれば，文理的な操作を相当自由に行って用いることができる手法のようにみえるところがあり，様々な応用可能性があるとともに，在外日本国民選挙権訴訟や国籍法の事案であるからこそ適正であった（もちろんそこにも異論はありうるが）という意味で，一定の限界があるはずのものである。限界をめぐる議論の一部は，抽象的権利についての議論と重なるところがある。権利侵害は救済されなければならないという建前を維持しつつ，財源や，平等の問題として救済の方法を特定することが困難な場合についてどのように考えていくべきか，さらに検討が必要であろう。

［松本哲治］

第7章

違憲審査の対象・範囲及び憲法判断の方法
—— 憲法適合的解釈と一部合憲判決の位置付け

> それは対話であって，モノローグではない。
> —— *Alexander M. Bickel*

はじめに

　本書では，第1章において，我が国における憲法適合的解釈及び合憲限定解釈に関する判例及び学説の現状が的確に整理され，憲法判断の方法に関する議論と関連付けて，憲法適合的解釈の可能性が示されている。次いで，第2章から第5章では，アメリカ，カナダ，ドイツ及びフランスの憲法適合的解釈ないし合憲解釈について，各国の法制度，判例及び学説を踏まえて，詳細な分析及び考察が行われ[1]，さらに，第6章では，救済法の視点から，憲法適合的解釈と一部違憲の関係について綿密な検討が行われている。

　それゆえ，これらの論考によって，既に憲法適合的解釈の全体像が十分に示されており，さらに本章を置くことは，文字どおり，屋上屋を架すことにほかならない。そこで，本章を本書の補論として位置付け，憲法適合的解釈に関する前章までの考察を踏まえた上で，救済法理論の構築を視野に入れつつ，筆者

---

1) 憲法適合的解釈に関する最近の比較法的研究については，本書と併せて，比較法研究78号（2017年）2～103頁に掲載の各論考も参照されたい。

なりに，違憲審査の対象・範囲及び憲法判断の方法等に関する問題について理論的に整理することを試みたい。

そこで本章では，まず第1に，考察の基礎として，付随的違憲審査制における憲法判断の必要性の原則について論じ，第2に，当該事件において違憲審査又は憲法判断を行うか否かに関わる狭義の憲法判断回避の準則について検討する。次いで，第3に，違憲審査を行う場合の対象の特定及び範囲の画定について，第4に，憲法判断の方法について検討した上で，最後に，違憲審査の対象・範囲及び憲法判断の方法の選択の在り方について考察する。

この点，従来は，違憲審査の対象の特定及び範囲の画定の問題と憲法判断の方法の問題を特に区別することなく論じられる傾向にあった。しかし，混乱を避けるためには，①いかなる国家行為が違憲審査の対象とされるのか（違憲審査の対象の特定）[2]，②当該国家行為がどの範囲で審査されるのか（違憲審査の範囲の画定），及び，③審査の結果，とりわけ当該国家行為に違憲の瑕疵があると認められる場合に，どのような憲法判断の方式があり，各方式につき，どのような効力及び効果が認められるのか（憲法〔違憲〕判断の方法），といった論点を区別した上で，各論点について議論を整理し，相互の関連を考察することが適切である[3]。

なお，本書の主たるテーマである憲法適合的解釈については，このような体系を踏まえ，憲法判断の方法について論じた後に，項を立てて，まとめて考察することとする。

---

[2]　より厳密には，私人間において基本的人権の保障が問題となる場面では，私人の行為が憲法的評価の対象となる。また，国家行為ではなく，国民の行為又は態様に着目して，当該行態が，最終的に憲法上保護されるか否かを判断する手法を想定する見解もある（高橋和之『体系 憲法訴訟』（岩波書店，2017年）167～168頁を参照）。なお，本章で問題となるのは，個々の事件において，いかなる国家行為が違憲審査の対象となるかという，審査対象の特定の問題であり，条約が違憲審査の対象となるかなど，いかなる国家行為が，制度上，違憲審査の対象となり得るかという問題とは区別されなければならない。

[3]　この点については，「違憲審査への取り組み方（違憲審査の範囲）」と「違憲判断の方法」（佐藤幸治『日本国憲法論』（成文堂，2011年）654頁），「違憲審査の対象と手法」又は「審査対象の確定」と「違憲判決の種類・効力・救済方法」（高橋・前掲注2）149頁，167頁，311頁）を区別する見解や，主に適用審査について，審査の対象，方法，結論という切り口で議論を整理する見解（赤坂正浩「適用違憲論を考える」戸波江二先生古稀記念『憲法学の創造的展開（下巻）』（信山社，2017年）495頁）などがある。

1 付随的違憲審査制における憲法判断の必要性の原則

　日本国憲法 81 条から導出される違憲審査制が付随的違憲審査制であることは，既に 70 年にわたって確立した最高裁判例である[4]。一般に，付随的違憲審査制とは，「通常の司法裁判所が具体的事件・争訟の処理に必要な範囲で憲法判断を行い，その判断は判決理由中に示されるにとどまる」[5]もの，あるいは「通常の裁判所が，具体的な訴訟事件を裁判する際に，その前提として事件の解決に必要な限度で，適用法条の違憲審査を行う方式」[6]とされる。ただ，我が国においては，裁判所法 3 条 1 項にいう「その他法律において特に定める権限」として認められた裁判においても違憲審査が行われていることから[7]，より厳密には，我が国の違憲審査制は，司法裁判所が，法律上の争訟及びその他法律において特に定められた争訟の裁判において，当該争訟の解決に必要とされる限りで，法律，命令，規則，処分その他の国家行為[8]が憲法に適合するか否かを審査する制度として定義することができよう。

　そして，このような付随的違憲審査制においては，「憲法判断は事件の解決にとって必要な場合以外は行わないという『必要性の原則』」[9]が妥当するとさ

---

4)　最大判昭和 23・7・8 刑集 2 巻 8 号 801 頁，最大判昭和 27・10・8 民集 6 巻 9 号 783 頁参照。
5)　佐藤・前掲注 3) 621 頁。
6)　芦部信喜（高橋和之補訂）『憲法〔第 6 版〕』（岩波書店，2015 年）379 頁。
7)　客観訴訟において違憲審査が行われる例として，住民訴訟において政教分離原則違反が争われるもの（最大判昭和 52・7・13 民集 31 巻 4 号 533 頁，最大判平成 9・4・2 民集 51 巻 4 号 1673 頁，最大判平成 22・1・20 民集 64 巻 1 号 1 頁など），選挙無効訴訟において投票価値の平等違反が争われるもの（最大判昭和 39・2・5 民集 18 巻 2 号 270 頁，最大判昭和 51・4・14 民集 30 巻 3 号 223 頁，最大判平成 26・11・26 民集 68 巻 9 号 1363 頁，最大判平成 27・11・25 民集 69 巻 7 号 2035 頁など），選挙無効訴訟において選挙制度の合憲性が争われるもの（最大判平成 11・11・10 民集 53 巻 8 号 1577 頁・1704 頁，最大判平成 16・1・14 民集 58 巻 1 号 1 頁・56 頁など），並びに地方自治法の職務執行命令訴訟において日米安全保障条約及び駐留軍用地特措法の合憲性が争われるもの（最大判平成 8・8・28 民集 50 巻 7 号 1952 頁）などがある。
　なお，法律により客観訴訟の裁判権を司法裁判所に付与するに際して，違憲審査を行わないことを条件とすることは憲法違反であるとする見解として，佐藤幸治『憲法〔第 3 版〕』（青林書院，1995 年）334 頁，毛利透＝小泉良幸＝淺野博宣＝松本哲治『憲法 I　総論・統治〔第 2 版〕』（有斐閣，2017 年）267 頁［松本］などを参照。
8)　憲法の基本的人権条項の私人間への適用を認める場合又は憲法 13 条の個人の尊重条項の私法秩序への適用を認める場合等には，民事訴訟において私人の行為の合憲性が直接又は間接に審査されることとなる。

れ，一般的には，この憲法判断の必要性の原則と，Ashwander v. TVA, 297 U.S. 288（1936）の Louis D. Brandeis 裁判官結果同意意見において示された「憲法判断回避準則」(Constitutional Avoidance Doctrine) あるいは「Brandeis 準則」[10] とが，ほぼ同一視されている[11]。

しかし，憲法判断の必要性の原則あるいは憲法判断回避の準則が，すべて付随的違憲審査制から論理必然的に導出される法規範であるか否かについては，議論の余地がある[12]。そこで本稿では，憲法判断の必要性の原則を，付随的違憲審査制から論理的に導出される違憲審査の条件，すなわち法理として要請される部分を指すものと定義して[13]，まず同原則から検討を行うこととする。

第1に，付随的違憲審査制は，司法裁判所による法律上の争訟及びその他法律において特に定められた争訟の裁判において違憲審査が行われることを本質とする。したがって，原則として，裁判所に係属している訴えが法律上の争訟又はその他法律において特に定められた争訟に該当するか否かが先決問題となり[14]，これが認められる場合に限って違憲審査が行われることを要請する[15]。

---

9) 芦部（高橋補訂）・前掲注6) 381頁。
10) 憲法判断回避の準則あるいは Brandeis 準則に関する先駆的かつ代表的な研究として，横田喜三郎『違憲審査』(有斐閣，1968年) 458〜535頁及び芦部信喜『憲法訴訟の理論』(有斐閣，1973年) 293〜309頁を参照。また，Brandeis 準則に関する最近の議論を整理したものとして，本書第2章及び大林啓吾＝見平典編『憲法用語の源泉をよむ』(三省堂，2016年) 252〜257頁［大林］，大林啓吾「〈シンポジウム〉憲法適合的解釈についての比較法的検討 2. アメリカ」比較法研究 78号 (2017年) 19〜32頁などを参照。
11) 芦部（高橋補訂）・前掲注6) 381頁及び佐藤・前掲注3) 626頁を参照。
　　なお，横田・前掲注10) 577頁は，「必要の原則」を「憲法問題について決定しなければならない必要があるときにはじめて，決定すべきである」とするものと定義した上で，広い意味では，憲法判断回避の準則に含ませることができるが，特に必要の原則として挙げることもできるとしている。
12) 憲法判断回避の準則の法理に当たる部分を明確にする必要性を指摘し，その法理的性格を重視する見解として，君塚正臣『司法権・憲法訴訟論（下）』(法律文化社，2018年) 422〜445頁を参照。また，同準則の「法理」的部分と「分別」的部分の境界を明確にしようとする試みとして，松本哲治「違憲審査権の行使(1) 憲法判断回避」大石眞＝石川健治編『憲法の争点』(有斐閣，2008年) 274〜275頁を参照。
13) ただし，法理としての要請に反して違憲審査を行った場合でも，当該憲法判断が裁判の結論に影響しない限り，審理不尽又は理由不備などを理由に裁判自体を違法として取り消さなければならないわけではなく，また，そのような憲法判断を示した裁判官について，当然に，職務義務違反として責任が追及されるわけでもない。通例は，当該憲法判断を傍論と位置付け，その判例としての意義を否定するにとどまる点に留意が必要である。

例えば、警察予備隊違憲訴訟のように、原告が、憲法81条は抽象的違憲審査制を認めるとの解釈に基づいて、最高裁判所に法律等の違憲確認を求める訴訟を提起した場合に、このような訴訟が認められるか否かに先立って、問題となる法律等の国家行為が憲法に違反するか否かを裁判所が判断することは許されない。もし、かかる判断を広く認め、その判断に一定の法的又は政治的意義を認めるとすれば、それは抽象的違憲審査制を認めるに等しいからである。

これに関連して、提起の時点では、法律上の争訟又はその他法律において特に定められた争訟として認められるものであったにもかかわらず、その後に訴えの利益が喪失した場合の取扱いが問題となり得る。この点、行政事件訴訟法9条1項は、処分又は裁決の取消しを求める利益につき、「処分又は裁決の効果が期間の経過その他の理由によりなくなつた後においてもなお処分又は裁決の取消しによつて回復すべき法律上の利益」を含むものとし、処分等の付随的効果を排除する利益を問題とすることを認めている。

しかし、皇居外苑使用不許可事件（最大判昭和28・12・23民集7巻13号1561頁）のように、処分等からその効果の消滅までの期間が短く、かつ処分等に付随的効果が認められない場合が依然として問題であると指摘されており、このような場合には、合衆国最高裁の判例を参考に、「繰り返されうるが、審査を免れる」事態を回避するため、違憲審査を認めるべきであるとの見解がある[16]。確かに、時間的制約のため違憲審査を免れることによって、憲法上の権利を侵

---

[14] 抗告訴訟における原告適格や、公法上の法律関係に関する確認の訴えにおける確認の利益等の判断に際して、憲法上の権利の存否が問題とされる場合、とりわけ主張されている権利が憲法上の権利として認められるか否かが問題とされる場合には、法律上の争訟であるか否かの判断と憲法判断が同時に行われ得ることに留意が必要である。これは、法律上の争訟であるか否かの判断もまた、憲法76条1項に関わる憲法判断としての側面を有することに起因するものである。抗告訴訟における原告適格の判断と憲法の関係については、芝池義一『行政救済法講義〔第3版〕』（有斐閣、2006年）48頁を参照。

[15] 松本・前掲注12) 275頁を参照。なお、この論点と憲法判断回避の準則との関連について、憲法判断回避の準則は、「あくまでも本案における争点に関する問題であり」、「訴訟要件を欠くとして却下され、その結果本案で提起していた違憲の争点が判断されなかったという場合は、『判断回避』ではない」（高橋・前掲注2) 192頁）とする見解がある。憲法判断回避の準則を司法的賢慮に基づく自制と位置付ける限り、適切な整理である。

[16] 佐藤・前掲注3) 633～634頁、松井茂記『日本国憲法〔第3版〕』（有斐閣、2007年）254頁、松本・前掲注12) 275頁などを参照。

害する国家行為が繰り返されることは回避されなければならない。しかし，ほとんどの場合，こうした弊害は，迅速かつ実効的な裁判が行われていないことに起因するものであり，本来的には，義務付け訴訟（行訴 37 条の 2，37 条の 3），差止訴訟（同 37 条の 4），執行停止その他の仮の救済（同 25 条，37 条の 5）及び国家賠償訴訟等の活用により対応すべきであろう[17)][18)]。

　第 2 に，裁判所は，適法に提起されている争訟の解決に実質的な関連性を有する場合に限って，違憲審査が行われなければならない。なぜなら，問題となる憲法上の争点に関する判断が，実質的に争訟の解決に影響を及ぼさない以上，当該判断には論理的に必要性が認められないからである。例えば，国会議員の選挙について外国人に選挙権を認めていないことの合憲性が争われている訴訟において，地方議会議員の選挙について外国人に選挙権を認めていないことを違憲であると判断することは，憲法判断の必要性の原則に反することとなる[19)]。

　ただ，ここで要求される関連性がどの程度のものかについては議論の余地があり，この点に関連付けて，次に，狭義の憲法判断回避の準則について検討することとする。

---

17) 原田尚彦「行政事件訴訟における訴えの利益」公法研究 37 号（1975 年）107 頁及び塩野宏『行政法 II〔第 5 版補訂版〕』（有斐閣，2013 年）146 頁などを参照。ただ，こうした問題が生じないようにするため，行政事件訴訟法の定める訴訟要件等が十分であるか否かについては，今後さらなる検討を要する問題である。

18) この点について，事件・争訟あるいは法律上の争訟の要件は必要ではないとの立場から，「出訴時点で適法な出訴があれば，その後に事件性が失われたとしても，裁判所が権限を当然に失うわけではない」とし，「裁判所が本案判断を拒否したからといって，裁判を受ける権利の侵害とはならない」が，他方，憲法上，本案判断をすべきでないとする理由もないことから，立法裁量の問題であって，「法律が明文で権限を失うと定めていない限り，法律の解釈の問題であり，判例の展開に委ねられている」（高橋・前掲注 2) 129 頁）とする見解がある。

19) この点，定住外国人が，居住地の地方選挙に関し，選挙人名簿に登録するよう異議の申出をしたところ，異議申出を却下する決定が行われ，同決定の取消しを求めた事案において，最判平成 7・2・28 民集 49 巻 2 号 639 頁が，「我が国に在留する外国人のうちでも永住者等であってその居住する区域の地方公共団体と特段に緊密な関係を持つに至ったと認められるものについて，その意思を日常生活に密接な関連を有する地方公共団体の公共的事務の処理に反映させるべく，法律をもって，地方公共団体の長，その議会の議員等に対する選挙権を付与する措置を講ずることは，憲法上禁止されているものではないと解するのが相当である」と判示したのは，憲法判断の必要性の原則に照らし問題である。せいぜい，憲法 93 条 2 項にいう「住民」は，地方公共団体の区域内に住所を有する日本国民を意味するものであり，外国人に対して地方選挙における選挙権を保障したものとはいえないとする判示は，法律により地方選挙について定住外国人に選挙権を認めるか否かという争点にまで当然に及ぶものではないことを示すにとどめるべきであろう。

2 憲法判断回避の準則

(1) 憲法判断回避の準則の意味及び内容

憲法判断回避の準則は，広義には，Ashwander 事件判決の Brandeis 裁判官の結果同意意見に示された7つの準則全体を指す意味で用いられる。しかし，狭義には，Brandeis 準則のうち，「訴訟記録上，憲法問題が適切に提示されているとしても，当該事件を処理することができる他の理由がある場合には，憲法問題について判断しない」とする第4準則を意味するものとされる[20]。

通常，裁判所が扱う争訟は，法解釈及び事実に関する複数の論点から構成されている。このとき，そのうちの一の論点に関する判断により，争訟の帰趨が決する場合がある。例えば，各論点と争訟の最終的帰結が，「X_1 かつ X_2 かつ X_3 かつ……X_n ならば Y」という関係にあるとき，いま X_1 を法律等の合憲性に関する論点であるとすると，「X_1 でない」（法律等は合憲でない）と判断されれば，X_2 から X_n に関する判断を行うまでもなく，「Y でない」（例えば，被告人は有罪でない）という帰結をもたらす。それゆえ，X_1 に関する判断と争訟の最終的帰結の間には実質的な関連性が認められると言える。そうである以上[21]，たとえ同時に「X_2 でない」という判断が成立する場合であったとしても，X_1 について判断を行うことが，付随的違憲審査制に反するとまでいうことは困難であろう。

それでは，上記 X_1 から X_n までの論点のうち，複数の論点で否定が成立する場合，判断すべき論点の優先度を決める憲法上の準則が存在するであろうか。

この点については，第1に，憲法上の論点に関する判断を優先すべきとする見解がある。この見解は，裁判所において争訟は，法を適用することによって，

---

[20] 近時，アメリカの憲法学においては，この Brandeis 第4準則を「最終手段準則」（the last resort rule）と呼ぶことがある。See Lisa A. Kloppenberg, *Avoiding Constitutional Questions*, 35 B. C. L. REV. 1003 (1994).

[21] この点，厳密には，「X_1 でない」という X_1 に関する否定の判断のみが，「Y でない」という最終的帰結を必然的に導出し，「X_1 である」という肯定の判断だけでは，最終的帰結を確定し得ない。しかし，「Y である」という最終的帰結は「X_1 である」という判断を必要条件とすることにも鑑みて，本稿では，より抽象的に，論点 X_1 について争訟の最終的帰結の間には実質的な関連性があると捉えることとする。

すなわち事実を法規範に包摂することによって解決されなければならないのであるから,「ある法条が合憲であることがその法条を具体的事件に適用すること,またはその法条を基準として具体的事件に照らしあわせることについての論理的前提である」[22]と解するものである。

しかし,一般に,争訟の当事者,とりわけ身体の拘束を受けている刑事被告人にとって,争訟が迅速に解決されることは重大な利益である。それゆえ,争訟を迅速に終結させることができる論点がある場合には,憲法上の論点に優先させて判断を行うことが認められるべきであり,憲法秩序を保障する必要性から,困難な憲法上の論点について判断することに伴う時間的負担等を当事者に強いるのは適当でない。

また,裁判所は数多くの争訟の裁判を行っており,適用する法律等の合憲性について,特に当事者から異議が唱えられない限り,違憲審査を行うことなく,これを適用している。この場合において,裁判所として法律等を適用した以上は,これを合憲と判断したものと解すべきとするのは[23],判例の解釈として適当でなく,また,そのような解釈を実質的に成り立たせるためには,裁判所に常に法律等の違憲審査を求める必要があり,現実性を欠く[24]。

これに対して,狭義の憲法判断回避の準則は,法律等の合憲性に関する X_1 の判断は,X_2 から X_n までの判断によって最終的帰結が導出できない場合にのみ許されるとするものであり,その意味で,憲法判断について補充性[25]を求めるものと解される。

しかし,先にも述べたように,このような憲法判断の補充性は付随的違憲審

---

22) 有倉遼吉『憲法秩序の保障』(日本評論社,1969年) 63頁。
23) 有倉・前掲注22) 68〜70頁を参照。
24) 佐藤・前掲注3) 650頁を参照。
25) 刑法は,正当防衛 (36条1項) 及び緊急避難 (37条1項) について,「やむを得ずにした行為」であることを要件としているが,判例及び刑法学説は,緊急避難についてのみ,「他のより軽微な方法で危難を回避できない場合に補充的に認められるという意味で」,「補充性」の要件を課している (山口厚『刑法総論〔第3版〕』(有斐閣,2016年) 153頁)。他方,正当防衛について言われる「『必要性』は『必ず要る』という意味ではなく『防衛に役立つ』という程度の意味」(同135頁) とされている。
　　刑法におけるこの区別は,憲法判断の必要性の原則と狭義の憲法判断回避の準則の区別を理解する際にも有益であろう。

査制から論理的に導出された法理と解することは困難である。むしろ，狭義の憲法判断回避の準則の論拠としては，「憲法判断は，経験的素材に基づき十分熟慮されたものであることが望ましいこと」及び「民主主義体制下にあっては，違憲審査権はできるだけ自己抑制的に行使されるべきであること」[26]，あるいは，「第1に，政治部門の行為を審査するのであるから，政治部門との間で生じうる軋轢を必要最小限にするのが好ましいこと，第2に，未成熟な判断を避けるためには，判断がどうしても必要な場合まで延期するのが好ましい」[27] ことなどが挙げられる。つまり，狭義の憲法判断回避の準則は，「裁判所が政治の領域に過度に踏み込むことを避け，法原理機関としての自己のアイデンティティを保持していこうとする姿勢（自己抑制のアプローチ）の所産」[28] あり，司法的賢慮に基づく自制であると解するのが適当である。

したがって，「裁判所は，事件の重大性や違憲状態の程度，その及ぼす影響の範囲，事件で問題にされている権利の性質等を総合的に考慮し，十分理由があると判断した場合」[29] あるいは「国民の重要な基本的人権にかかわり，類似の事件が多発するおそれがあり，しかも憲法上の争点が明確であるというような事情が存する場合」[30] には，当該憲法判断について補充性が認められない場合であっても，「憲法判断に踏み切ることができると解するのが，妥当」[31] あるいは「憲法判断をすることが是認されて然るべき」[32] であるとされるところである[33]。

---

[26] 佐藤・前掲注3) 626頁。
[27] 高橋・前掲注2) 192頁。
[28] 佐藤・前掲注3) 627頁。
[29] 芦部（高橋補訂）・前掲注6) 381頁。
[30] 佐藤・前掲注3) 650頁。
[31] 芦部（高橋補訂）・前掲注6) 381頁。
[32] 佐藤・前掲注3) 650頁。
[33] ただ，狭義の憲法判断回避の準則を司法的賢慮に基づくものと解する限り，このような条件を欠く場合に裁判所が憲法判断を行ったとしても，憲法規範に抵触するわけではない。その意味では，このような条件を満たす場合には，むしろ，憲法判断を行うことが，司法的賢慮に基づき要請されるものと解することもできる。

(2) 狭義の憲法判断回避の準則と法律解釈

(1)で示した狭義の憲法判断回避の準則に基づいて争訟を処理する場合には，事実認定に関わる論点を先行して判断する場合と，憲法以外の法律解釈に関わる論点を先行して判断する場合があり得る。

前者の判断の典型は，例えば，Ｘが自衛隊の演習場に設置された砲弾の着弾点等の連絡用の電話線を切断し，自衛隊法 121 条に違反するとして起訴された事件において，電話線を切断したのは X ではない，又は X に電話線を切断する故意がなかったと認定し無罪とする場合である。この場合には，憲法を含めて法律解釈が問題ではなく，憲法判断は純粋に回避されているといってよい。

他方，後者の判断の例としては，上記事例において，自衛隊法 121 条にいう「その他の防衛の用に供する物」を限定的に解釈し，砲弾の着弾点等の連絡用の電話線はこれに当たらないとし，X を無罪とする場合が考えられる[34]。また，被害者が加害者の死亡した配偶者の父である場合に，刑法旧 200 条にいう尊属に当たるかが争点となり，裁判所が，これを消極的に解釈した上で，同条を適用しない場合もこのような判断の例と言えよう[35]。この際，問題となるのは，例えば，「その他の防衛の用に供する物」を限定解釈する理由である。このような場合，提起される憲法問題は，自衛隊が憲法 9 条及び前文等に違反するか否かであるから，「その他の防衛の用に供する物」を限定的に解釈したからといって，自衛隊の合憲性の判断に影響を及ぼすことはなく，また本件解釈に関する限り[36]，憲法 9 条等の規範内容が解釈指針となるものではない[37]。

---

34) 札幌地判昭和 42・3・29 下刑集 9 巻 3 号 359 頁（以下「恵庭事件判決」という）を参照。
35) 同様の事例として，最大判昭和 32・2・20 刑集 11 巻 2 号 824 頁を参照。
36) なお，例えば，損壊の対象となった物品が，自衛のために必要な装備の範囲を超えるものであり，自衛隊が所有し利用することが憲法 9 条に違反するという主張が問題となっている場合等においては，自衛隊法 121 条にいう「武器，弾薬，航空機その他の防衛の用に供する物」の解釈が憲法問題となり得る場合がある。
37) この点，芦部（高橋補訂）・前掲注 6）382 頁や長谷部恭男『憲法〔第 7 版〕』（新世社，2018 年）429～430 頁は，恵庭事件判決を Brandeis 第 7 準則にいう「法律の合憲性に対する疑い」の回避に当たるとする。これは，恵庭事件判決が，法律解釈によって憲法判断を回避したことに着目したものと解されるが，しかし，憲法 9 条等との関係では，恵庭事件判決が示した「その他の防衛の用に供する物」の範囲に関する解釈によって，自衛隊法 121 条の合憲性に対する疑いが減じられることはまったくないのであるから，その点に着目すれば，Brandeis 第 4 準則に関するものと位置付けることができよう（高橋和之『憲法判断の方法』（有斐閣，1995 年）61～63 頁を参照）。

このように，裁判所の行う法律解釈が憲法上の争点と直接的な関連性を有さず，そのような解釈を理由として争訟が終局的に解決される場合には，狭義の憲法判断回避が行われたものと評価することができよう。

なお，この点に関連して，堀越事件最高裁判決（最判平成 24・12・7 刑集 66 巻 12 号 1337 頁）及び世田谷事件最高裁判決（最判平成 24・12・7 刑集 66 巻 12 号 1722 頁）が，国家公務員法 102 条 1 項にいう「政治的行為」を「公務員の職務の遂行の政治的中立性を損なうおそれが，観念的なものにとどまらず，現実的に起こり得るものとして実質的に認められるもの」と解釈したことを，狭義の憲法判断回避の準則との関係で，どのように位置付けるかが問題となる。

この点，このような法令解釈を「当該法令が合憲か否かという合憲性審査の前提となる作業」[38]として位置付け，法令の「立法目的・意図を探り，事案で問題になっている当該規定のみでなく，国家の統治機構の基本となる公務員制度の全体像がどのような理念・思想の下に作られ，各条項が有機的な関連を持っているかをみた上で，当該条文の趣旨，意味，規制の範囲等を探って内容を解釈」[39]したものと説明されることがある。もし，これを文字どおり受け止めるとするならば，当該解釈は憲法とは独立に専ら法律の解釈として行われたものと位置付けるべきこととなる。そうすると，少なくとも堀越事件最高裁判決は，被告人の行為が，国家公務員法 102 条 1 項及びそれに基づく人事院規則 14-7 の構成要件に該当しないとするのであるから，狭義の憲法判断回避の準則に該当する事案と解すべきことになろう。

しかし，このような理解については，次のような疑問が残る[40]。第 1 に，堀越事件最高裁判決は，「国民は，憲法上，表現の自由（21 条 1 項）としての政治活動の自由を保障されており，この精神的自由は立憲民主政の政治過程にと

　なお，憲法判断とは別に，恵庭事件判決が行った限定解釈が妥当か否かという法律解釈上の問題があり，通信線を「その他の防衛の用に供する物」に含まないとするのは，近代戦における通信の重要性を理解しないものであり，また法律の書き直しに当たるのではないかという批判がある（芦部信喜「法律解釈による憲法判断の回避」長谷部恭男＝石川健治＝宍戸常寿編『憲法判例百選Ⅱ〔第 6 版〕』（有斐閣，2013 年）365 頁，佐藤・前掲注 3）649 頁などを参照）。

[38]　千葉勝美『違憲審査――その焦点の定め方』（有斐閣，2017 年）72 頁。
[39]　千葉・前掲注 38）68〜69 頁。
[40]　なお，同日に世田谷事件最高裁判決が出されているので，堀越事件最高裁判決で憲法判断を回避するのは無意味であることを差し引いて考える必要がある。

って不可欠の基本的人権であって，民主主義社会を基礎付ける重要な権利であることに鑑みると，上記の目的に基づく法令による公務員に対する政治的行為の禁止は，国民としての政治活動の自由に対する必要やむを得ない限度にその範囲が画されるべきものである」とし，さらに「同項の規定が刑罰法規の構成要件となることを考慮」した上で，上記法律解釈をしているのであるから，憲法解釈と独立に法律を解釈したものではない。

第2に，表現の自由をはじめとする自由権的基本権を制約する法律等の違憲審査は，目的手段の枠組みに従って行われることが多い。そのため，用いられている文言の語義に依拠して解釈する場合は別として[41]，立法目的に従って法律の文言の意味内容を適切に画定することは，事実上，立法目的に照らして必要やむを得ない限度で手段の範囲を画定することと重複することになる。もちろん，そもそも立法目的が正当か否かについて判断しなければ，たとえ立法目的に照らして手段を適切に画定しても，違憲審査を十全に行ったことにはならないが，しかし，違憲審査の一部を先取りして行うに等しい面があると言えよう。

以上の点に鑑みれば，堀越事件最高裁判決等により示された国家公務員法102条1項にいう「政治的行為」の解釈は，これを合憲限定解釈というかどうかは別として，少なくとも，憲法解釈と独立に行われたものと解することは適当でなく，憲法判断が回避されたものと言うことはできない。

3 違憲審査の対象の特定及び範囲の画定

(1) 審査の対象及び範囲に基づく違憲審査の類型

付随的違憲審査制の下では，主として，裁判所に提起された法律上の争訟において，ある国家行為（不作為を含む）による訴訟当事者の権利自由に対する侵害が憲法に違反するか否かが問題となる。この場合，当該事件において問題となる権利自由との関係において，いなかる国家行為についてどの範囲で違憲

---

41) 例えば，国家公務員がスーパーマーケットの広告ビラを配布することは，そもそも「政治」という文言の語義に含まれない。

審査を行うかが争点となる。これが，違憲審査の対象の特定及び範囲の画定の問題である。

　国家機関の作為が問題となる場合[42]，違憲審査の対象は，不特定多数の者の権利義務，法律関係又は行為等を規律する法律その他の法令[43]と，訴訟当事者の権利自由に直接的に影響を及ぼす具体的行為（以下「処分等」[44]という）に大別される。この場合，前者の審査を法令審査，後者の審査を処分等審査と呼び[45]，それぞれ検討した上で，さらに，法令審査について，その審査が及ぶ範囲に着目して考察することとする。

(2)　法令審査
①　文面審査

　一般に，文面審査とは，「ある法令の『文面上の』（on its face）合憲性・違憲性（facial [in] validity）を検討する審査方法」[46]であるとされる。すなわち，文面審査とは，違憲審査の対象が法律その他の法令であること，及び，当該法令又はその条項が，当該事件における適用事実の範囲を超えて，全体とし

---

[42]　立法不作為など，国家による不作為が国民の権利自由を侵害する場合があるが，本稿の検討対象とはしない。

[43]　ここにいう「法令」は，国会が制定する法律及び国の行政機関が制定する命令に限らず，条約，条例及び規則を含め，一般的，抽象的な意味をもつ成文法規範を広く意味する。

[44]　本稿にいう「処分等」とは，行政法学にいう「行政行為」又は行政事件訴訟法3条2項にいう「行政庁の処分その他公権力の行使に当たる行為」及び同3項いう「審査請求その他の不服申立て……に対する行政庁の裁決，決定その他の行為」に限られるものではない。売買，貸借，贈与その他の契約，営造物の設置，広報活動など含めて，国家機関が行う具体的な法的及び事実的行為を広く意味するものとして用いる。この点については，芹沢斉＝市川正人＝阪口正二郎編『新基本法コンメンタール憲法』（日本評論社，2011年）436頁，市川正人「適用違憲・再考——違憲審査と違憲判断の方法について(2)」立命館法学374号（2017年）120～121頁などを参照。

[45]　「法令審査」及び「処分審査」の区別をし，前者を「法令を違憲審査の基本対象とする審査」，後者を「処分に固有の憲法問題を対象とする審査」と定義する見解として，駒村圭吾『憲法訴訟の現代的転回——憲法的論証を求めて』（日本評論社，2013年）14～15頁を参照。ただし，この場合の処分審査は，「法令の適用行為一般」を意味し，行政処分と刑事処分が念頭に置かれており（同28頁），本稿の区別と同一ではないようである。

[46]　市川正人「文面審査と適用審査・再考」立命館法学321＝322号（2009年）22頁。また，同「違憲審査権の行使(2)　文面審査と適用審査」大石＝石川編・前掲注12）276～277頁，同「違憲審査の方法と法令違憲——違憲審査と違憲判断の方法について(1)」立命館法学369＝370号（2017年）31頁も併せて参照。

て審査されることを意味するのである。ただ，文面審査といえども，各事件において，問題となる法令がどの範囲で違憲審査の対象となるかは，画一的に定まるものでない点には，留意が必要である[47]。

なお，文面審査については，「文面」を狭義に理解し，「立法事実をとくに検出し論証せず，法律の文面を検討するだけで結論を導き出すことができる場合」を「文面判断の手法」とし，「漠然性のゆえに無効」あるいは「過度の広汎性のゆえに無効」の法理等に基づく審査をその例とする見解もある[48]。

確かに，法令が用いる文言の在り方の審査と立法事実に基づく法令の実質的内容に関する審査との間には，審査の枠組み等に差異が認められる[49]。しかし，この意味での文面審査は，違憲審査の対象及び範囲ではなく，審査において考慮に入れる事項又は資料の範囲に着目したものであり，適用審査と同一の次元に位置する概念ではない。理論上，法令を違憲審査の対象とする場合について，審査の範囲の画定に関する区別，すなわち適用される法令又はその条文全体を

---

[47] 例えば，自衛隊が憲法9条2項にいう「戦力」に該当し，その設置自体が憲法に違反するか否かが争われる事件においては，自衛隊法という法律全体が違憲審査の範囲に含まれることになろう。他方，尊属殺に対する刑罰の加重が違憲か否かが争われる事件においては，刑法典全体ではなく，刑法200条（当時）という，当該事件で問題となる個別の条文が全体として審査されることが想定されている。さらに条文を細かく限定し，項又は号が対象範囲とされる場合があることにも鑑みると，文面審査といえども，実際の審査の対象範囲については，条文の相互依存性の程度や主張される違憲事由等により，かなりの開きがある。また，適用審査についても，後述するように，適用事実類型の設定の仕方に幅があり得ることから，その意味では，文面審査と適用審査は，法令の適用範囲というスペクトラムの上に位置する相対的区別としての側面を有している。

[48] 芦部（高橋補訂）・前掲注6) 383～384頁，205～208頁。

[49] 例えば，「漠然性のゆえに無効」の法理，あるいは法令に用いられる文言に対する明確性の要請は，問題となる法的規律の実質的内容よりも，当該文言から法的規律の内容を理解し，自己の行為等に帰責される法的効果を予見することが可能かという手続的側面に関わるものであり，また，その判断に際しては，目的・手段の審査枠組みを用いないのが通例である。

　他方，「過度の広汎性のゆえに無効」の法理の場合には，文言の広汎性と手段の広汎性に重なりが多く，その審査に際して，目的・手段の枠組みが黙示的に作用しているものの，広汎性が明白であるがゆえに意識化されないに過ぎないと考えられる。

　また，このような狭義の文面審査の典型例として，「ある法律の定める事前抑制の措置が『検閲』に当たるかどうかが争われる」事件が挙げられることがあるが（芦部（高橋補訂）・前掲注6) 383頁），その前提として，「検閲」概念を厳密に定義し，検閲が絶対的に禁止されると理解することが必要であり，かつ制度の趣旨及び仕組みが法律の文言から明確に導かれる場合にのみ，立法事実を検出することなく判断することが可能である。

　その意味では，狭義の文面審査と立法事実に基づく審査の区別は相対的である点に留意が必要である。

審査するか，法令が適用される当該事件に係る司法事実（判決事実）から抽出される事実類型（以下，「適用事実類型」という）に限定するかという区別と，審査において考慮に入れる事実又は資料の範囲に基づく区別，すなわち法令の文言のみを考慮するか，立法事実を考慮に入れるかという区別は，独立に成立し得るのである。

とはいえ，この場合，審査の範囲を適用事実類型に限るのは，当該事件の司法事実を立法事実として考慮に入れた判断を重視するためであるから[50]，現実には，法令の文言だけでなく，立法事実を考慮に入れる場合が通例であると考えられる。ただ，法令の文言の明確性が問題となる場合に，当該事件で問題となっている国民の行為が，法令の適用対象となることが明確か否かに限って審査することを認めるとするならば，審査の範囲を適用事実類型に限定した場合であっても，法令の文言のみを考慮する審査を観念することが可能である[51]。

したがって，違憲審査の範囲の画定に関する分類と，審査において考慮に入れる事項等の範囲に基づく分類は区別されるべきであり，本稿は前者に着目して考察を行うこととする[52]。

② 適用審査

「適用審査」については，従来，法令の適用行為（application）を対象とする審査であるのか，あるいは審査の対象は法令であるが，その審査の範囲が当該事件に適用される限り（as applied），すなわち適用事実類型に限定されるものなのか，必ずしも明確ではなかった[53]。

---

50) 司法事実が主張・論証の仕方により立法事実として機能することについては，芦部・前掲注10) 152～153頁を参照。なお，「立法事実」の概念が多義的であり得ることから，憲法による評価を基礎付ける事実を「評価用事実」と呼び，適用上判断に際して法律の適用対象の憲法的評価を支える評価事実が存在することを承認する見解もある（高橋・前掲注2) 180～181頁）。

51) 法令の文言の明確性の要請について，徳島市公安条例事件最高裁判決（最大判昭和50・9・10刑集29巻8号489頁）等を踏まえて，法令の文言について，具体的場合に当該行為がその適用を受けるものかどうかの判断を可能ならしめるような基準が読み取れない場合と，「当該法令があまりにも不明確であって適用されうるいかなる場合においても行動の指針を示すことができないようなきわめて例外的な場合」を区別し，漠然性のゆえに文面上違憲と判断されるのは，後者の場合に限定されるとする見解として，長谷部・前掲注37) 207～208頁，木村草太『憲法の急所――権利論を組み立てる〔第2版〕』（羽鳥書店，2017年）210～214頁，佐藤・前掲注3) 260頁などを参照。

52) なお，用語法については，③で検討する。

53) この点を指摘するものとして，山本龍彦「『適用か，法令か』という悩み（前篇）――違憲審査

この2つの意味のいずれが適当であるかは，用語法の問題であり，必然的に定まるものではない。しかし，「処分等審査」の概念を独立に用いる本稿において，適用審査は，「法令の当該事件に『適用される限りでの』（as applied）合憲性を検討する審査方法」[54]であり，審査の対象は法令であるが，その範囲が当該事件における適用事実類型[55]に限定されるものとして理解することと

の対象・範囲と憲法判断の方法」法セ681号（2011年）87頁を参照。また，「適用違憲」概念との関係で，「法律の文面上違憲」，「法律の適用された限りでの違憲」及び「その法律の適用の違憲」の3種類が区別されるべきであると指摘した上で，前二者はともに「法令違憲」であるとする見解として，松井・前掲注 16) 120頁を参照。
54) 市川・前掲注 46) 立命館法学321＝322号23〜24頁，同立命館法学369＝370号33頁。
55) 適用審査において審査の範囲を画する適用事実類型とは，法令が定める要件事実の部分集合となる事実類型であり，それ自体要件事実たる性質を有するものであって，純然たる司法事実である，要件事実に該当する事実（被適用事実）とは，性質上区別されるべきものである。ただ，その事実類型が，当該事件の司法事実を基礎として抽出されるという点に，適用事実類型としての特質が存する。なお，個々の審査において，この事実類型は，裁判所により判決文中で明示される場合もあり得るが，判決文中では当該事件の事実の概要のみが示されるだけで，その定式化は後続の裁判所又は学説を待たなければならない場合もある（蟻川恒正「合憲限定解釈と適用違憲」樋口陽一ほか編著『国家と自由・再論』（日本評論社，2012年）280〜285頁，市川・前掲注 46) 立命館法学369＝370号33頁などを参照）。このように憲法判断が時間的に開かれた構造であることが，適用審査の実践的な妙味である。
この点，「抽象化の程度に違いはあれ，規制された行為の『明確なカテゴリー』化は，違憲審査そのものの前提」であるとして，「『適用違憲』という特殊な部分無効の類型は存在しない」とする見解もある（木村草太「憲法判断の方法──『それでもなお』の憲法理論」高橋和之先生古稀記念『現代立憲主義の諸相（上）』（有斐閣，2013年）517頁）。
確かに，実体論として，審査の対象となる事実類型の存在を指定すべきであることは指摘のとおりであり，また，違憲審査が行われる以上，その判断の基礎となる考慮事項について言及されるのが通常であるから，それらを通じて，違憲審査又は憲法判断の範囲が画定されることとなる。ただ，そのような事実類型の定式化が判決文中において明示的に行われるとは限らないのであり，「本件に適用される限りにおいて」と抽象的に指示することも認められる以上，適用審査又は適用違憲という類型の存在を否定するのは適当でないように思われる。
また，①「司法事実自体が裁判所の事実認定プロセスによって取捨選択され加工された事実であり，適用されるべき法令との視線の往復によって一定の抽象化を経た事実であるから，法令の適用にはつねに当該事案を超える射程があるのではないか」，②「適用審査と対比される文面審査が，果たして仮定的事案を前提とした違憲審査なのか」，③「目的手段審査が立法事実を対象とした審査手法であり，その意味で文面審査の一種なのだとすると，それとは区別される適用審査によって，法令は具体的にはどのような審査を受けることになるのか」など，適用審査の手法に疑問を提示する見解もある（赤坂・前掲注 3) 498〜499頁。原注省略）。
①の指摘は，前述のように適用審査の理論的前提であり，抽出される事実類型の抽象度が一義的に定まらないことから，文面審査と適用審査の区別の相対性は否定できないが，当該事件の司法事実を基礎として事実類型を抽出する作業が可能である限り，適用審査という審査類型を排除する理由とはならない。また，②及び③の指摘については，本稿にいう適用審査では目的・手段の審査枠

する[56]。

　狭義の憲法判断回避の準則を前提とするならば，このような意味での適用審査が行われるのは，当該事件の司法事実が問題となる法令の適用範囲に含まれるとの判断が先行してあり，その適用を排除するためには，法令を違憲審査の対象とし，その効力を否認することが必要とされる場合が通例である。したがって，このような適用審査において，違憲判断が示されるとするならば，それは法令自体に違憲の瑕疵があることを意味するのである。

　このように違憲審査の範囲を適用事実類型に限定する理由として，憲法判断の必要性の原則が挙げられる場合が多い[57]。しかし，より実質的に考えた場合，最も重要な理由は，「適切な憲法判断を行うのに必要な条件の確保」であり，「裁判所は，法令の現実の適用に焦点を与えることによって初めて，『「十分情報を得た上での判断にとって関連しかつ適切な」資料を伴った「血と肉」のある法的問題に出会う』」のであって，「裁判所がいまだなされていない適用を想定して法令の未成熟な解釈を行い，それについて憲法判断を行うならば，現実とは無関係の不毛な結論に帰着することになるかもしれない」[58]からである。そして，それによって，一方で，政治部門との衝突をできる限り回避しつつ，他方で，衝突が生じた際には，裁判所による判断の正当性を基礎付けることになるのである。

③　概念の再整理

　以上の検討に基づき，またできる限り従来の用法を踏まえて概念を整理するならば，法令の文面上の合憲性を審査する方法を「文面審査」，適用事実類型

組みが利用可能であることを前提としなければならない（適用審査における違憲審査基準の利用については，市川・前掲注 44）138〜143 頁を参照）。その場合，立法目的の審査については，文面審査と適用審査の間で基本的に差異はない（当該事件の適用について不当動機を問題とする余地はあるが，直接的には立法目的が問題とされるわけではなく，本稿にいう適用審査の主たる審査事項ではない）。他方，手段審査では，例えば，立法目的と法令の規制対象範囲の関連性及び相当性が判断されるのであり，適用審査においては，適用事実類型について立法目的との関連性及び相当性が審査されるものと解されよう。

56）「適用上審査」という概念を同様の意味において用いる見解として，藤井俊夫「適用違憲と法曹教育」戸松秀典＝野坂泰司編『憲法訴訟の現状分析』（有斐閣，2012 年）365 頁を参照。
57）　この点については，6(1)で検討する。
58）　市川・前掲注 46）立命館法学 321＝322 号 25 頁及び同立命館法学 369＝370 号 35 頁（原注省略）。

の範囲において法令の合憲性を審査する方法を「適用審査」と大別した上で，さらに文面審査について，法令が用いている文言の在り方を審査する「狭義の文面審査」と立法事実に基づく審査とを区別することが考えられる[59]。

ただ，このような整理については，違憲審査の範囲と審査において考慮に入れる事項又は資料という異なる次元において成立する区別を跨いで「文面審査」概念を広義及び狭義の意味で用いることが適切か，あるいは，これらの概念で審査方法の全体が捉えられるのか，といった疑問もないわけではない。そこで，従来の用法に囚われないとするならば，次のような整理があり得るところである。

第1に，(1)で述べたように，違憲審査の対象の特定という観点から，法律その他の法令を対象とする「法令審査」と，訴訟当事者の権利自由に直接的に影響を及ぼす具体的行為を対象とする「処分等審査」に大別することができる。

このうち法令審査については，第2に，法令のどの範囲が違憲審査の対象となるかという観点に基づいて区別し得る。従来，この区別に関連して「文面審査」の概念が用いられてきているが，そこにいう「文面上の」とは，当該法令が用いる文言から導かれる全適用範囲にわたってという意味である。とするならば，ここでの区別は，審査の対象が法令の全部にわたるか[60]，その一部に限られるかによるのであるから，前者を「法令全部審査」，後者を「法令部分審査」と呼ぶことができる[61]。さらに，法令部分審査については，対象部分の具体的な範囲が問題となるが，「適用審査」は，これを適用事実類型に限定する審査方法であるから，法令部分審査の一類型として位置付けることができる[62]。

---

[59] 市川・前掲注46）立命館法学369＝370号33頁，山本・前掲注53）86頁を参照。筆者も，土井真一「憲法判断の在り方——違憲審査の範囲及び違憲判断の方法を中心に」ジュリ1400号（2010年）51〜52頁において，このような整理を行った。

[60] この際，文字どおり法令の全体が審査の対象となる場合と，当該事件で問題となる個別の条項の全体が対象となる場合があることについては，前掲注47）を参照。

[61] 木村草太＝西村裕一『憲法学再入門』（有斐閣，2014年）95頁［木村］は，法令審査と適用審査という区別に替えて，法令の全体審査と部分審査という区別を用いるべきであるとするが，法令審査を前提とする限り，適切な指摘であると思われる。

[62] 適用審査を法令部分審査に位置付ける場合，適用審査以外に，どのような部分審査があり得るかが問題となる。理論的には，比較的適用範囲が広い条項について，適用事実類型を含む，一定のまとまりのある適用領域を画定して審査を行うことが考えられる。例えば，国家公務員法102条1項及び110条の政治的行為の禁止に違反して非管理職公務員が起訴されている刑事事件において，

法令審査については，第3に，違憲審査において考慮に入れる事項等の範囲を観点として，法令の文言の在り方に関する審査と立法事実を考慮する審査の区別がある。前者については，狭義の「文面審査」と呼ぶこともできるが，混同を避けるためには，「文言審査」[63]と称するのが適当であろう。後者については，「一般的審査」，「客観的審査」[64]，「構造審査」[65]など様々な名称で呼ばれるが，厳密には，これらは，法令全部審査において広く立法事実を考慮する審査[66]のみを指すものである。しかし，法令部分審査，とりわけ適用審査においても立法事実を考慮し得るのであるから[67]，より一般的に「立法事実審査」[68]と呼ぶのが適当であろう。

以上のように概念を再整理することによって，必ずしも新たな審査の手法が導き出されるわけではない。しかし，様々な審査の方法を体系的に認識することにより，具体的事件においていずれの審査方法を用いるのが適当かを適切に検討することができるようになるのではないかと考えられる。

(3) 処分等審査

法律，命令，条例その他の抽象的な法規範ではなく，訴訟当事者の権利自由に直接的に影響を及ぼす具体的行為を対象とする違憲審査を「処分等審査」と

　審査の対象を非管理職公務員に対する政治的行為の禁止に限定した上で，公務員であることを示して行った行為であるか，行為に際して施設の使用等につき公務員たる地位の利用があるかなどの観点に基づき，さらに行為類型を区別して，それぞれについて憲法判断を示す場合である。適用審査における憲法判断は合憲か違憲かのいずれかになるのに対して，このような審査においては，当該対象領域をさらに区分した行為類型ごとに合憲又は違憲の判断が示されることになる。

　なお，このような場合に審査の対象となる領域を画定する一義的な基準はないことから，法令部分審査から適用審査を控除したものとして消極的に定義するほかなく，また，このような部分審査と適用審査の区別も相対的であることに留意が必要である。

63) 「文言審査」という語を用いる見解として，藤井・前掲注 56) 369 頁を参照。
64) 佐藤・前掲注 3) 655 頁。ただし，我が国の最高裁判所が，どの程度真剣に立法事実を考慮しているかについては，留保が付されている。
65) 駒村・前掲注 45) 22 頁では，「法規定を目的と手段の連関構造に分解し，必要性や合理性を審査指標にその基本骨格を憲法的に査定するもの」であって，「法令の構造的欠陥を追及する点に特徴がある」審査と定義されている。また，山本・前掲注 53) 86 頁も参照。
66) 市川・前掲注 46) 立命館法学 369 = 370 号 33 頁は，「立法事実考慮型文面審査」と分類している。
67) この点については，前掲注 50) を参照。
68) 渋谷秀樹『憲法〔第3版〕』（有斐閣，2017 年）709 頁は，「文面審査」，「適用審査」と並んで，「立法事実の審査」を審査手法として挙げている。

いう[69]。

　処分等が違憲審査の対象となる場合として，第1に，当該行為の要件及び効果を具体的に規律する法令の根拠が存在しない場合がある。

　一般に，行政機関等が具体的な活動を行う際に法律の根拠を必要とすることを法律の留保の原則と言い，どのような活動に法律の根拠が必要とされるかについては，行政法上，議論がある。伝統的見解であり，今日なお実務に強い影響を及ぼしている侵害留保論においては，国民の権利・自由を制限し，国民に義務を課す場合には法律の根拠が必要とされており，自由権的基本権の制約が問題となる場合には，原則として[70]，その根拠となる法律が存在している。

　他方，補助金の交付等の授益的行為，土地の売買及び賃貸借等の私法上の契約による行為並びに建設工事の実施，式典の挙行及び行政指導など，それ自体として私人の権利・自由に対して直接的な影響を及ぼさない事実行為などについては，具体的な法律の根拠は必要とされず，実際，これらの活動は予算上の措置等により行われている。

　このような実務に対しては，例えば，すべての公行政は法律の授権を要すると解する公行政留保説の立場から批判があり[71]，非権力的行政についても，省庁設置法等の所掌事務規定等を法律の授権規定として位置付ける可能性（組織

---

[69]　駒村・前掲注45）28頁は，「処分審査」の概念を「処分段階で固有に問題となる憲法問題を審査するパターン」と定義している。

[70]　特別権力関係論の影響もあり，刑事収容施設における関係や在学関係など特別な根拠を有する法律関係においては，自由を制約する場合であっても，具体的な法律の根拠を欠く場合が実際に存在する。この点，判例は，例えば大学について，「一般市民社会の中にあつてこれとは別個に自律的な法規範を有する特殊な部分社会」であるとして，「国公立であると私立であるとを問わず，学生の教育と学術の研究とを目的とする教育研究施設であつて，その設置目的を達成するために必要な諸事項については，法令に格別の規定がない場合でも，学則等によりこれを規定し，実施することのできる自律的，包括的な権能」を有することを承認している（最判昭和52・3・15民集31巻2号234頁）。

　なお，これらの場合に，学則等の規則について，外部効果を有する法規範性を承認するのであれば，これらの規則に対して法令審査を行い得る。また，在学関係を契約関係と解する場合であっても（最判平成18・11・27民集60巻9号3437頁は，在学契約を有償双務契約としての性質を有する私法上の無名契約と解する），学則等を普通取引約款として位置付けるのであれば，実質的には法令審査に準ずる審査が可能であろう。

[71]　侵害留保説を批判する考え方としては，このほかにも，完全全部留保説，社会留保説，権力留保説及び重要事項留保説などがある。

法上の授権）や，行政手続法や補助金適正化法などのように行政機関の活動の手続や制限を定める法律（規制的法律）の意義等が指摘されている[72]。

　そして，このような指摘を基に，すべての処分等には法律の根拠があり，法律の適用行為と捉え得るのであるから，処分等審査という類型を認める必要はないとする見解がある[73]。この見解によれば，例えば，県知事による靖国神社等への玉串料の支出や公有地を神社用地として無償で利用・提供する行為も，地方自治法 148 条及び 149 条等を根拠とするもので，その適用行為と理解すべきであるとされる。

　確かに，法段階説を前提として，行政機関によるこのような行為を組織法の所掌事務規定の適用として理解することも，理論的には可能である。しかし，「『法律の留保』が行政活動について国民に予測可能性を与えるとともに，国民代表議会の統制により国民の権利利益を保護する機能を果たすことを意図したものである以上，その目的を達するのに必要な詳細さ（規律密度）で規律することが求められる」[74]のであり，法律の留保原則から要請されるのは，組織法上の授権ではなく，「根拠法」あるいは「作用法」上の授権であるとの指摘がなされている[75]。なぜなら，行政機関が行う処分等の要件及び効果等の具体的内容が定められていなければ，当該法律によって行政機関を実質的に統制することが困難であるからである。

　このような指摘は，違憲審査の対象の特定に際しても重要な意義を有している。たとい，組織法の所掌事務規定を授権法律であると捉えるとしても，行政機関が行う行為の具体的内容が定められていないとすれば，当該規定を違憲審査する実際的意義が認められない。まず，組織法の所掌事務規定等において抽象的かつ広範な文言が用いられているのは，規定の性質から当然であって，そ

---

[72]　芝池義一『行政法総論講義〔第 4 版補訂版〕』（有斐閣，2006 年）48～54 頁等を参照。
[73]　木村・前掲注 55）522～523 頁，木村＝西村・前掲注 61）89～95 頁［木村］などを参照。なお，君塚・前掲注 12）516 頁も，「処分を問題にするのは，法令のまさに『適用行為』なのであるから，適用違憲に分類すればよいだけなのではなかろうか」として処分違憲の概念を否定するが，組織法上の授権を認める立場なのか，あるいは法律の根拠がある行政処分を想定しての言明であるのかは，必ずしも明確でない。
[74]　宇賀克也『行政法概説 I 行政法総論〔第 6 版〕』（有斐閣，2017 年）36 頁。
[75]　塩野宏『行政法 I 行政法総論〔第 6 版〕』（有斐閣，2015 年）81～83 頁，宇賀・前掲注 74）30～32 頁などを参照。

のような規定について文言審査を行うことは困難である。また、当該規定に対する立法事実審査も、事件の解決に繋がる審査となるかは疑わしい[76]。

したがって、このような場合には、法令の審査を適用事実類型の範囲に限定しているというよりも、処分等を対象として審査を行っていると捉えるのが実態に即していると考えられる[77]。

処分等審査が行われる第 2 の場合として、当該事件の司法事実に対して法令の適用があるか否かの判断を行うことなく、直接処分等の違憲審査を行う場合が理論的に考えられる。もちろん、狭義の憲法判断回避の準則に基づく限り、一般的には、処分等の適法性の審査が違憲審査に先行することになるから、このような場合が多く生ずることは想定し得ないかもしれない。しかし、裁判所が何らかの事情で法令審査又は立ち入った法令解釈を避けるのが適当であると判断する場合には、処分等を対象として違憲審査を行うことも排除されないであろう。

なお、これとの関連では、「適用上判断」の概念をどのように位置付けるかが問題となる。適用上判断とは、「本法令の適用範囲に含まれる本件事例は、当該『憲法上の権利』により保護されており、本件事例への本法令の適用は違憲」か否かを審査するものであり、「法令が適用される『行態』を審査対象」[78]とするものであるとされる。これは、処分等の国家行為ではなく、権利・自由を主張する国民の側の行為・態様に着目するものであり、問題となる国民の行為等が憲法上保護されるものか否かを直接判断するものであると解される[79]。

このように解する場合、第 1 に、憲法上保護された国民の行為等を制約する

---

76) 例えば、愛媛玉串料事件や空知太事件において、地方自治法 148 条及び 149 条の立法目的や効果等を問題としたり、当該規定を支える立法事実を検証したりすることが、当該事件で問題となっている政教分離違反の審査に資するとは思えない。同法 148 条は、地方公共団体の長が、当該団体の事務を管理し執行する事務を担任することを定めるに過ぎず、いかなる目的で、誰に対して、どのような行為をするかは、主として、長の判断に委ねられている以上、目的や効果等は長による処分等について見るほかないからである。

77) 市川・前掲注 44) 121〜123 頁、石川健治ほか「〈座談会〉『公法訴訟』論の可能性(1) 連載終了にあたって」法教 391 号（2013 年）106 頁［中川丈久発言］などを参照。

78) 髙橋・前掲注 2) 167 頁。

79) ここでいう「憲法上保護される」とは、三段階審査において、憲法の人権条項の保護範囲に含まれるということではなく、その制約が憲法上許されないことを意味するものである。

処分等の審査が問題となる。この点については，①「適用上判断が法律を適用される側に焦点を当てた観念であること」，②「法律を執行（解釈適用）する行為が違憲となるのは，通常は法律が違憲である場合であり，法律の執行行為を違憲とする前に，法律が文面上違憲」であるし，「合憲の法律を違憲的に適用したとすれば，法律の許容範囲を超えたのであり，違憲である前に違法である」[80]ことを理由に，適用上判断において処分等に対する違憲審査は行われていないとされる。しかし，ある国民の行為等が憲法上保護されると判断される限り，それを制約する処分等が違憲となるのは，当然の反射的効果であり[81]，これを否定し，又はその判断を保留することは困難であろう[82]。

　他方，第2に，処分等の根拠法令については，「法令が本事例に適用される可能性のあることを前提にしている」ものの，「法令自体を審査すれば，全面違憲，部分違憲，合憲限定解釈等の選択がありうるが，どれが適切であるかを決めるには未成熟であり，本件はとりあえず適用違憲で解決しておこうという判断もありうるのであり，この場合には，法令についての判断は回避されている」[83]とされる。したがって，ここにいう適用上違憲とは，「条項自体が合憲か違憲かの判断は行わない点に，この判断手法の特質」があるのであり，「裁判所が法条に違憲的適用部分があるかないか，あるとしてその画定をするのに機が熟しているかにつき疑問をもっており，しばらくは個別の判例を積み重ねて機の熟すのを待ちたいと考えた場合に採用するのに適した手法である」[84]とされるのである。

　以上のように理解するならば，適用上判断とは，適用事実が憲法上保護され

---

[80] 高橋・前掲注2) 172頁。
[81] 青井未帆「適用上違憲と処分違憲に関する一考察」高橋古稀・前掲注55) 489頁は，「ある事実関係に法を解釈適用するという行政機関等の行為が違憲と評価されるのは，あくまでも『法律が適用される側の具体的事実関係』が憲法的保護を受けるからこそであると考えられる」として，「高橋説にいう『適用上判断』と，……『法律適用行為』＝国家行為（処分）の違憲を意味する『処分違憲』とは，いわば表裏の関係として捉えることができる」（傍点原文。原注省略）とする。
[82] 公法上の当事者訴訟等により憲法上の権利の確認を求める場合には，端的に国民の当該行為等が憲法上保護されることを確認すれば足りるが，処分等の取消しを求める訴えにおいては，処分等の違憲性又は違法性を審査せざるを得ず，その際，法令の解釈や効力に立ち入らない以上，処分等の違憲性を直接審査するという構成をとらざるを得ないのではないかと思われる。
[83] 高橋・前掲注2) 169～170頁。
[84] 高橋・前掲注2) 322頁。

た行為か否かのみを審査し，適用される法律を違憲審査の直接の対象としない場合（適用事実審査）であり，本稿の用語法によるならば，処分等審査に準ずるものとして位置付けることができるのではないかと思われる[85]。

4 憲法判断の方法

(1) 憲法判断の方法の類型

　憲法判断の方法とは，第1次的には，問題となる国家行為に関する実体的な憲法判断の結果を示す方式である。原則として，実体的な憲法判断は，当該国家行為の全部又は一部について，それが憲法に合致しているか，あるいは違反しているかの形で示される。

　そして，問題となる国家行為の全部又は一部に違憲の瑕疵があると判断される場合には，第2次的に，当該瑕疵を是正し，国民の権利自由を救済するために必要な措置が問題となる。憲法判断の方法とは，広義には，このような救済方法を含むものと理解することができる[86]。本稿では，この第2次的な意味での憲法判断の方法とも関連付けつつ，処分違憲，法令違憲及び適用違憲について考察を行う。

　なお，問題となる国家行為，とりわけ法律その他の法令に関する実体的な憲法判断が，当該法令が合憲又は違憲であるとの結論それ自体ではなく，当該法令の解釈の形で示される場合がある。また，事実上，その一部に違憲の瑕疵ある法令の是正を，当該法令の解釈の形で行っていると解される場合もある。これらは，一般に，憲法適合的解釈又は合憲解釈と呼ばれる手法であり，検討の便宜上，本稿ではまとめて5で論じることとする。

---

85) この点について，適用上判断は法律の部分審査あるいは適用審査を意味するものであるという理解として，木村・前掲注55) 523頁を参照。

86) 一般に，違憲判決の効力及び憲法判例の拘束性として論じられている問題の多くは，裁判所が示した違憲判断が，問題となる国家行為の瑕疵の是正及び国民の権利自由の救済との関係でどのような効果をもたらすかに関わるものである。その意味で，高橋・前掲注2) 311頁以下において，「違憲判決の種類・効力・救済方法」が1つの章にまとめて論じられている点が注目される。

(2) 処分違憲

　処分違憲とは，一般に，「法令が合憲であることを前提として，裁判を含めた公権力の権限行使（処分）そのものの合憲性について審査を加え，違憲との見解を示すこと」[87]であるとされる。この点，「処分違憲」の概念を用いず，これを適用違憲の一類型として整理する考え方もあるが[88]，当該個別的・具体的国家行為に対する違憲判断が，法令の憲法上の瑕疵の存在を前提とするか否かの区別は重要である。その意味で，個別的・具体的国家行為に対する違憲判断であって，法令に違憲の瑕疵があるとの判断を直接には含まないことを，「処分違憲」概念の徴表とすることが適切である。ただし，その場合であっても，個別的・具体的国家行為に根拠法令がない場合や，適用事実審査において根拠法令の違憲審査が回避された場合等も処分違憲に含まれることから，必ずしも，処分違憲において法令の合憲性が前提にされているとは限らない。

(3) 法令違憲及び適用違憲

　これに対して，法令違憲及び適用違憲は，法令に違憲の瑕疵が存するとの判断を含むという点において共通する[89]。適用違憲も，法令解釈上，当該事件の司法事実が当該法令の適用範囲に含まれると解し，かつその適用が違憲であると判断する場合には，当該適用部分につき法令に違憲の瑕疵があるとの判断を示しているにほかならない。それゆえ，この意味における適用違憲は，法令の

---

87) 戸松秀典『憲法訴訟〔第2版〕』（有斐閣，2008年）349頁。野坂泰司「憲法判断の方法」大石＝石川編・前掲注 12) 286頁も参照。
88) 芦部（高橋補訂）・前掲注 6) 388頁，佐藤・前掲注 3) 658頁参照。
89) この点，高橋和之「違憲審査方法に関する学説・判例の動向」曹時 61巻12号（2009年）3612頁は，前述のように，「適用上の判断」の概念を法令の違憲性が判断されない場合に限定して用いており，この立場からは，本稿の「適用違憲」は文面上の部分違憲判断として整理されることになろう。この点については，青井未帆「憲法判断の対象と範囲について（適用違憲・法令違憲）――近時のアメリカ合衆国における議論を中心に」成城法学79号（2010年）147～148頁を参照。また，「法律について複数の解釈が合理的に可能で，合憲限定解釈の手法で対処できたにもかかわらず，それをせずに適用した場合に，その適用行為を違憲とする型」が適用違憲の一類型として掲げられることがある（佐藤・前掲注3) 657～658頁。芦部（高橋補訂）・前掲注 6) 388頁も参照）。この場合，もし，合憲限定解釈により法令に違憲の瑕疵がなくなるにもかかわらず，それを怠った処分行為を非難する趣旨でこの手法が用いられるのであれば，処分違憲の一類型として位置付けることが可能である。他方，複数の解釈の可能性があり，現実に違憲な適用を許している法令を非難する趣旨でこの手法が用いられるならば，適用違憲の派生類型として位置付けることも可能であろう。

違憲判断である[90]。

　法令違憲と適用違憲の区別は，法令における違憲の瑕疵の範囲及び程度に基づくものであり，裁判所が法令の効力を否認する範囲に関わるがゆえに，従来，重視されてきた。もちろん，典型的な付随的違憲審査制における裁判所の違憲判断には，最高裁判所による判断であっても，当該法令の効力を絶対的・対世的に喪失させ，国法秩序における存在を当然に消滅させる効力は認められていない。違憲判断の直接的帰結は，当該事件において違憲とされた法令が適用されないということに限定される[91]。

　しかし，最高裁判所の憲法判断には，判例として一定の拘束力が認められており[92]，判例変更の可能性が留保されるものの，最高裁判所の示した憲法判断に従って，その後の裁判が行われることが，制度上の前提であるといってよい。そして，かかる制度的前提の下，最高裁判所が違憲と判断した法律の執行を継続して内閣に義務付けることは，とりわけ刑事訴訟において，当事者に重大な負担を不必要に課すことになりかねない。それゆえ，一般には，最高裁判所の違憲判断により，内閣が当該法令を執行する義務の全部又は一部が免除されると解されている[93]。また，国会も，最高裁判所の違憲判断を踏まえて，当該法律の改廃について審議することが求められることになる。それゆえ，最高裁判所が，法令における違憲の瑕疵の範囲及び程度をどのように判断し，法令の効力をどの範囲で否認しているのかが，実務上，重要な問題となるのである。

　従来，法令の違憲判断の方法については，法令違憲と適用違憲の二分法が用いられてきたが，法令の効力をどの範囲で否認するかは，このような単純な二分法により決すべき問題ではない。この点をより詳細に類型化するならば，次

---

[90] 松井・前掲注 16) 120 頁，市川・前掲注 46) 立命館法学 321 = 322 号 24 頁，野坂・前掲注 87) 286 頁参照。

[91] この点，法律により最高裁判所の違憲判断に一般的・対世的効力を付与することが憲法上許されるとする見解として，小嶋和司『憲法概説』（良書普及会，1987 年）497〜499 頁，大石眞『憲法講義 I〔第 3 版〕』（有斐閣，2014 年）252〜254 頁参照。

[92] 裁判所法 10 条，刑事訴訟法 405 条，民事訴訟法 318 条などを参照。

[93] 芦部（高橋補訂）・前掲注 6) 390 頁，佐藤・前掲注 3) 667 頁，大石・前掲注 91) 256〜257 頁を参照。通常，内閣の法令執行義務の免除は，法令違憲との関係で論じられてきている。しかし，適用違憲の場合であっても，違憲と判断された適用事実類型に対する法令の執行は，原則として，差し控えるのが適切である。

のようになろう。

　第1に，適用違憲は，当該事件に係る適用事実類型の限りで法令に違憲の瑕疵があることを認め，その範囲で法令の効力を否認して，その適用を排除するものである。一般に，適用違憲の判断は適用審査に基づいて示されることが多く，この場合，法令の残余の部分の違憲審査は回避されているのが通例である。

　第2に，法令の当該適用条項全部の効力を否認する法令全部違憲の判断がある。法令全部違憲の判断には，法令全部審査に基づいて法令が想定する適用事実類型の全部又はその中核的部分について違憲の瑕疵があると判断される場合のほか[94]，文言審査に基づいて違憲判断が示される場合，及び当該事件に係る適用事実類型が法令の想定する中核的な適用事実類型に当たるため，法令適用審査に基づいて法令全部違憲が導かれる場合などが含まれる。

　従来，この法令全部違憲が法令違憲と解されてきたが，第3に，当該適用条項の一部について効力を否認する法令一部違憲の判断がある。広義には，適用違憲も，この法令一部違憲の一類型であるが，狭義の法令一部違憲は，裁判所により効力を否認される法令の範囲が適用事実類型を超えるという点において，適用違憲と区別される。この法令一部違憲には，「法令の可分な文言の一部を違憲とするもの（文言上の一部違憲）と法令の有する可分な意味の一部を違憲とするもの（意味上の一部違憲）との2種類」[95]がある。実際，近時の最高裁判決では，この法令一部違憲の手法が注目されるところである[96]。

(4)　合憲解釈及び憲法適合的解釈

　合憲解釈とは，広義には，法令の条項又は文言を憲法に適合するように解釈することを意味する。憲法に適合するように条項又は文言の意味を定めるのであるから，合憲解釈においては法令が合憲であることが前提とされると言われる。しかし，そもそも法令の合憲性について疑義が存しないのであれば，その

---

94)　これとの関連で，「全適用違憲」（全面違憲）については，高橋・前掲注37) 144〜177頁，市川・前掲注46) 立命館法学321 = 322号23頁を参照。
95)　市川正人「判例クローズアップ　郵便法免責規定違憲判決」法教269号（2003年）57頁。
96)　この点については，宍戸常寿「憲法理論の再創造⑦　司法審査──『部分無効の法理』をめぐって」法時81巻1号（2009年）76頁以下の検討が有益である。

法令解釈を敢えて合憲解釈と称する必要はない。合憲解釈が論じられる以上は，法令の合憲性に関する実質的な疑義が提起されており，裁判所はその疑義に対して一定の応答を行っているのであるから，その意味では，合憲解釈もまた，憲法判断の方法の一類型として位置付けることができる。

このような合憲解釈に関する論点として，合憲解釈が要請される論拠，合憲解釈において行われる憲法判断の内容，合憲解釈の具体的手法及び合憲解釈の限界などがあり，併せて，憲法適合的解釈との異同を明らかにする必要がある。そこで，項を改めて，これらの点について論ずることとする。

5 合憲解釈及び憲法適合的解釈

(1) 合憲限定解釈に関する従来の議論

① Brandeis 第 7 準則に関する理解

我が国において，「合憲限定解釈」の手法は合衆国最高裁判例に由来するものであり[97]，とりわけ，「ブランダイス・ルール第 7 準則により，司法審査制に特有の判断準則（＝憲法判断回避の原則〔広義〕）の一環として，定式化されたものである」[98]と位置付けられてきている。Brandeis 第 7 準則とは，「合衆国議会の法律の効力が問題とされている場合には，たとえその合憲性に関する重大な疑いが提起されているとしても，裁判所はその問題を回避できるような法律解釈が相当程度可能（fairly possible）であるか否かを確認することが，基本原則である」[99]と定式化されているもので，合衆国最高裁判例として古い歴史を有し，法律解釈に関する枢要な原理（cardinal principle）であるとされ

---

[97] ただし，合衆国最高裁判例あるいはアメリカ憲法学において，「合憲限定解釈」あるいは「憲法適合的解釈」に当たる法律用語があるわけではない。

なお，一般的に，「解釈される対象の字句外の原理に縛られての法律・法律文書の解釈（方法）」を指す英語として，"restrictive interpretation" あるいは "limited interpretation" があるとされる（小山貞夫編『英米法律語辞典』（研究社，2011 年）966 頁）。また，イギリスにおいては，1998 年人権法 3 条 1 項に基づくヨーロッパ人権条約に適合する法律解釈を指す語として，"Convention-compatible interpretation"（条約適合的解釈）が用いられている。See ALISON YOUNG, PARLIAMENTARY SOVEREIGNTY AND THE HUMAN RIGHTS ACT 27-28 (2008).

[98] 赤坂幸一「法令の合憲解釈」大石＝石川編・前掲注 **12**）340 頁。

[99] この定式は，Crowell v. Benson, 285 U.S. 22, 62（1932）に基づくものである。

る[100]）。

　この Brandeis 第7準則と上述の第4準則との関係については[101]，一般に，第4準則が狭義の憲法判断の回避，第7準則が違憲判断の回避として位置付けられる。狭義の憲法判断の回避が，憲法上の争点に立ち入ること自体を避けるのに対して，違憲判断の回避は，憲法上の争点を取り上げつつ，法令解釈により違憲判断を避けるのである[102]）。

　しかし，従来から，第7準則には，「法律の違憲判断の回避」とはやや意味の異なる「法律の合憲性に対する疑いの回避」が含まれるとされてきた[103]）。この「法律の合憲性に対する疑いの回避」について，芦部信喜教授は，「ある法令の条項について甲という解釈をとれば，その合憲性について重大な疑いが生ずるので，少なくともその解釈だけはとらない」とする手法であるとし，「そのほか，たとえば乙という解釈をとっても『重大な疑い』が生ずるのか，合憲解釈としては丙という解釈を採用しなければならないのか，しかし丙という解釈が合理的に成立する可能性がはたしてあるのか，というような点は原則として未確定の状態におかれ，したがって当該法令そのものの合憲・違憲については何ら触れられていない」[104]）とする[105]）。

100）　Brandeis 第7準則として定式化される合衆国最高裁判所判例の系譜については，本書第2章を参照。

101）　アメリカ憲法学では，必ずしも両準則を明確に区別することなく，「回避準則」（avoidance rule）として一括して論じられたり（芦部・前掲注10）300頁を参照），あるいは勧告的意見禁止の法理の一内容として位置付けられたりする場合（*See* KATHLEEN M. SULLIVAN & GERALD GUNTHER, CONSTITUTIONAL LAW 32 (16th ed., 2007)）もある。しかし，近時は，Brandeis の7つの準則を，合衆国憲法3条の事件・争訟の要件に基づくものと司法的賢慮によるものに大別した上で，第4準則を「最終手段準則」（last resort rule）と呼び，第7準則を「制定法解釈の規準」（canon of statutory construction）（*See* Lisa A. Kloppenberg, *supra* note 20, at 1003, 1024-1025（1994））又は「憲法判断回避の規準」（canon of avoidance）（*See* RICHARD H. FALLON, JR., JOHN F. MANNING, DANIEL J. MELTZER & DAVID L. SHAPIRO, HART AND WECHSLER'S THE FEDERAL COURTS AND THE FEDERAL SYSTEM 79 (7th ed., 2015)）と呼んで区別する立場も有力である。

102）　佐藤・前掲注3）651頁，高橋・前掲注2）192～194頁，毛利ほか・前掲注7）343頁［松本］などを参照。

103）　両者の区別が相対的であることについては，芦部・前掲注10）306～307頁を参照。

104）　芦部・前掲注10）301頁。

105）　高橋和之教授も，「合憲解釈には二つの型を区別できる」とし，「一つは，法文の意味を合憲的なものへと画定する類型（合憲部分画定型）であり，もう一つは，法文のもちうる違憲的（あるいは違憲の疑いのある）意味を画定する類型（違憲部分画定型）」であるとした上で，「後者の場合，

このような理解は，法令のある条項の文言について複数の解釈が成立する場合に，ある1つの解釈をとれば，現に裁判所に係属している争訟に対して同条項が適用され，かつ違憲の疑いを生じさせるが，その解釈をとらなければ，争訟に対して当該条項の適用がなくなる場合を前提とするものである[106]。したがって，当該争訟に法令の適用がないことが判断の決め手となるため，狭義の憲法判断回避の準則との類似性を指摘できる[107]。

これに対して，横田喜三郎教授は，法律の合憲性に対する疑いの回避を「法律を違憲無効としないように解釈するばかりでなく，一歩を進めて，憲法上の疑問を起こさないようにすること，憲法上の疑問を起こすような解釈もさけるべきである」[108]とするものと理解している。このような理解に基づけば，法律の合憲性に対する疑いを回避した法律解釈は，「憲法上の疑問」あるいは「憲法上の争点」をそもそも惹き起こすことすらない万全の解釈であるということになる[109]。近時の合衆国最高裁判所の判例は，むしろ，この横田教授のような理解を前提としているようであり，この点をめぐる問題については，(5)で触れることとする。

② 我が国における「合憲限定解釈」の定義

Brandeis 第7準則に関する以上のような理解を前提とすると，我が国における「合憲限定解釈」の定義[110]は3つの類型に整理することができる。

違憲的意味の一つは法文の意味から除去されるが，残された可能な解釈のすべてが合憲とは限らない」(高橋・前掲注37) 78頁) としている。
106) 芦部教授が典型的な判例として挙げる United States v. Congress of Industrial Organizations et al., 335 U.S. 106 (1948) は，CIO の基金から刊行及び配布のための経費が支出されている CIO の定期刊行物に，CIO の会長が，合衆国議会議員選挙において特定候補者に投票するよう呼びかける論説を載せたことが，連邦腐敗行為防止法313条に違反するとして起訴された事件である。本件の争点は，問題となる CIO 及び CIO 会長の行為が，上院議員又は下院議員が選挙される選挙に関して，寄付又は支出を行ったことになるか否かである。この点について，法廷意見は，同法313条が本件のような定期刊行物への支出に対して適用されるとすると，本条の合憲性に関して非常に重大な疑いが生じるから，そのように解釈しないとして，無罪とした。したがって，同法313条はどのように解釈されるべきなのか，またそのように解釈された場合に同条は合憲となるか否かについては判断されていない。
107) 芦部 (高橋補訂)・前掲注6) 382頁，佐藤・前掲注3) 649頁などを参照。
108) 横田・前掲注10) 661頁。
109) National Labor Relations Board v. Jones & Laughlin Steel Corporation, 301 U.S. 1 (1937) などを参照。

第1の類型は,「法律の解釈として複数の解釈が可能な場合に,憲法の規定と精神に適合する解釈がとられなければならないという準則」[111],あるいは「法令について二つの解釈が可能であって,一つの解釈によれば,憲法に適合し,有効になり,他の解釈によれば,憲法に違反し,無効になるか,憲法上の疑問または争点をひき起こすというときは,前の解釈を採用すること,つまり,法律が合憲的となる解釈を採用すること」[112]とするものである[113]。

　この見解は,合衆国最高裁判例の伝統的な定式を継承したものであり[114],複数の法律解釈がいずれも通常の制定法解釈の手法に基づき合理的に可能な解釈であることを前提として[115],それらの解釈のうちから,裁判所は憲法に適合するものをとらなければならないとする。その意味では,違憲の疑いが相当程度認められる法律を,解釈によって救うというよりも,敢えて違憲の疑いが生じるような法律解釈をとるべきでないとするものとして位置付けることができる(以下「解釈方法としての合憲解釈」という)[116]。

　これに対して,第2の類型は,合憲限定解釈を,「字義どおりに解釈すれば違憲になるかも知れない広汎な法文の意味を限定し,違憲となる可能性を排除

---

110) 「合憲限定解釈」は「合憲解釈」の一類型であると考えられるが((3)を参照),従来我が国では「合憲限定解釈」について論じられることが一般的であったため,ここでは「合憲限定解釈」の定義について整理を行うこととする。
111) 佐藤・前掲注3) 651頁。
112) 横田・前掲注10) 656頁。
113) 阪本昌成『憲法理論I〔補訂第3版〕』(成文堂,2000年) 416頁,毛利ほか・前掲注7) 343頁［松本］なども参照。
114) United States v. Delaware and Hudson Co., 213 U.S. 366 (1909) は,「ある法律の合憲性が攻撃されている場合に,その法律が2つの解釈を合理的に許容するものであって,1つの解釈によれば違憲となるが,他の解釈によれば有効であるときには,法律を憲法上の瑕疵から救う解釈をとることが裁判所の明白な義務である」とする。See also Grenada County Supervisors v. Brogden, 112 U.S. 261 (1884), Knights Templars' and Masons' Life Indemnity Co. v. Jarman, 187 U.S. 197 (1902), and Blodgett v. Holden, Collector, 275 U.S. 142 (1927).
115) 複数の法令解釈が同等のもっともらしさを有することまでを要求するか否かは明確ではない。藤井樹也「違憲性と違法性」公法研究71号 (2009) 120頁は,「同程度に成立可能な二種類の法解釈が選択肢として存在するケースも実際にはありえないように思える」とした上で,「制定法解釈固有の解釈方法により正しい法解釈を決めうる」とする。また,横田・前掲注10) 667～671頁も,「はたして二つの解釈が合理的に可能かどうかということは,かならずしも確実でない」とし,実例を挙げて,裁判官の間で見解の対立が生じることを指摘している。
116) 横田教授の見解は,この類型に属し,①において触れたような意味において,合憲限定解釈は,法律の合憲性に対する疑いの回避の場合を含むと解している。

することによって，法令の効力を救済する解釈」[117]，あるいは「適用法条に違憲あるいはその疑いがある場合に，その部分を法条の意味から取り除く解釈を行うこと，あるいは，その解釈結果」[118] とする。

この類型は，「法律の合憲性に対する疑いの回避」を狭義の憲法判断回避の準則の問題とした上で，合憲限定解釈を「法律の違憲判断の回避」の場合に限定するものである。そして，この類型においては，通常の手法による法令解釈に基づけば，当該法令は違憲の部分を含むこと，及び採用された合憲限定解釈に基づけば，法令が合憲であることが前提とされる。それゆえ，「法令の文言，趣旨から最も素直な解釈を選んだら，当該規定が違憲的に適用される部分が出てきてしまうために，次善三善の解釈だけれども，やむを得ず違憲的部分を含まない解釈を選ぶ」[119] ものとされるのである（以下「救済としての合憲解釈」という[120]）[121]。

最後に，第3の類型は，第1及び第2の類型の両者を「憲法適合的解釈の原則」[122] 又は「法律解釈原則としての合憲解釈」[123] として包括した上で，第1の類型を「選択的合憲解釈」，第2の類型を「制限的な合憲解釈」とし[124]，合憲限定解釈として一般に用いられるのは，後者の制限的な合憲解釈であるとするものである。「制限的な合憲解釈」をどのように理解すべきかについて検討を行う余地があるが[125]，合憲解釈及び憲法適合的解釈の概念を整理する上で

---

[117] 芦部（高橋補訂）・前掲注6）382頁。
[118] 高橋・前掲注2）321頁。
[119] 宍戸常寿『憲法 解釈論の応用と展開〔第2版〕』（日本評論社，2014年）310頁。
[120] 「救済としての合憲解釈」という呼称の意味については，(5)②を参照。
[121] その他にも，駒村・前掲注45）382頁などを参照。
[122] 小嶋・前掲注91）114頁。
[123] 大石・前掲注91）15頁。
[124] 「制限的な合憲解釈」の意味について，小嶋和司教授は，第三者物没収事件最高裁判例（最大判昭和32・11・27刑集11巻12号3132頁）を例に挙げ，「文言で指示される法をA，Bに適用することに違憲はないが，Cに適用するには違憲があるという場合」に，法令の文言が単一不可分であることを理由として規定そのものを無効とせず，「当該規定のCに対する適用のみを違憲無効とし，A，Bに対する効力を維持すべきであるとし，条規の解釈としても，A，Bに対する場合にのみ効果をもつものとの解釈をあたえる」もの（小嶋・前掲注91）116〜117頁を参照）であるとする。法律の条文の違憲的な部分を画する解釈又は適用違憲に類する場合が想定されているようである。
[125] 大石・前掲注91）15〜16頁，赤坂・前掲注98）340頁，同「合憲限定解釈」曽我部真裕＝赤

興味深い考え方である。

(2) 合憲解釈が求められる論拠

合憲解釈が求められる論拠として，①政治部門とりわけ議会に対する敬譲の要請，②法秩序の統一性の要請及び③法的混乱の回避の要請などが挙げられる[126]。

① 政治部門に対する敬譲の要請

第1の政治部門に対する敬譲の要請は，選挙により選出された国民の代表者により組織される議会の判断をできる限り尊重すべきであるとする民主主義の原則[127]，及び司法機関である裁判所は，議会による立法権の行使にできる限り介入すべきではないとする権力分立の原則等に基づくものであり[128]，一般には，司法消極主義あるいは司法の自己抑制を導くものであるとされる。合衆国最高裁判例において確立された回避準則に関する伝統的な理解は[129]，このような司法消極主義あるいは司法の自己抑制の観点を重視しており，合憲解釈は，争訟において法令の合憲性に対する疑いが実質的に提起されている場合で

坂幸一＝新井誠＝尾形健編『憲法論点教室』(日本評論社，2012年) 53頁などを参照。
126) 佐藤・前掲注3) 651頁，赤坂・前掲注98) 340頁，同・前掲注125) 憲法論点教室54～56頁などを参照。
127) 合衆国では，合憲解釈に関する問題を，執行府が行う法律解釈と裁判所の法律解釈の対立と捉え，裁判所の合憲解釈を優先させることは，執行府の法律解釈・執行権を侵害する点で問題であるとする見解がある。See William K. Kelley, *Avoiding Constitutional Questions as a Three-Branch Problem*, 86 CORNELL L. REV. 831 (2001). ただ，抽象的な文言を用いることにより執行府にそのような法律解釈の裁量を認めているのは立法者であるから，究極的には，執行府の解釈を許容する立法者の意思と裁判所の解釈の対立という面がある。
128) 高橋・前掲注37) 53頁を参照。
129) 堀越事件最高裁判決において，千葉勝美裁判官は，Brandeis 第7準則等は「司法の自己抑制の観点から憲法判断の回避の準則を定めたもの」であるとし，同判決で行われた公務員の政治的行為に関して法廷意見が行った限定解釈は，合憲限定解釈と「似て非なるものである」としている（千葉・前掲注38) 47～75頁も参照)。堀越事件最高裁判決が，合憲限定解釈を行ったものであるか否かは，合憲限定解釈の概念定義に関わる問題であり，さらなる検討を要する。
　しかし，たとえ，これが合憲限定解釈とは異なる種類の限定解釈であるとしても，そのような手法が，付随的違憲審査制における司法の自己抑制の観点と関連がないことを強調する点には疑問がある（ただし，同72～73頁では，我が国の違憲審査制が付随的違憲審査制であること，及び法令解釈において立法府の意図を踏まえるべきことを強調して，自らの理解を擁護している点に留意が必要である）。

あっても，法令自体を違憲とせず，その効力を維持する点において，裁判所は議会の立法意思を尊重し，「立法府との過度の摩擦・緊張をも回避する」[130]ために自己抑制を行っているとされるのである[131]。ただ，合憲解釈における司法の自己抑制は，法令違憲とするか，法令の効力を維持して解釈により適用範囲を操作するかという選択の段階で見られるものであって，当該条項の合憲性の判断基準それ自体が緩やかなわけではない。その意味で，合憲解釈が用いられる場合に，当然に裁判所の違憲審査が消極的であると限らない点に留意が必要である[132]。

② 法秩序の統一性の要請

しかし，憲法裁判所による抽象的違憲審査制度を採用するドイツなどにおいても，憲法適合的解釈（verfassungskonforme Auslegung）が法律解釈の方法とし

130）　蟻川・前掲注55）269頁。
131）　この点に関連して，「民主的正統性をもつ立法者の法律制定行為は憲法適合的であるとの推定を受けることとなり（『合憲性推定の原則』），憲法訴訟の局面においても，憲法適合的な法律解釈を選択することが要求される」（赤坂・前掲注98）340頁，同・前掲注125）憲法論点教室55頁）として，合憲性の推定の原則に言及する見解がある。
　　本来，合憲性の推定の原則は，法令の違憲審査において違憲を主張する側がその論証責任を負い，裁判官が一定の論証度を超えて当該法令が違憲であるとの心証を形成しない限り，当該法令は合憲と判断されるべきとする原則であると解される（長谷部恭男編『注釈日本国憲法(2)』（有斐閣，2017年）157～160頁［土井真一］を参照）。したがって，通例は，合理性の基準あるいは明白性の基準等の違憲審査基準と結びつき，とりわけ，「国民を代表とする立法府が定めた法律には，一応それが必要であり合理的であることを支える立法事実が存在するであろう」（高橋・前掲注2）183頁）という立法事実の存在の推定の意味で用いられる。
　　それに対して，合憲解釈において直接問題となる合憲性の推定は，この次元のものではない。もちろん，ある解釈をとる場合に，当該法令が違憲か否かを審査する際には，違憲審査基準としての合憲性の推定原則が働くことはある。しかし，合憲解釈は，違憲審査基準としての合憲性の推定原則が及ぶ場合に限定されるわけではなく，違憲性の推定が及ぶ場合であっても合憲解釈が行われることもあり得るのである。
　　むしろ，ここでは，解釈方法としての合憲解釈が問題となる状況において，憲法遵守義務を負う立法者が，違憲となるような法令の適用を敢えて意図したとは考えられないから，そのような解釈を裁判所が採用するのは適当ではないとするものである。なお，これに対して，救済としての合憲解釈が問題となる場合には，裁判所は法令に違憲の瑕疵があることを実質的に認めているものと解し得る点に留意が必要である。
132）　阪口正二郎「合憲解釈は司法の自己抑制の現れだと言えるのか？」阪本昌成先生古稀記念論文集『自由の法理』（成文堂，2015年）359～392頁を参照。また近時，合衆国最高裁判所が用いている合憲解釈の手法については，司法消極主義あるいは司法の自己抑制の観点から正当化し得るものではないとする学説が有力である。この点については，(5)①を参照。

て確立されていることから，専ら司法の自己抑制に合憲解釈の根拠を求めることには疑問が呈されている[133]。そして，その場合には，法秩序の統一性という実体的原理が，合憲解釈あるいは憲法適合的解釈の論拠として重視されることになる[134]。すなわち，法秩序は統一性を有していなければならず，法の段階構造において上位法と下位法との間で矛盾が生じる場合には，その矛盾を解消しなければならない。そこで，このような矛盾を解消するために，「基本法の効力下で制定された法律は，憲法と合致するように解釈しなければならないし，基本法の制定以前から引き続き効力を持っている法は，新たな憲法状況に適合させられなければならない」[135]という解釈準則が導出されると解するのである。

しかし，第1に，上位法と下位法の矛盾抵触の解消方法は，それ自体，実定法の規律対象となるべき事項であり，下位法を上位法に整合するように解釈することも，その有力な手法であるが，その他にも，下位法の解釈を上位法から独立に行い，上位法との矛盾は専ら下位法の効力を否認することによって解消するという手法等があり得る[136]。これらの手法のいずれを選択すべきかについては，法秩序の統一性という実体的原理のみに基づいて決することはできず，結局，組織法的・手続法的要請等を考慮する必要があろう。

また，第2に，合憲解釈を法秩序の統一性の要請に基礎付けるとすれば，「裁判所のみならず，国会や内閣・行政各部にも妥当する解釈準則」として位

---

[133] この点，ドイツにおいて，憲法適合的解釈は，憲法裁判所のみならず他の専門裁判所も行うことが認められており，他の専門裁判所が行った憲法適合的解釈への不服は，憲法異議手続を通じて憲法裁判所に行われること，及び憲法適合的解釈において適用違憲に類似する手法が用いられる場合があることなどが指摘されている（毛利透「『法治国家』から『法の支配』へ——ドイツ憲法裁判の機能変化についての一仮説」法学論叢156巻5＝6号（2005年）330頁以下を参照）。その限りで，憲法適合的解釈は，抽象的規範統制又は具体的規範統制において法令を無効とする場合に比較すると，立法者に対して敬譲的な手法であることが前提とされているのかもしれない。

[134] 合憲限定解釈の根拠ないし基盤は，付随的違憲審査制における憲法判断の必要性の原則とは異なる角度から考察することが可能であり，その解釈手法の利用について異なる理解をもたらす余地を指摘する見解として，赤坂・前掲注125）憲法論点教室54頁を参照。

[135] コンラート・ヘッセ（初宿正典＝赤坂幸一訳）『ドイツ憲法の基本的特質』（成文堂，2006年）46頁。

[136] 法秩序の統一性や法の段階構造と憲法適合的解釈の関係を理論的に論じたものとして，毛利透「ケルゼンを使って『憲法適合的解釈は憲法違反である』といえるのか」法時87巻12号（2015年）93～98頁を参照。

置付けられることとなる[137]。ただ，そもそも解釈主体が違憲審査権を有するか否かによって，合憲解釈の在り方に関する具体的規律に差異が生じ得る点に留意が必要である[138]。また，法秩序の統一性の原理を根拠とするならば，憲法適合性のみならず[139]，例えば，法律と行政命令との間において，法律適合的解釈を観念すべきこととなる。しかし，この場合，どの程度，裁判所が行政命令の違法判断を避けて，法律適合的解釈を行う必要があるのか，合憲解釈の場合と同様に論ずることには疑問が残る。

③ 法的混乱の回避

法的混乱の回避とは，法令全部違憲判決により，内閣による誠実執行義務（憲73条1号）の履行が免除され，当該法令の条項が適用されなくなった場合に，法益の保護について生じる混乱の回避を意味する。例えば，法令が一定の行為を禁止することにより，ある法益を保護している場合，規制されている行為・自由を救済する必要のために，当該条項の適用がすべて停止されると，本来正当に保護されるべき法益をも侵害の危険に置くことになる。そのような事態を回避するためには，一定の範囲で当該条項の効力を維持する必要がある。合憲解釈はそのような手法の1つであり，適用違憲や法令一部違憲などの他の手法についても，同様の論拠が妥当する。

以上の検討を踏まえれば，合憲解釈の大前提は，法秩序の統一性の要請に基づいて，最高法規である憲法とその下位法である法令との間で矛盾が生じる場合に，その解消が求められることにある。合憲解釈はその矛盾解消の1つの手法であるが，この手法をとることができるか否か，またとり得るとしてどの程度まで認められるかは，当該法令を制定する国家機関の憲法上の位置付け，及び当該機関と法令を解釈する機関との関係などに関する組織法的ないし手続法

---

[137] 赤坂・前掲注98）340頁，同・前掲注125）憲法論点教室54頁。
[138] この点に関連して，ドイツにおいては，「もともと合憲解釈は違憲審査権を有しない事件裁判官（Fallrichter）によっても，憲法裁判官によっても行なわれる。すなわち，合憲解釈をするかどうかは，裁判官に違憲立法審査権があるかどうかとは関係がない」（阿部照哉『基本的人権の法理』（有斐閣，1976年）223頁）という指摘がある。しかし，ドイツの合憲解釈については，具体的規範統制の在り方との関係で理解する必要がある。この点については，毛利・前掲注133）337～348頁を参照。
[139] 赤坂・前掲注98）340頁は，命令及び条例についても合憲解釈の問題が生じることを指摘している。

的事項や，当該法令により規制又は保護される法益等に関する実体法的事項を考慮する必要がある。その意味で，合憲解釈は，上記3つの要請を結合させて，その論拠とすると理解するのが適当である。

(3) 合憲解釈の手法の類型

合憲解釈に関する我が国の従来の議論は，(1)②において触れたように，合憲限定解釈を中心に展開されてきた[140]。しかし，法令の条項又は文言を憲法に適合的に解釈することに合憲解釈の本質があるとするならば，その解釈の手法を限定解釈に限る論理的必然性は存しない。法解釈の手法として，一般に，限定解釈（縮小解釈，制限解釈），拡張解釈及び類推解釈等が認められるのであるから[141]，合憲解釈についても，それに対応して，合憲限定解釈，合憲拡張解釈及び合憲類推解釈（合憲補充解釈）等を認めることができる[142]。

合憲限定解釈は，憲法に適合するように，法令の文言の意味を狭く解釈し，又は条項の適用範囲を制限するものである。我が国においても，従来から用いられてきた手法であり，最高裁判例においても，関税定率法旧21条1項3号にいう「風俗を害すべき書籍，図画」等との規定について，「風俗」とは専ら性的風俗を意味し，輸入禁止の対象は猥せつな書籍，図画等に限られるとしたもの[143]等がある。

これに対して，合憲拡張解釈とは，憲法に適合するように，法令の文言の意

---

[140] このような議論状況の背景として，基本的人権保障において，自由権的基本権の規制法令が問題となる場合が多いこと，及び刑罰法令が問題となる場合には，罪刑法定主義との関係で，類推解釈が禁じられ，また拡張解釈も積極的に行われるわけではないことなどを挙げることができよう。

[141] 田中成明『法学入門〔新版〕』（有斐閣，2016年）154～158頁などを参照。

[142] カナダにおいては，合憲限定解釈を Reading down，合憲拡張解釈（合憲補充解釈）を Reading in と呼び，憲法上可能な救済方法として位置付けている（白水隆「〈シンポジウム〉憲法適合的解釈についての比較法的検討 3. カナダ」比較法研究78号（2017年）34～36頁，本書第3章を参照）。また，イギリスにおいても，ヨーロッパ人権条約に適合する法律解釈において，Reading down 及び Reading in などの手法が用いられている。

　フランスにおいては，「憲法院が，法律の規定を憲法に適合させるために，その規定に欠けている規範内容を法律に付け加えることを目的」として行う法律解釈を「建設的解釈」（interprétation constructive）として整理する学説がある（奥村公輔「〈シンポジウム〉憲法適合的解釈についての比較法的検討 4. フランス」比較法研究78号（2017年）54～56頁，本書第5章を参照）。

[143] 最大判昭和59・12・12民集38巻12号1308頁〔税関検査訴訟最高裁判決〕。

味を広く解釈し，又は条項の適用範囲を拡大するものであり，合憲類推解釈（合憲補充解釈）とは，「法律に憲法からして不十分ないし不足している点がある場合に，裁判所が憲法に適合するようにその不十分，不足している点を補って解釈する」[144]ことをいう。拡張解釈と類推解釈の区別は相対的であるが，後者が「法の欠缺の存在を前提として，法規を間接推論によって適用する補充的作業である」[145]という点において，両者を理論的に区別することができると解される。

　なお，合憲補充的解釈については，「授権的・権利創設的規定の司法審査における司法的救済の在り方を論じる文脈において，法律規定を拡張解釈して，当該規定による権利利益付与の対象範囲を拡大する」[146]ものと位置付ける見解もある。

　確かに，国家による介入を排除する自由権的基本権と国家による保護・援助等を求める社会権的又は受益権的基本権の間には，立法裁量の幅や違憲審査基準に相違があるとされ，また，一般に，自由権的基本権の保障を高めるためには，規制法令の適用範囲を限定する必要があり，他方，社会権的基本権等の保障を手厚く行うためには，給付等の根拠法令の適用範囲の拡大が求められることが多い。

　しかし，法令の技術的な規定の仕方によって，保障される権利の性質と合憲解釈の手法との対応関係は変化することに留意が必要である[147]。例えば，刑法230条は名誉毀損罪を定め，表現の自由を制限し，同230条の2で，公共の利害に関する事実等である場合に真実性の立証があるときは処罰しないとする例外規定が定められている。この場合，摘示された事実が真実でなくとも，表現者が事実を真実であると誤信するに相当の理由があるときも処罰されないとして，表現の自由の保障を図ることは[148]，230条の2の拡張解釈あるいは類

---

144)　市川正人『基本講義 憲法』（新世社，2014年）371頁。
145)　田中・前掲注141）157頁。
146)　赤坂・前掲注98）341頁（傍点原文）。
147)　この点に関連して，最大判平成20・6・4民集62巻6号1367頁〔国籍法違憲最高裁判決〕では，法廷意見と藤田宙靖裁判官意見との間で，国籍法3条1項について法令一部違憲の判断をすべきか，合憲補充解釈を行うべきかについて見解が分かれている。
148)　最大判昭和44・6・25刑集23巻7号975頁〔夕刊和歌山時事事件最高裁判決〕。

推解釈に当たる。それゆえ，合憲解釈の手法の分類は，法令の文言の意味又は条項の適用範囲の広狭を基準に行い，問題となる基本権の性質等は，合憲解釈の許容性を判断する実質的観点の1つとして位置付けるのが適当であると解される。

なお，合憲拡張解釈や合憲類推解釈に対しては，法的規律が存在しない領域に新たな規律を生み出すものであり，解釈の域を超えた立法作用であるとの批判があり得る[149]。確かに，犯罪構成要件のように，国民の予見可能性を確保するなどの目的のために類推解釈が許されない領域も存するが，一般には，拡張解釈も類推解釈も裁判所による法解釈の手法として認められており，合憲解釈の場合にのみ，これを立法作用であるとして排除すべき理由はない。また，法令の条項の適用範囲の拡大が，その適用の排除又は適用の範囲の限定に比して，当然に，立法者の意思との衝突を深刻にするとは限らない。とりわけ，法令の適用を限定する文言の一部を違憲とし，法令の適用を拡大することと，法令の文言を合憲拡張解釈して，法令の適用を拡大することとの差異は，当該法令の技術的な規定の仕方に由来する場合が多く，両者の間に本質的な差異が認められるわけではない[150]。

したがって，合憲拡張解釈及び合憲類推解釈も合憲解釈の手法として認めた上で，問題となる基本権の性質及び遡及罰の禁止その他の憲法上の要請などを実質的に考慮した上で，各手法の適否を判断することが適切であろう。

(4) 合憲解釈の限界

合憲解釈は，法令の条項の効力を維持しつつ，違憲又はその実質的疑いがある適用部分を解釈により除去又は補正するものである。それゆえ，合憲解釈が

---

149) 国籍法違憲最高裁判決の甲斐中辰夫・堀籠幸男裁判官反対意見を参照。
150) 例えば，「日本国民の子（嫡出でない子を除く。）は日本国民とする」という規定について「（嫡出でない子を除く。）」の部分を違憲と判断することは，司法権の範囲内であって許されるが，「日本国民の嫡出である子は日本国民とする」という規定の場合に，裁判所が嫡出でない子に国籍を認めることは立法者の意思に反する立法行為であって許されないとするのは，形式主義的に過ぎよう。また，立法に対して敬譲的であるとされる適用違憲についても，適用排除の例外条項を個別に創設するのと同様の効果が認められる点に留意が必要である。この問題については，*See* Eric S. Fish, *Choosing Constitutional Remedies*, 63 UCLA L. REV. 322 (2016).

認められる要件あるいはその限界は、このような目的を適切に実現し、かつその手法によって生じる弊害を適切に抑えることができるか否かという観点から定められることとなる。

　第1に、合憲解釈は、「条項の合憲的適用部分と違憲的適用部分を明確に切り分ける解釈となっている必要がある」[151]。これに対して、適用違憲においては、適用審査を前提として、当該争訟に係る適用事実類型の部分が違憲であることを明示するのみであり、条項の他の部分の合憲性に関する判断は保留される。したがって、裁判所は、憲法判断に際して、常に、条項全体にわたって合憲的適用部分と違憲的適用部分を明確に区分することが求められるわけではない。しかし、合憲解釈は、条項を法令審査し、合憲的適用部分を明確にすることで法的安定性を実現する点に、適用違憲とは異なる意義が認められるのであるから、裁判所が、自ら行った法令解釈になお違憲の実質的疑いが残ることを前提とする場合に、これを合憲解釈と呼ぶのは適当でない[152]。

　第2に、法令の条項の適用範囲の画定が「解釈」として行われなければならない。換言すれば、「その解釈が、法文の目的および文言・文章のもちうる意味から判断して可能と言える範囲内のものであることが必要である」[153]。

　このような要件が課されるのは、一般に、合憲解釈が立法府に対する敬譲の要請に資するのは、それが解釈の範囲内にとどまる限りであって、それを超えて法令の文言を書き換えることになれば、立法権の簒奪に当たり、許されないと解されるからである[154]。

　しかし、ある合憲解釈が解釈の範囲内にとどまるか否かを判断する具体的基準は、依拠する解釈方法論により異なり得る。例えば、目的的解釈に依拠する

---

151) 高橋・前掲注2) 208頁。
152) それゆえ、芦部教授がいう法律の合憲性に対する疑いの回避型あるいは高橋教授がいう違憲部分画定型の法令解釈は、典型的な合憲解釈に位置付けないのが適当であろう。合憲解釈と適用違憲及び法令一部違憲との関係については、蟻川・前掲注55) 276〜288頁、駒村・前掲注45) 392〜400頁などを参照。
153) 高橋・前掲注2) 208頁。
154) 佐藤・前掲注3) 652頁、高橋・前掲注2) 208頁などを参照。また、United States v. Albertini, 472 U.S. 675, 680 (1985) も、「制定法は合憲性に関する疑いを回避するように解釈されるべきであるが、この解釈準則は、司法府が立法府により制定された文言を書き換えることを許可するものではない」とする。

場合には，立法目的に反し又はこれを逸脱する解釈は許されないが，立法目的をよりよく実現する限りにおいては，手段の選択に関する解釈の余地を広く認める傾向を有する。それに対して，文理解釈に依拠する場合においては，問題となる文言の通常の意味の範囲内に収まるか否かが重要となる。

　この点については，立法目的それ自体が違憲である場合には，法令違憲とするほかないこと，救済としての合憲解釈が問題となる場合には，そもそも素直な文理解釈に問題があることが前提とされていること，及び，合憲類推解釈を認める場合には，直接依拠する文言が存しないことなどに鑑みると，合憲解釈の限界は，少なくとも，立法者との関係では，立法目的を基準として画することになろう[155]。

　この際，裁判所により合憲解釈された条項の意味を前提として，立法者が当該条項の制定を行ったか否かを判断の基準とすることも考えられる[156]。ただ，これは立法者の推定的意思を問題とするものであり，事実として確認し得るものではない。したがって，実際には，合憲解釈を行った場合，立法目的の実現のために実効的な手段が確保されているか否か，費用対効果の算定において立法者の見込みから大きな開きが生じないかなどを考慮することになろう。なお，立法者が，裁判所により合憲解釈された条項では効力を維持するに値しないと判断するのであれば，同条項を廃止又は改正することで現実の意思を示すことができる点にも留意が必要である。

　第3に，国民との関係では，国家行為の予見可能性を確保し，その自由な活動に萎縮効果が生じることがないように，一般人が合憲解釈を条項の文言等から推認可能であり，規範内容を明確に認識し得るものでなければならないとされる[157]。

　しかし，この要件は，すべての法領域において一律に妥当するものではなく，特に萎縮効果が問題となる表現の自由などの領域や罪刑法定主義が妥当する刑

---

155) この点に関連して，高橋・前掲注 2) 211〜212 頁は，「合憲限定解釈の限界の問題は，立法府との関係と国民との関係の両面から見る必要がある」とした上で，「立法府との関係では，立法府の意図をねじ曲げて司法府による法文の書き換えとなってはならないということ」であるとする。
156) 高橋・前掲注 2) 208 頁を参照。
157) 高橋・前掲注 2) 212 頁などを参照。

罰の領域において，強く要請される[158]。

この点，最高裁判所は，表現の自由の重要性と萎縮効果の問題を指摘した上で，「表現の自由を規制する法律の規定について限定解釈をすることが許されるのは」，①「その解釈により，規制の対象となるものとそうでないものとが明確に区別され，かつ，合憲的に規制し得るもののみが規制の対象となることが明らかにされる場合でなければならず」，また，②「一般国民の理解において，具体的場合に当該表現物が規制の対象となるかどうかの判断を可能ならしめるような基準をその規定から読みとることができるものでなければならない」[159]としている。①は，問題となる条項について裁判所が示した合憲解釈それ自体が明確であることを求めるものであり，②は，その合憲解釈が当該条項から一般人により推認し得ることを求めるものである[160]。

最高裁判決において示された主な合憲解釈としては，前記税関検査訴訟最高裁判決のほか，地方公務員法37条1項及び61条4号が処罰を定める地方公務員の争議行為を共謀し，そそのかし，あおる等の行為について，「争議行為自体が違法性の強いものであることを前提とし，そのような違法な争議行為等のあおり行為等であつて」，「争議行為に通常随伴して行なわれる行為」に当たらないものに限るとしたもの[161]，福岡県青少年保護育成条例が処罰を定める青少年に対する淫行について，「青少年を誘惑し，威迫し，欺罔し又は困惑させる等その心身の未成熟に乗じた不当な手段により行う性交又は性交類似行為のほか，青少年を単に自己の性的欲望を満足させるための対象として扱つているとしか認められないような性交又は性交類似行為をいう」としたものがある[162]。

---

158) 佐藤・前掲注3) 652〜653頁，長谷部・前掲注37) 431〜432頁，毛利ほか・前掲注7) 344〜348頁〔松本哲治〕，赤坂・前掲注98) 341頁などを参照。
159) 前掲注143) 最大判昭和59・12・12〔税関検査訴訟最高裁判決〕。同判決は，前掲注51) 最大判昭和50・9・10〔徳島県公安条例事件最高裁判決〕を引用するものである。
160) その意味で，税関検査訴訟最高裁判決の要件①は，合憲限定解釈の第1の限界と，要件②は，第2の限界とも関連している。この点について，高橋・前掲注2) 212頁注126は，合憲限定解釈の許容性の問題と法令の明確性の問題は，国民に対する告知機能の面では重なるが，立法府との関係については，完全に重なるわけではないとする。
161) 最大判昭和44・4・2刑集23巻5号305頁〔東京都教組事件最高裁判決〕。
162) 最大判昭和60・10・23刑集39巻6号413頁〔福岡県青少年保護育成条例事件最高裁判決〕。

また，広島市暴走族追放条例は，「何人も」，「公共の場所において，当該場所の所有者又は管理者の承諾又は許可を得ないで，公衆に不安又は恐怖を覚えさせるようない集又は集会を行うこと」を禁じ，このような行為が，広島市の「管理する公共の場所において，特異な服装をし，顔面の全部若しくは一部を覆い隠し，円陣を組み，又は旗を立てる等威勢を示すことにより行われた」ときは中止・退去命令を出すことができると定め，この命令に違反した者を罰している。これについて，最高裁判所は，本条例による中止・退去命令の対象となるのは，「暴走行為を目的として結成された集団である本来的な意味における暴走族」及び「服装，旗，言動などにおいてこのような暴走族に類似し社会通念上これと同視することができる集団」による集会に限定されるとした[163]。

　これらのうち，東京都教組事件最高裁判決については，「争議行為」に関して違法性の強いものと弱いものを区別する基準が明確ではなく，税関検査訴訟最高裁判決が示す要件①を満たさない懸念があり，「このように不明確な限定解釈は，……犯罪構成要件の保障的機能を失わせることとなり，その明確性を要請する憲法 31 条に違反する疑いすら存する」[164]とされ，後に，明示的に判例変更された[165]。ただ，本件判例変更の実質的理由は，当該規制が憲法 28 条及び 21 条等に違反するか否かという点に関する憲法判断の変更にあり，抽象論としてはともかく，最高裁判所が合憲解釈に厳しい姿勢を示してきているわけではない。

　また，税関検査訴訟最高裁判決による公安又は風俗を害すべき書籍等の限定解釈，及び福岡県青少年保護育成条例事件最高裁判決による淫行の限定解釈については，限定解釈自体は明確性を有しているが，文言からこのような限定解釈を一般人が導き出すことは困難ではないかという批判が強い[166]。とりわけ，

163）　最判平成 19・9・18 刑集 61 巻 6 号 601 頁〔広島市暴走族追放条例事件最高裁判決〕。なお，本判決は，税関検査訴訟最高裁判決及び徳島県公安条例事件最高裁判決ではなく，最大判平成 4・7・1 民集 46 巻 5 号 437 頁〔成田新法事件最高裁判決〕などを先例として引用している。この点の分析については，内野広大「広島市暴走族追放条例違反被告事件」法学論叢 172 巻 1 号（2012 年）113〜121 頁などを参照。
164）　最大判昭和 48・4・25 刑集 27 巻 4 号 547 頁〔全農林警職法事件最高裁判決〕。
165）　最大判昭和 51・5・21 刑集 30 巻 5 号 1178 頁〔岩手県教組学テ事件最高裁判決〕。
166）　佐藤・前掲注 3）652〜653 頁，長谷部・前掲注 37）432 頁，高橋・前掲注 2）208〜212 頁，赤坂・前掲注 98）341 頁，駒村圭吾「刑罰法規の不明確性と広範性——福岡県青少年保護育成条

広島市暴走族追放条例事件最高裁判決に対しては，問題となる条項の適用を暴走族及びそれに類似する集団に限定することが，そもそも「何人も」という法文に明確に反するのではないかとの指摘を行うことができる[167]。

このように最高裁判例における合憲解釈の主な例をみる限りは，税関検査訴訟最高裁判決が示す要件を厳格に用いていると評価することはできず，合憲解釈を相当程度柔軟に用いているものと解される。

(5) 合憲解釈に対する最近の批判と考察

① 合憲解釈に対する最近の批判

このような合憲解釈，とりわけ合衆国最高裁判所による Brandeis 第7準則ないし回避準則の適用に対しては，近時，学説による厳しい批判が展開されてきている[168]。その要点は，おおよそ以下の2点に整理することができる。

第1の批判は，法律の合憲性に対する疑いの回避に向けられたものである[169]。法律の違憲判断の回避の場合に，ある法令解釈を避けるべき理由は，

例事件」長谷部ほか編・前掲注37）246～247頁などを参照。
167) 青井未帆「過度広汎性・明確性の理論と合憲限定解釈」論ジュリ1号（2012年）98頁などを参照。
　なお，本件については，地方公共団体における立法技術能力の不十分さを指摘する見解もある（堀籠幸男裁判官・那須弘平裁判官補足意見のほか，西村裕一「条例の広範性——広島市暴走族追放条例事件」長谷部ほか編・前掲注37）190頁，内野・前掲注163）111～112頁などを参照）。ただ，「何人も」という文言が用いられたのは，集会の時点はもちろん，訴訟時においても，ある集団を暴走族であると認定し，かつ当該行為者をその構成員であると証明することが困難であることによると推測される。実際，最高裁判決は，服装，旗，言動などから「暴走族に類似し社会通念上これと同視することができる集団」と定義しているが，これは，見方によれば，暴走族に特有の服装又は旗を用い，威勢を示す言動などを行って，公衆に不安又は恐怖を覚えさせるような集又は集会を行う者は，何人も暴走族類似集団と推定するというに等しいのではないかという疑問もある。
　他方，市が管理する道路等で，特攻服など暴走族に特有の服装又は旗等を用い（本条例施行規則3条を参照），円陣を組むなどして，公衆に不安又は恐怖を覚えさせるような集又は集会をする一般人が広く存在するとは想定しにくい。その意味では，本件規定が，暴走族以外の一般人の集会行為に対して実質的に懸念されるような萎縮効果を有しているとまでは言えないかもしれない。
168) これらの批判の詳細については，阪口・前掲注132）380～388頁，本書第2章などを参照。
169) 合衆国最高裁判例にみられる「法律の合憲性に対する疑いの回避」の理解については，芦部信喜教授と横田喜三郎教授で異なることについて既に指摘したが（(1)①を参照），近時の批判論においては，法律を違憲無効としないように解釈するばかりでなく，そもそも憲法上の疑いを起こすような解釈を避けるべきであるという理解が前提とされており，横田教授の理解に近いように思われる。法律の合憲性に対する疑いを回避する解釈については，「回避準則の狭いアプローチ」

当該解釈が憲法に違反するからであり，実体論として，立法者には憲法に違反する自由がない以上，裁判所による合憲解釈に立法権の侵害はない。しかし，法律の合憲性に対する疑いの回避の場合には，ある法令解釈を違憲の疑いがあることを理由に避けるのであるから[170]，実際に違憲審査を行えば，当該解釈が合憲と判断される論理的可能性が存在することとなる。もし，そのような解釈が，立法者の意図に最も忠実なものであるとすれば，それを認めないことにより，立法者は，憲法に違反する立法のみならず，違憲の疑いを生じさせる立法をも認められないことになる。しかし，本来，立法者は憲法が定める限界まで，自ら選択する政策を立法により実現する権限を有するはずであるにもかかわらず[171]，このような運用は，十分な違憲審査を行うことなく裁判所が立法を抑制できる緩衝領域，すなわち憲法典自体とまったく同じ禁止的効果を有する「憲法の半影」(constitutional penumbra)[172]を裁判官が創設することを容認するものであって，立法者に対する敬譲どころか，立法権を侵害するものであると批判されるのである。

　もちろん，法令違憲の判断の場合とは異なり，「裁判所によってなされた合憲解釈を議会が受け入れたくない場合には，議会は改めて法律を制定し直せばいい」[173]のであり，立法権の侵害という批判については，この点を割り引く必要がある[174]。また，表現の自由の保障についていわれる「息をつく空間」

　(Lisa A. Kloppenberg, *Avoiding Serious Constitutional Doubts: The Supreme Court's Construction of Statutes Raising Free Speech Concerns*, 30 U. C. Davis L. Rev. 1, 10 (1996))，「現代的な回避」(Adrian Vermeule, *Saving Constructions*, 85 Geo. L.J. 1945, 1949 (1997)) などと呼ばれている。

170)　この点については，法律の違憲判断を回避する場合，すなわち，A という解釈をとれば違憲であるから，B という解釈をとることとし，その限りで法令は合憲であると判断をする場合，当該法令は B と解釈され，かつ合憲であるという部分が判示事項であり，A という解釈をとれば違憲であるという部分は傍論ないし勧告的意見に当たるから，できるだけ避けるべきであると考えられる。そこで，合衆国最高裁判例において，法律の違憲判断の回避ではなく，合憲性の疑いに対する回避という形式をとるようになったのではないかという指摘もある。*See* Eric S. Fish, *Constitutional Avoidance as Interpretation and as Remedy*, 114 Mich. L. Rev. 1275, 1283-1284 (2016).

171)　*See* Adrian Vermeule, *supra* note 169, at 1956; William K. Kelley, *supra* note 127, at 847 .

172)　Richard A. Posner, *Statutory Interpretation-in the Classroom and in the Courtroom*, 50 U. Chi. L. Rev. 800, 816 (1983). *See also* William K. Kelley, *supra* note 127, at 855.

173)　阪口・前掲注 **132**) 385 頁。*See* William K. Kelley, *supra* note 127, at 861-862.

174)　ただ，議会が合憲解釈を行った判決を認知し得るか疑問もあり，また，合憲性に疑いのある立法は，微妙な政治的均衡の上に成立する場合もあることから，最高裁判所の判決がそれに影響を

(breathing space)[175]と類似した側面もあり、さらには、様々な事情から、最高裁判所が新たな憲法上の争点について判断を示すに十分な状況でないという特殊な場合もあり得ないわけではない。したがって、法律の合憲性の疑いに対する回避を一概に否定することはできないものの[176]、その多用は司法判断の論拠に対する疑念を招くおそれがあり、適切ではない。

第2の批判は、合衆国最高裁判所の合憲解釈が、立法者の意図を無視したもので、解釈の域を超えているとするものである[177]。もちろん、最高裁判所も、合憲解釈の一般的基準として、「合衆国議会の意図に明白に反しない」[178]ことなどを示してきている。しかし、具体的な解釈については、最高裁判所内部においても、「惨たらしい外科手術」(gruesome surgery)、「結果志向的な反テキスト主義」[179]といった厳しい批判がある。

このような批判は、我が国の最高裁判所が行う合憲解釈に対してもなされているところであり、その問題点については、既に触れたところである。

② 合憲解釈の射程に関する考察

以上のような批判を踏まえると、第1に、法律の違憲判断を回避するために通常の法令解釈[180]の範囲内で行われる合憲解釈は、合憲解釈の典型例として位置付けられるのに対して、第2に、法律の合憲性に対する疑いを回避するために通常の法令解釈の範囲を超えて行われる合憲解釈は、違憲審査の範囲を逸

与えることで、その合憲解釈を覆す立法が困難になることも十分に考えられる。これらの点について、阪口・前掲注 **132**) 385～386 頁を参照。
175) NAACP v. Button, 371 U.S. 415, 433 (1963).
176) Adrian Vermeule, *supra* note 169, at 1964-1977 は、法律の合憲性の疑いに対する回避が妥当すべき領域を画定していく必要性を指摘し、具体的な検討を行っている。
177) *See* Richard L. Hasen, *Constitutional Avoidance and Anti-Avoidance by the Roberts Court*, 2009 SUP. CT. REV. 181 (2010), Neal Kumar Katyal & Thomas P. Schmidt, *Active Avoidance: The Modern Supreme Court and Legal Change*, 128 HARV. L. REV. 2109 (2015).
178) *See* Edward J. DeBartolo Corp. v. Florida Gulf Coast Building & Constr. Trades Council, 485 U.S. 568, 575 (1988).
179) Bond v. United States, 134 S. Ct. 2077, 2095, 2097 (2014) (Scalia, J., concurring in the judgement).
180) 「通常の法令解釈」の範囲内か否かの判断は、実際上は難しい。第1に、各人が前提とする法令解釈の方法に差異があること、それゆえ、第2に、他者からは通常の法令解釈の範囲を超えていると判断される場合であっても、解釈者の主観においては、その範囲内であることが通例だからである。

脱し，立法権を侵害するおそれが高いと評価されることになろう。また，第3に，法律の合憲性の疑いに対する回避の場合であっても，それが通常の法令解釈の範囲内であれば，立法者との関係で重大な衝突を惹起するおそれはなく，国民の予見可能性を害することもない。

問題は，第4の類型，すなわち法律の違憲判断の回避のために通常の法令解釈の範囲を超えて行われる合憲解釈にある。この第4の類型について，従来は，違憲の瑕疵ある法令を徒に正当化することを懸念し[181]，この場合は，法令違憲として，立法者に当該法令を制定し直すように求めるべきであるとされてきている。

しかし，これに対しては，最近，解釈準則（a canon of interpretation）としての合憲解釈と憲法上の救済（a constitutional remedy）としての合憲解釈を区別した上で，後者を「救済的再解釈」（remedial reinterpretation）と呼び，通常の法令解釈の範囲を超えた創造的な解釈を認めるべきであるとする見解が示されている[182]。

この見解によれば，憲法上の救済とは，憲法違反の状態を是正する裁判所の権限なのであるから，これが認められるためには，現実の憲法違反が存在しなければならない。したがって，救済的解釈が認められるのは，法律の違憲判断の回避の場合に限定され，通常の法令解釈に基づく限り，法令に違憲の瑕疵があることを明確にしなければならない。

他方，法令に違憲の瑕疵が認められる以上，裁判所は，憲法上の救済権限として，憲法に適合した状態を回復するために必要かつ適切な措置を講じることが許される。「憲法の内容に従う解釈は，法規範から一定の意味を引出すのみでなく，憲法によって法律を補充または訂正する場合もありうる」[183]のである。救済的解釈はその手法の1つとして位置付けられるべきものであり，その解釈が通常の法令解釈の範囲を超えているとしても，それが法令の条項を憲法に適合させるために必要である限り，立法権を侵害するものではないとする

---

[181] 佐藤・前掲注3）652頁は，「合憲限定解釈の徒らな法令正当化機能への警戒」（ルビ原文）が必要であると指摘する。
[182] See Eric S. Fish, *supra* note 170, at 1292-1293.
[183] 阿部・前掲注138）220頁。

のである[184]。

　この点について，比較法的に見れば[185]，議会主権を基礎とするイギリスやニュージーランドにおいては，裁判所が法律の違憲審査を行い，これを無効とする権限は認められていない。しかし，イギリスでは，1998年人権法4条により，第1次立法等がヨーロッパ人権条約上の権利と不適合であるときは，裁判所に不適合宣言を行う権限が認められるほか，3条1項は，「そうすることが可能な限り，第1次立法及び従位立法は，条約上の権利と適合的に解釈され，効力が付与されなければならない」と定め，裁判所に人権条約適合的解釈を義務付けている。また，ニュージーランドでも，1990年権利章典法6条は，「制定法に対して，この権利章典に含まれる権利及び自由と整合する意味を与えることができる場合には常に，そのような意味が他のいかなる意味よりも優先する」とし，権利章典適合的解釈が定められている。そして，両国の裁判所は，相当程度，創造的な適合的解釈を行っているようである[186]。

　さらにカナダにおいては，裁判所に違憲審査権が認められているが，最高裁判所により，Severance（法令一部違憲），Striking down（法令全部違憲），Reading down（合憲限定解釈），Reading in（合憲拡張解釈）及びSuspending（判決の執行猶予）などが，救済方法として認められているとされる[187]。

　このような見解は，我が国における合憲解釈と憲法適合的解釈の関係に関する議論とも呼応する面がある。宍戸常寿教授は，「憲法が全法秩序における最

---

184)　See Eric S. Fish, *supra* note 170, at 1293-1296.
185)　See Eric S. Fish, *supra* note 170, at 1301-1306.
186)　イギリスの人権条約適合的解釈については，岩切大地「イギリスの1998年人権法と制定法解釈」法学政治学論究61号（2004年）393～424頁，同「イギリス貴族院判決にみる条約適合的解釈と議会意思」法学政治学論究65号（2005年）99～131頁，同「イギリス人権法における議会と裁判所との憲法的対話」法政論叢44巻2号（2008年）112～123頁，上田健介「人権法による『法』と『政治』の関係の変容――不適合宣言・適合解釈・対話理論」川崎政司＝大沢秀介編『現代統治構造の動態と展望――法形成をめぐる政治と法』（尚学社，2016年）151～183頁などを参照。
　また，ニュージーランドにおける人権保障のための救済については，藤井樹也「軟性憲法による権利保障に関する一考察――ニュー・ジーランドにおける同性愛者の権利を素材に」佐藤幸治先生古稀記念論文集『国民主権と法の支配（下）』（成文堂，2008年）55～79頁などを参照。
187)　カナダについては，白水・前掲注142）34～36頁，本書第3章，佐々木雅寿「カナダ憲法上の救済方法(1)～(4・完)――最高法規規定を根拠とする救済方法を中心として」法学雑誌44巻2号（1998年）208～236頁，3号（1998年）371～398頁，4号（1998年）535～564頁，45巻3＝4号（1999年）431～463頁などを参照。

高法規であることを前提に，憲法上の要請を見据えながら法令を解釈し，そのように解釈された法令を事実関係に適用する」[188]ことを広義の憲法適合的解釈であるとした上で，これを2つの下位類型に区別する。

第1の類型が合憲限定解釈であり，「法令の適用者が違憲審査権を有することを前提に……，①当該法令の規定に，違憲的な適用部分が含まれるという違憲の瑕疵が存し，②当該違憲的適用部分を排除する解釈が可能であり，換言すれば合憲的適用部分と違憲的適用部分が可分（separable）であり，③当該解釈が法令の解釈の限界の範囲内に収まっている場合」[189]をいうとする[190]。

それに対して，第2の類型が狭義の憲法適合的解釈であり，「①法令の規定に違憲的適用部分が含まれておらず，従って違憲の瑕疵が存しないけれども，②当該規定には憲法上の要請を考慮した解釈の余地が開かれており，③当該解釈によって，憲法上の要請を考慮しない通常の解釈とは異なる，適用ないし帰結が導かれるような場合」[191]であるとする。

宍戸教授のこのような見解によれば，合憲限定解釈と憲法適合的解釈は，法令の規定に違憲的適用の部分を含むか否かによって区別され，その意味で，前者が憲法上の救済としての合憲解釈，後者が解釈準則としての合憲解釈に類似する。しかし，他方で，宍戸教授が，合憲限定解釈についても，当該解釈が法令の解釈の限界の範囲内に収まることを要求するのに対して，憲法上の救済としての合憲解釈は，より創造的な解釈を認めようとすることから，両者には重要な差異もある。

この点，「法令の解釈の限界の範囲内」が具体的にどのような場合を意味するのか，必ずしも明確でなく[192]，程度問題ではあるが，しかし通常の法令解

---

188) 宍戸常寿「〈シンポジウム〉憲法適合的解釈についての比較法的検討 1. 日本」比較法研究78号（2017年）5頁。
189) 宍戸・前掲注188) 5頁。
190) 駒村・前掲注45) 382頁は，「合憲限定解釈が用いられるのは，当該法文が額面通りの読み方をすると違憲になってしまうような場合において，当該法文のありうる解釈を"がっちり"と限定することによって合憲な解釈を成立させ，それを選択する，という」手法としており，合憲限定解釈を法律の違憲判断の回避の場合に限定しているが，法令の規定に違憲の瑕疵あることまでを認めるものであるかどうかは，明らかではない。
191) 宍戸・前掲注188) 6頁。
192) この点，宍戸・前掲注188) 7〜9頁においては，合憲限定解釈に関する判例として，東京都

釈の範囲内にある解釈によって合憲的に解釈できる法令の規定に違憲の瑕疵があるとすることに疑問がないわけではない。また，違憲の瑕疵の存否にかかわらず，法令解釈の方法あるいは範囲に差異が生じないとするのであれば，この区別を行う実質的意義が問われることになる[193]。

他方，憲法上の救済としての合憲解釈については，創造的解釈を認めることで，法令全部違憲を回避し，法令の合憲的適用部分の効力を維持することを通じて，法令が保護する法益が侵害されるおそれを防止することができる。しかし，これをあくまで「解釈」の問題であるとし，合憲解釈を施すことで法令の条項の瑕疵が治癒されるとするならば，当該法令の条項は修正されることなく存続することになる。それゆえ，その場合に，創造的解釈を認めるとすれば，国民との関係において予見可能性を確保することができないおそれがある。

そこで，この問題については，2つの対応が考えられる。第1の対応は，憲法上の救済としての合憲解釈を，解釈の枠組みに位置付けた上で，国民との関係において予見可能性の確保が強く要請される表現の自由に関する領域や刑罰法規に対して，この手法を用いることを認めないとするものである[194]。

これに対して，第2の対応は，法令の条項に違憲の瑕疵がある点を強調して，憲法上の救済としての合憲解釈を法令の一部合憲と位置付け直す方向である。より具体的には，合憲解釈において，これまで，裁判所は，法令の条項の解釈の形式をとってきているが，実際には，当該条項の文言，構造等を踏まえた上で，立法目的の実現のために関連性を有しかつ相当な適用範囲を画定する作業と重なるものである。したがって，憲法上の救済としての合憲解釈は，当該法令の条項が違憲的適用部分を含み違憲の瑕疵があることを認めるのであるから，

教組事件最高裁判決，税関検査訴訟最高裁判決及び広島市暴走族追放条例事件最高裁判決が掲げられているので，これらの最高裁判決が示した限定解釈は，法令の解釈の限界の範囲内であると理解されているのかもしれない。

193) この点については，「裁判所が法令の規定の構造をどのように理解したのか，そこでどのような憲法的考慮を行ったのかを明らかにし，進んで必要があればそれを批判する出発点となる限りで，意味がある」（宍戸・前掲注 188）16頁）とされており，狭義の憲法適合的解釈の多用が，法令の規定の違憲性を曖昧にするのではないかという批判（蟻川恒正「国公法二事件最高裁判決を読む」法セ 697 号（2013 年）30～32 頁などを参照）への対応が考慮されている。

194) Eric S. Fish, *supra* note 150, at 342-347 は，憲法上の救済方法の選択の基準について検討しており，この類型による対応の可能性を示唆するものと解される。

当該条項は，裁判所が行った文言解釈すなわち合憲的適用部分と画定した範囲に限り合憲であり，その余の部分は違憲であると判示しているに等しい。通例，法令一部違憲の判断は，法令の違憲の部分を積極的に画定することが多いが，理論上は，合憲の部分を画定し，その他の部分を違憲とすることを排除すべき必然性はないのである[195]。

この場合，一部とはいえ，法令違憲の判断が示されているのであるから，付随的違憲審査制の下においても，立法者は，政治的責務として，法令を改正することが求められる[196]。立法者は裁判所の示した解釈にそって法令を改正するか，独自の政策的考慮を行う場合には，それと異なる形で憲法に適合するように法令を改正することになる。これによって，予見可能性や萎縮効果の問題は解消することができる[197]。また，従来の一部違憲と同様，合憲部分の効力は維持されるため，当該争訟において適用することは可能である[198]。

以上の点を改めて整理すると以下のようになる。

第1に，通常の法令解釈の枠内において成立する複数の解釈のうちから，憲法に適合する解釈をとることは，文字どおり，解釈であるから，これを合憲解釈と呼ぶのが適切である。このような合憲解釈が可能であるならば，法令の文言に違憲の瑕疵はなく，立法者は当該文言を改める必要はないし，当該文言を維持することによって，国民の予見可能性が不当に害されることもない。「憲法適合的解釈」という語は，このような「合憲解釈」と互換的に用いることが可能であると考えるが，厳密な意味での合憲性を維持するために行う解釈を「合憲解釈」とし，他方，「憲法適合的解釈」は，憲法の理念又は精神をよりよ

---

[195] 文言の意味のうち，違憲となる一部を画定してその効力を否認する手法を「意味上の一部違憲」と呼ぶのであれば，文言の意味のうち，合憲となる一部を画定して，その余の部分を違憲無効とする手法は「意味上の一部合憲」と呼ぶこともできないわけではない。
[196] この場合，立法者が法令を改正しなければ，裁判所が違憲の瑕疵があると判断した法令が残り，予見可能性や萎縮効果等に関する問題が残るが，しかし，それは，多かれ少なかれ，法令全部違憲の場合にも同様の問題が生じる。
[197] ただし，法令の文言の漠然・不明確性が争われている争訟において，文言が高度に不明確であるため，このような一部違憲の手法をとったとしても，当該当事者について予見可能性を侵害すると判断されるような場合には，この手法は用いられるべきではないであろう。
[198] このように理解するのであれば，例えば，福岡県青少年保護育成条例事件最高裁判決や広島市暴走族追放条例事件最高裁判決については，このような一部合憲の手法で処理することにより，その多くの問題は解決し得たのではないかと思われる。

く実現するために行う解釈を意味するものとして，別に位置付けることもあり得る。

　第2に，立法目的の実現のために関連性を有しかつ相当な法令の適用範囲，すなわち合憲とされる法令の適用範囲が，関連する条項の文言の解釈の枠内を超える場合には，これを法令解釈として維持することは困難であり，当該文言を維持することは，国民の予見可能性を不当に害することになる。したがって，このようなときは，法令全部違憲の判断を行うことができるほか，合憲的適用部分の維持が特に必要と考えられる場合には，違憲審査により画定された適用範囲に限って合憲とする判断手法を認めることが許される。しかし，この判断手法を解釈として位置付けることは困難であり，法令の一部合憲と呼ぶのが適当であろう。なお，法令の一部合憲判断が行われる場合には，法令の一部に違憲の瑕疵があることが認定される以上，立法者は当該条項の改正を行うことが求められることとなる。

6　違憲審査の範囲及び憲法判断の方法の選択

(1)　適用審査優先の原則

　違憲審査の範囲等の選択については，合衆国最高裁判所の慣行を参考として，いわゆる「適用審査優先の原則」の存在が指摘され，付随的違憲審査制の下では，「裁判所は，法律の合憲性を，原則として当該事件に適用される限りで審査することになる。これに対し，表現の自由などの権利が過度に広汎に侵害されている場合に限って，法律の文面上の効力を争うことが許される」[199] とされる。

　この適用審査優先の原則は，訴訟当事者は自己の憲法上の権利侵害のみを主張でき，第三者の憲法上の権利侵害を援用し得ないとする，憲法上の争点の主張適格に関する原則とも密接な関連性を有している[200]。文面審査において，

---

[199]　松井・前掲注16）111頁．市川・前掲注46）争点276頁も参照。なお，適用審査優先の原則にいう，「適用審査」は，「法令適用審査」と「適用事実審査」を含む。

[200]　この点については，松井・前掲注16）111頁，119～120頁，山本龍彦「文面上判断，第三者スタンディング，憲法上の権利——裸足のダンサーが酒場で踊る」慶應義塾創立150年記念法学部

当該事件の適用事実類型を超えて違憲審査を行うということは，当事者とは異なる属性を有する者に対する法令の適用や，当事者において現に制約されている具体的自由・利益とは異なる自由・利益の制約を問題にするということであり，「憲法上の権利を侵害されていない者が，潜在的第三者に対する権利侵害——仮定的状況における違憲的適用——の可能性を根拠に文面上の異議を申し立てることを認めるものであるからである」[201]。

この適用審査優先の原則が，付随的違憲審査制や憲法上の権利保障から必然的に導かれるか否かについては，見解の対立がある。この点，付随的違憲審査制である以上，「憲法判断についても，原則は適用審査であり，その下での適用違憲が原則」[202]であって，これは「憲法の要請」であり，「『裁量』と片付けるべき類のものではない」[203]とする厳格な立場がある。しかし，これに対しては，「付随審査制から要請されるのは，裁判所が憲法判断をする前提として，『事件』が存在しなければならないということだけ」であり，「事件性の要件が充たされていれば，その事件を法律の文面上判断で解決しても，適用上判断で解決しても，付随審査制に反するということ」[204]はないとの批判もある。

確かに，付随的違憲審査制の概念との関係では，選択された違憲審査の範囲及び違憲判断の方法が，当該事件の解決に，実質的な関連性を有していることが必要である。しかし，当該事件に係る適用事実類型に直接関係しない憲法上の論点との関連で，当該法令に違憲の瑕疵があり，その効力の全部又は一部が否認されれば，当該法令の適用は排除され，当事者は，結果として，自らが主張する具体的な自由・利益を享受することができる。その意味において，当該事件に係る適用事実類型に直接関係しない憲法上の論点もまた，当該事件の解決に実質的に関連しており，当事者にはこれを主張する利益が認められる。このような場合に，かかる憲法上の論点を取り上げることは付随的違憲審査制からの逸脱であるとして，裁判所がかかる論点を取り上げることを憲法上禁止す

論文集『慶應の法律学 公法Ⅰ』（慶應義塾大学法学部，2008年）372〜375頁を参照。
201) 山本・前掲注200) 373頁。
202) 君塚・前掲注12) 489頁。
203) 君塚・前掲注12) 490頁。
204) 高橋・前掲注37) 16頁。

ることは，たとえ例外を留保するとしても，なお過剰な要求であるように思われる[205]。

しかし，他方で，当該事件に係る適用事実類型について，憲法上の権利として最終的に保護される事実類型ではないと判断される場合には，いかなる制度的支障があろうとも，常に文面審査を求め，また何らかの憲法上の瑕疵が認められれば，当然に法令の全部又は一部を違憲とすることを要求できるほどの強い利益が，当該事件の当事者に必ずしも認められるわけではない。憲法上の権利保障から，必然的に，文面審査優先の原則が導出されるわけでないのは，このためである。

このように，憲法上の権利保障の上で両義的な領域については，最高裁判所が，違憲審査制を円滑に運用し実効的な権利保障を図るために，様々な制度的考慮を踏まえて，違憲審査の範囲や違憲判断の方法を裁量的に選択する余地が認められるのである。

確かに，適用審査優先の原則は，裁判所による違憲審査の範囲を抑制するという意味において，司法消極主義の系譜に属する。しかし，違憲審査の範囲を抑制すること自体を自己目的化するものではなく，むしろ，この原則は，裁判所による違憲審査が適切に行われることを確保するとともに，その憲法判断が他の憲法上の国家機関及び国民によって受容されるための積極的な工夫として位置付けることができる。

そもそも，憲法解釈は自明の客観的所与ではなく，国家機関間や合議体である最高裁判所内部においても深刻な見解の対立がある中で，憲法に関する共通理解を確認・形成していく作用である。憲法は，司法判断の終局性を前提としているが，最高裁判所の不可謬性を定めるものではなく，他の憲法上の国家機

---

[205] この点について，Matthew D. Adler の「ルールに対抗する権利」（Rights Against Rules）論を基礎に検討するものとして，青井未帆「憲法訴訟・憲法判断について考える」信州大学経済学論集 58 号（2008 年）25 頁以下，同「憲法訴訟論——付随的違憲審査制と『憲法上の権利』の救済」安西文雄ほか『憲法学の現代的論点〔第 2 版〕』（有斐閣，2009 年）191 頁以下，同・前掲注 **89**）182 頁以下，山本・前掲注 **200**）361 頁以下を参照。いずれも，近時のアメリカ憲法学の動向を踏まえて，重要な問題提起を行う興味深い論考である。ただ，「ルールに対抗する権利」概念の有用性については，この問題を主観的な権利の問題として構成することが適切かどうかを含めて，なお検討を要するように思われる。

関も，最高裁判所と同様に，憲法上の権限行使について最終的な責任を負うとするのが，三権分立の原則を基礎とする付随的違憲審査制の前提である。基本的人権の保障をはじめとする憲法価値の最終的な実現は，国民の関与を得ながら，憲法上の国家機関相互の協調と抑制の均衡の上に図られなければならない[206]。

そして，このような動態的均衡のプロセスを適切に作動させるための「遊び」あるいは潤滑油の機能を果たすものとして，各国家機関が憲法上の権限を行使する際に留意すべき実践的な配慮事項がある。適用審査優先の原則は，かかる意味での配慮事項であって，憲法判断回避の準則と同様，「司法権の行使であることに伴う憲法上の限界認識とともに，自己のアイデンティティ保持にかかわる・分・別・的・配・慮が反映されている」(傍点筆者)[207]と見ることができる。したがって，同原則は，合衆国における司法審査制の歴史的経験の中で編み出された実践的智恵として十分参考にすべきであるが[208]，これを厳密な意味での法規範として捉えることは適切ではない。

(2) 審査の範囲及び判断の方法の選択における考慮事項

違憲審査の範囲等を選択する際には，主として，次のような事項を考慮する必要がある。

第1に，当該法令に関連する権利・利益について考慮しなければならない。法令により制約を受けている当事者及び第三者の権利・利益の性質及び侵害の程度はもちろん，法令により保護されている法益の性質，及び法令の効力を否認することにより生じる当該法益の侵害の程度を考慮する必要がある。この際，違憲の瑕疵ある法令の効力を維持することによって生ずる予見可能性の低下及びそれに伴う萎縮効果の問題が，重要な考慮事項となる。

---

206) この点については，土井真一「憲法判例と憲法学説」公法研究66号(2004年)130頁以下を参照。
207) 樋口陽一ほか『注解法律学全集4 憲法Ⅳ』(青林書院，2004年)133～134頁[佐藤幸治]。この点については，市川・前掲注46) 立命館法学321＝322号28～30頁に示される考え方が，基本的に適切であると思われる。
208) 我が国の最高裁判所が，むしろ文面審査を志向することから生じる問題点については，市川・前掲注46) 立命館法学321＝322号24～28頁を参照。

第2に，法令の適用が想定される範囲のうち，違憲の瑕疵がどの程度の範囲で認められるかを考慮しなければならない。一般に，違憲の瑕疵が認められる範囲が広いほど，又は法令の適用の中核的部分に違憲の瑕疵が認められるほど，法令全部違憲の方法が選択されることになる[209]。また，これに関連して，行政機関等による当該法令の適用に関する運用実態などが考慮され得る。

　第3に，判決の時点で裁判所が適切に憲法判断を示すことができる範囲が，考慮事項となる。この点については，違憲審査基準を用いて論証責任に基づく処理を行うことも可能であるが，裁判所の制度的能力に関する考慮を欠くままに，違憲審査の範囲を拡大し，そこから生じる支障の責任を当事者に転嫁することは適切ではない。それゆえ，どの範囲で違憲審査に必要な情報を適切に得ることができるかなどの裁判所の制度的能力が，重要な考慮事項となる。また，最高裁判所が合議体であり，法廷意見制度を前提とする限り，裁判官の間で安定的な合意形成を図る必要性も認められる。このような合意形成を行うために，どの論点を優先させ，どの範囲で違憲審査を行い，どのような形で憲法判断を示すかの選択が，重要な意義を有することを看過してはならない。

　そして，第4に，既に述べたような国会その他の憲法上の機関との制度的関係が考慮事項となる。

　このような事項を総合的に考慮して，違憲審査の範囲及び違憲判断の方法を選択するということは，最高裁判所は，まず違憲審査の範囲を画定し，そこから導き得る違憲判断の方法を特定した上で，その限りで具体的な審査を進めていくという直線的な思考をとるわけではないことを意味する。実際には，様々な範囲について，様々な判断の方法を考慮に入れて審査を進め，合意を形成していく中で，最終的な判断が定まっていくと理解するのが現実的である。

　しかし，そのことは，このような判断に際して，通常，依拠すべき何らの原則もないことを意味するものではない。

　まず，第3の考慮事項からは，当事者主義的な訴訟構造を前提とする限り，

---

[209] この点，近時の合衆国最高裁判決の中には，当該法令の適用範囲すべてにおいて違憲の瑕疵があると認められない限り，法令全部違憲の判断方法はとれないとする議論が見受けられるが，極端なルール的思考であって適当ではない。この点については，山本・前掲注**200** 369〜382頁を参照。

当該事件の当事者が必要な情報を十分に提示することができる範囲，すなわち，当該事件に係る適用事実類型の範囲に違憲審査を限定することが，原則として，合理的であるといえる。違憲審査のために必要な立法事実その他の情報の収集は，適切な憲法判断を行うための必要条件である。「裁判所は，法令の現実の適用に焦点を与えることによって初めて，十分情報を得た上での判断にとって関連しかつ適切な資料を伴った『血と肉』のある法的問題に出会うことができる」[210]とされるのも，この点に関わる。また，異なる立場の裁判官の間で合意を形成していく上においても，違憲審査の射程を限定することは，一定程度，有効であるといえよう。

　さらに，第4の考慮事項については，全国民を代表する機関である国会の判断に敬譲を示す必要があり，その立法権の行使との衝突は，できる限り回避することが望ましいとの判断が基本となる。ただ，この際に留意しなければならないのは，単に国会の既存の判断を尊重するだけではなく，違憲の瑕疵を除去して，憲法に適合し，政策的にも適切な法律を制定することは，最終的には国会の役割であるという点である。法律の制定において，憲法に関する考慮と政策に関する考慮を全く分離して行うことは困難であり，ある法令について違憲の判断を行うとしても，その後，法律をどのように改正することが，憲法及び政策の観点から最善であるかについて，裁判所は十分に判断する制度的能力を有するわけではない。とりわけ，法令の規制対象が，専門性の高い分野であったり，現代的な問題を抱える領域で，適切な規制の在り方について，十分な経験的蓄積のない場合には，裁判所が，広い射程を持った憲法判断を示すことは困難である。この点で，適用違憲の判断は，法令に違憲の瑕疵があること及びその理由を示すことで，国会に対して必要な措置を講じることを求める一方で，いかに修正を行うかの第1次的判断は国会に委ねることができるという点において優れているのである。

　基本的に，適用審査優先の原則は，以上のような制度的考慮事項に基づいて導かれた判断の原則である。しかも，第1の考慮事項のうち，法令の効力を否認することにより生じる当該法益の侵害の程度との関連では，法令全部違憲は，

---

[210] 市川・前掲注46）争点276頁。

当該法令によって正当に保護されるべき法益をも侵害の危険にさらす可能性があり，法秩序の維持という観点から，重大な問題を惹き起こしかねない。

　従来，最高裁判所が，文言上，相当の問題があるにもかかわらず，法令違憲を回避する傾向を有するのは，おそらく，この点に関わる[211]。近時においても，広島市暴走族追放条例事件最高裁判決が，この傾向を顕著に示しており，中でも，堀籠幸男裁判官の補足意見が，合憲限定解釈との関連で，このような考慮事項に明示的に言及している。確かに，最高裁判所が，このような事項を考慮すること自体は，法秩序の維持の上で適切なことである。しかし，法的予見可能性の確保を重視して，適用違憲の可能性をも閉ざすことは，憲法上の権利保障の観点から問題であり[212]，また，無理な合憲限定解釈を行うことで，法令を違憲の瑕疵なきものと認定してしまうことは，立法者が法令を改正するインセンティブを奪うことになりかねない。既に示したように(5(5)②)，法令の一部合憲の手法などを含めて，創造的な救済方法が検討されるべきであろう。

　なお，広島市暴走族追放条例事件最高裁判決は，当該事件に係る適用事実類型との関連で，適用合憲と判断され得る事例であったが，集合住宅における政治的ビラの配布に対する刑法130条の適用に関する近時の最高裁判所の判断に関しては[213]，当事者の憲法上の権利の保障の観点から，適用違憲の可能性について，さらに慎重に検討すべきであったとの指摘が有力である。

　他方，第1の考慮事項のうち，法令により制約を受けている当事者及び第三者の権利・利益が重要でその侵害の程度が重大である場合や，第3ないし第4の考慮事項との関連で，国会その他の国家機関が誤った判断を行う可能性が高いと考えられる事項については，文面審査や法令違憲を選択することに合理的理由があると考えられる。表現の自由を制約する法令や刑罰法規について狭義の文面審査が行われるべきであるとされるのは，まさにこの点に関わる。その意味で，違憲審査の範囲や違憲判断の方法の選択についても，二重の基準論と

---

211) 例えば，「淫行」概念に関する前掲注162) 最大判昭和60・10・23や，関税定率法旧21条1項3号における「風俗を害すべき書籍，図画」に関する前掲注143) 最大判昭和59・12・12など。
212) 適用審査・適用違憲の重要性を指摘する見解は，まさにこの点を指摘するものである。市川・前掲注46) 立命館法学321＝322号24〜28頁，君塚・前掲注12) 487頁を参照。
213) 最判平成20・4・11刑集62巻5号1217頁，最判平成21・11・30刑集63巻9号1765頁を参照。

同様の考慮が働くことが認められるが，しかし，例えば，表現の自由に対する制約であるから，当然に文面審査あるいは法令違憲が優先するといった画一的判断を導けるわけではない点に留意が必要である．

むすびに代えて

　最後に，近時の最高裁判決が提起する今後の課題について若干，触れておきたい．

　第1に，国籍法違憲判決が示唆するように，法律が用いる区別は不合理で違憲であるが，しかし当該区別を解消し，どのような制度を設計すべきかは一義的に定まらないという，とりわけ法の下の平等において顕著な課題がある．このような課題については，先にも述べた立法における国会の意思の尊重の要請と，実効的な権利救済の要請の両立を図る手法の検討を行い，救済法を確立していくことが，今後重要になることを指摘しておきたい[214]．

　第2に，近時，最高裁判所が，違憲の警告[215]ともいえる手法を活用するようになってきていることが注目される．その典型例が，参議院議員の定数配分に関する最大判平成21・9・30民集63巻7号1520頁であり，国会に対して公職選挙法の改正の審議を行うことを明示的に求めるものである．他方，黙示的に警告が発せられていたと思われるものとして，民法900条4号ただし書前段の違憲性の問題がある．最大決平成7・7・5民集49巻7号1789頁以降も，違憲を主張する少数意見が継続して見受けられる状況の中，国籍法違憲判決が出され，また最決平成21・9・30判時2064号61頁は，憲法適合性判断の基準時をめぐる微妙な判断を示した上で，最大決平成25・9・4民集67巻6号1320頁により，最終的に違憲判断を示したのである．また，夫婦同氏を定める民法750条を合憲とした最大判平成27・12・16民集69巻8号2586頁が，この点に関してどのような含意を有するか，興味深いところである．

---

[214]　この点については，長谷部恭男『憲法の境界』（羽鳥書店，2009年）61～73頁，宍戸常寿「司法審査――『部分無効の法理』をめぐって」辻村みよ子＝長谷部恭男編『憲法理論の再創造』（日本評論社，2011年）195～208頁及び本書第6章などを参照．

[215]　「違憲の警告」については，戸松・前掲注87）354～355頁を参照．

こうした手法がとられるのは，最高裁判所による法令違憲の判断だけでは，憲法上の権利の実効的救済が図られず，あるいは法令違憲の判断によって生ずる制度的混乱を回避することが困難であると考えられるからである。今後，国会が最高裁判所が示しているシグナルを適切に受け止める必要があるとともに，それが適切に行われなかった場合に，最高裁判所として，どのような憲法判断あるいは権利救済の手法をとることができるかについて，検討を行う必要がある。

　これら2つの課題は，基本的人権をはじめとする憲法的価値と善き政策の調和が，最高裁判所の違憲審査権の行使のみによって実現し得るものではなく，憲法上の機関相互における対話が必要であることを物語っている。裁判所は，法の維持と権利の保障を司る法原理部門であるが，それと同時に，その任務の遂行を通じて，統治機構全体において実現されるべき憲法政治の担い手でもある。

　「違憲立法審査権が裁判所に与えられたときから，裁判所は純粋の司法ではなくなったんです。政治の一環に繰り入れられたんです」[216]。

　最高裁判所には，憲法的価値の実現の道筋を将来的に見通す，善き意味での実践的賢慮・政治的叡智が必要とされるのであり，また憲法理論には，そうした賢慮が機能する余地を確保し，その適切な手法を編み出すことが求められている。その意味で，憲法判断の在り方を含めて，憲法訴訟論は決して訴訟技術論ではないということが，再確認されなければならないように思われる。

　　　　　　　　　　　　　　　　　　　　　　　　　　　［土井真一］

---

[216] 御厨貴『後藤田正晴と矢口洪一の統率力』（朝日新聞出版，2010年）79頁［矢口洪一発言］。

判例索引

最大判昭和 23・7・8 刑集 2 巻 8 号 801 頁……………………………………………215
最大判昭和 27・10・8 民集 6 巻 9 号 783 頁……………………………………………215
最大判昭和 28・12・23 民集 7 巻 13 号 1561 頁…………………………………………217
最大判昭和 32・2・20 刑集 11 巻 2 号 824 頁……………………………………………222
最大判昭和 32・11・27 刑集 11 巻 12 号 3132 頁…………………………………………244
最大判昭和 39・2・5 民集 18 巻 2 号 270 頁……………………………………………215
札幌地判昭和 42・3・29 下刑集 9 巻 3 号 359 頁…………………………………………222
最大判昭和 44・4・2 刑集 23 巻 5 号 305 頁………………………………………254, 261
最大判昭和 44・6・25 刑集 23 巻 7 号 975 頁……………………………………………250
最大判昭和 48・4・4 刑集 27 巻 3 号 265 頁……………………………………………181〜
最大判昭和 48・4・25 刑集 27 巻 4 号 547 頁……………………………………115, 255
最大判昭和 50・4・30 民集 29 巻 4 号 572 頁……………………………………………181〜
最大判昭和 50・9・10 刑集 29 巻 8 号 489 頁………………………………………227, 254
最大判昭和 51・4・14 民集 30 巻 3 号 223 頁……………………………………181〜, 215
最大判昭和 51・5・21 刑集 30 巻 5 号 1178 頁…………………………………………255
最判昭和 52・3・15 民集 31 巻 2 号 234 頁……………………………………………232
最大判昭和 52・7・13 民集 31 巻 4 号 533 頁……………………………………………215
最決昭和 53・5・31 刑集 32 巻 3 号 457 頁………………………………………………37
東京高判昭和 57・6・23 判時 1045 号 78 頁………………………………………………18
最大判昭和 59・12・12 民集 38 巻 12 号 1308 頁……………………115, 249, 254, 262, 270
最大判昭和 60・7・17 民集 39 巻 5 号 1100 頁…………………………………………181〜
最大判昭和 60・10・23 刑集 39 巻 6 号 413 頁……………………………………254, 263, 270
最大判昭和 62・4・22 民集 41 巻 3 号 408 頁…………………………………………181〜
最大判平成 4・7・1 民集 46 巻 5 号 437 頁……………………………………………255
最判平成 7・2・28 民集 49 巻 2 号 639 頁………………………………………………218
最大決平成 7・7・5 民集 49 巻 7 号 1789 頁……………………………………………271
最判平成 8・3・8 民集 50 巻 3 号 469 頁………………………………………………37, 113
最大判平成 8・8・28 民集 50 巻 7 号 1952 頁……………………………………………215
最大判平成 9・4・2 民集 51 巻 4 号 1673 頁……………………………………………215
最大決平成 10・12・1 民集 52 巻 9 号 1761 頁……………………………………………28
最大判平成 11・11・10 民集 53 巻 8 号 1577 頁…………………………………………215
最大判平成 11・11・10 民集 53 巻 8 号 1704 頁…………………………………………215
熊本地判平成 13・5・11 判時 1748 号 30 頁……………………………………………179
最判平成 14・1・31 民集 56 巻 1 号 246 頁……………………………………………194
最大判平成 14・9・11 民集 56 巻 7 号 1439 頁……………………………………181〜, 184
最判平成 14・11・22 判時 1808 号 55 頁………………………………………………198

東京地判平成 14・11・28 訟月 49 巻 8 号 2213 頁··················205
最大判平成 16・1・14 民集 58 巻 1 号 1 頁························215
最大判平成 16・1・14 民集 58 巻 1 号 56 頁·······················215
最大判平成 17・9・14 民集 59 巻 7 号 2087 頁···············181〜, 185
東京地判平成 18・6・29 刑集 66 巻 12 号 1627 頁····················4
最判平成 18・7・13 訟月 53 巻 5 号 1622 頁·······················203
最判平成 18・11・27 民集 60 巻 9 号 3437 頁·····················232
最判平成 19・9・18 刑集 61 巻 6 号 601 頁··········255, 262, 263, 270
最判平成 20・4・11 刑集 62 巻 5 号 1217 頁····················23, 270
最大判平成 20・6・4 民集 62 巻 6 号 1367 頁·······19, 181〜, 192, 250, 271
東京地判平成 20・9・19 刑集 66 巻 12 号 1926 頁····················4
最大判平成 21・9・30 民集 63 巻 7 号 1520 頁·····················271
最決平成 21・9・30 判時 2064 号 61 頁··························271
最判平成 21・11・30 刑集 63 巻 9 号 1765 頁···················23, 270
最大判平成 22・1・20 民集 64 巻 1 号 1 頁························215
東京高判平成 22・3・29 判タ 1340 号 105 頁··················4, 28, 29
東京高判平成 22・5・13 判タ 1351 号 123 頁························4
東京地判平成 23・4・26 判時 2136 号 13 頁·······················206
最判平成 24・12・7 刑集 66 巻 12 号 1337 頁········2〜, 41, 125, 223, 245
最判平成 24・12・7 刑集 66 巻 12 号 1722 頁··················2〜, 223
最判平成 25・1・11 民集 67 巻 1 号 1 頁···························37
東京地判平成 25・3・14 判時 2178 号 3 頁························191
最大決平成 25・9・4 民集 67 巻 6 号 1320 頁··········21, 181〜, 201, 271
大阪高判平成 25・9・27 判時 2234 号 29 頁·······················191
大阪地判平成 25・11・25 判時 2216 号 122 頁·····················208
大阪地判平成 26・4・25 裁判所ウェブサイト························16
最大判平成 26・11・26 民集 68 巻 9 号 1363 頁····················215
大阪高判平成 27・6・19 訟月 62 巻 4 号 558 頁····················208
最大判平成 27・11・25 民集 69 巻 7 号 2035 頁················191, 215
最大判平成 27・12・16 民集 69 巻 8 号 2427 頁···············181〜, 202
最大判平成 27・12・16 民集 69 巻 8 号 2586 頁················207, 271
最判平成 29・3・21 判時 2341 号 65 頁··························208

憲法適合的解釈の比較研究
Constitution-Compatible Interpretation in Comparative Perspective

2018年12月20日　初版第1刷発行

編著者	土井　真一
著　者	松本　哲治
	大林　啓吾
	奥村　公輔
	白水　　隆
	山田　哲史
発行者	江草　貞治
発行所	株式会社　有斐閣

郵便番号 101-0051
東京都千代田区神田神保町2-17
電話　(03)3264-1314〔編集〕
　　　(03)3265-6811〔営業〕
http://www.yuhikaku.co.jp/

印刷・大日本法令印刷株式会社／製本・大口製本印刷株式会社
© 2018, M. Doi, T. Matsumoto, K. Obayashi, K. Okumura,
T. Shirouzu, S. Yamada. Printed in Japan
落丁・乱丁本はお取替えいたします。
★定価はカバーに表示してあります。

ISBN 978-4-641-22751-4

JCOPY　本書の無断複写（コピー）は，著作権法上での例外を除き，禁じられています。複写される場合は，そのつど事前に，(一社)出版者著作権管理機構（電話03-5244-5088, FAX03-5244-5089, e-mail:info@jcopy.or.jp）の許諾を得てください。

本書のコピー，スキャン，デジタル化等の無断複製は著作権法上での例外を除き禁じられています。本書を代行業者等の第三者に依頼してスキャンやデジタル化することは，たとえ個人や家庭内での利用でも著作権法違反です。